Bernard Ménard o.m.i.

Et si l'Amour était le plus fort ?

Récits bibliques
pour nos temps
de questionnement
et d'espérance

Éditions DUNAMIS

SOURCE DES ILLUSTRATIONS

Lorsqu'il y a plusieurs illustrations dans la même page, elles sont numérotées
ici dans le sens des aiguilles d'une horloge, en commençant en haut à gauche.

PEINTURES et DESSINS:

Amnistie Internationale:45, 49. **ACAT**:150. **Bado** (LeDroit):128-129. **Bizuneh** A.: 82 (détail). **Bresba**, Paola (CNT):30. **Clive**: 29, 61, couverture 3. **DeGraf**, Linda: 91(1). **Fish on Fridays** (G.T.): 154-5. **Foster**, Nona:35 ("Cherokee") The Indian Paintbrush. **Gloesener**, Noël: 5, 8-9, 17, 26-27, 36-37, 42, 70, 87, 90, 152, 164. **Kozak**, Ralph:181"Jesus Laughing" (variante-couleur du dessin de Willis Wheatley, repris en version multiples visages, autorisation de Praise Screen Prints). **Lalonde**, Daniel: 195. **Lang**, Stephanie:174. **McGivern**, Toby: 33. **McKenzie**, Janet: 57 "Jesus of the People", ©1999. Pour reproductions: Bridge Building Images, 1-800-325-6263. **Mercure**, Julien: couverture et p.3 . **Michilini**, Sergio: 94, 62 (détail): "La Resurrezione" - Mural "La historia de Nicaragua". **NME**: 172 (murale). **O'Brien**, Seán: 27, 121 (autorisation Éd. Anne Sigier). **Safar**, Johanne: 81, 160. **Sobal**, Walter: 100, 166. Vie de Jésus **MAFA**:.153. © 24 Maréchal Joffre, F-78000 Versailles.

PHOTOGRAPHIES:

Accueil Bonneau:179. **ACDI**: Roger Lemoyne 19, 56(6), 92(2), 118 (1); Peter Bennett 21(1),   91(2), 136, 150; Nancy Durrell McKenna 56(15), 59; Patricio Baeza 161 (4). **ADDS**:28(1), 161(5). **ATD**-Quart-Monde: Herblay 139. **Arche** (Communautés de l'):45,134. **Bon Dieu dans la Rue**:124 (2). **CRCCF**-fond LeDroit: Gilles Benoît 58,126; Michel Lafleur 85,138; Martin Roy 88(1), 101(3); Mario Saint Jean 163 (1). **CEB**. Salvador-Guatemala:47(1), 48-49, 53(1). Christian Peacemakers Team (**CPT**):127. **Desroches**, Léonard: 140(1). **Dufresne**, Pierre:106. **Fils de la Charité**:96. **Fitch**, Bob:83. **Free the Children:** Alan Rahman:151(1) info@ freethechildren.com. **Goulet**, Jean-Guy:55(3), 56 (4, 30, 32), 92(1),184(1),191. Haut Commissariat pour les Réfugiés (**HCR**):20, 30, 55(4), 130(3), 144(1), 190 (3). **Lanctôt**,Léopold: 188. **Latrémouille**, Michel: 108(1). **LeDroit**: Sylvain Marier 58; Étienne Morin 109; **Leutenegger**,Sabine:76, 86(3). **Ménard**, Bernard:13(1,2), 19(2), 21(2), 22(1), 23, 25(1,4), 25(1,4), 32(1,2), 38-39, 50, 55(1,2), 56(8,9,10,11, 12,14, 16,17,22,24,25,26,27,28,31,32,34), 64(1,2,3), 69(1,2,3), 72, 75, 78, 79(1,2,3), 84(1,4), 86(1), 98-99, 104 (tout sauf 1,3),108 (4), 110,111(3), 113, 114(6), 116, 117, 118(2,4), 120(1,2), 122(1,2), 145(2), 147(2,3), 148(1,2), 156, 158, 159(1,2,3), 161(2,3), 163(2, 3,4,7), 168(2), 172 (1,2), 173(1,2), 176, 179(1,3), 187(1,2), 190(1), 193(2), 194. **Ménard** Claude:108(2). **Missionnaires** de la **Consolata**: 55(5), 66(1),104(3). **Neuhauser**, Johannes:162. **Novalis**:12, 14, 25(3), 40, 41, 43, 46, 47(2), 56(1,2,3,7, 18,19,20,21,23,29,33), 60, 63, 66, 69(4,5), 86(2), 92(1), 104 (1), 105, 108 (3), 111 (2), 114-115(1,2,3,4, 5), 123, 133(2,3), 142, 149(2), 151(2), 162, 163(5,6), 168(1), 172(3). Office Central de **Lisieux**:65 (1) © obligatoire. **Opération Salami**: 84(2,3), 101 (2),189. **Optimage**:65(2) (Clément Thibault). **Oratoire** Saint Joseph:18 (1,2,3,4,5). **Ottawa Citizen**: Major, John:28(2). **Pannimalakunnel**, Jose:144(2,3). **Pariseau**, Marcel:66(2), 161(1). **Pastorale Québec**:158 (2). **Pelletier**, Gustave:15 (peinture bolivienne), 133 (4). **Poudrière** (Communauté de la):190(2) Revue **Notre- Dame du Cap**: 51,145(1), Nathalie Dumas 68, 88(3), Jérôme Martineau 77,146, 193(1) Archivio Rivista **Popoli**:111(1). **Richer**, Luc:147(1). **Sabourin**, François:95. **Solidarité Jeunesse**:124 (1). **Valiquette**, Carl:34 (gracieuseté de Alain Chartrand). **Wilson**, Robert jr:179(2). **Wolochatiuk**, Nick:130(1). **Worcester** (MA) **Telegram & Gazette**: Chris Christo 143.

Tous les efforts raisonnables ont été faits pour obtenir les droits d'auteurs sur chacune de ces illustrations. S'il y a eu erreur, qu'on veuille bien nous en excuser, et aviser l'Éditeur.

TABLE DES MATIÈRES

voir table détaillée pp.15, 59, 127

Comment lire ce livre-outil?

Comme bon nous semble.

Pas nécessaire de commencer au début. On peut remettre à plus tard la lecture des pages 4 à 11, plus techniques, et nous laisser attirer par une illustration ou par un récit qui nous parle particulièrement. Gageons que c'est ce que nous avons fait déjà....

Ce livre n'est pas un bouquin qu'on lit d'une seule traite. La Parole livre ses secrets à qui prend le temps d'écouter, en conversation prolongée et répétée. Rencontrer Dieu, ça ressemble à nos rendez-vous humains: si on n'a pas la patience d'établir un vrai contact, on est porté à dire que l'Autre n'est pas venu, ou même que l'Autre n'existe pas...

Si un des 60 thèmes nous frappe davantage, l'explorer comme en spirale:

- regarder les *illustrations*, scruter les visages, les gestes, les symboles;
- lire les *paroles bibliques*, comme si nous les découvrions pour la première fois;
- utiliser les *textes de présentation et de réflexion* comme "déclencheurs" pour mieux voir ce qui se passe dans notre vie et dans le monde;
- écouter les questions, les résistances, les *invitations qui montent en nous*;
- faire *silence* un bon moment, savourer les Paroles qui nous touchent;
- *partager* nos découvertes et nos questionnements avec une autre personne ou dans un groupe. (Voir les pistes *d'utilisation* en groupe aux pp. 198-201)

Nous tenons en main un trésor
vieux de milliers d'années
et jeune comme nos rêves d'avenir!

Tout au long des thèmes, quatre sigles ou dessins indiquent une démarche à faire:

- un astérisque (*) après un mot invite à voir sa signification spéciale dans le langage de la Bible et de la Tradition chrétienne en consultant le *Glossaire* - pp. 202-206
- un chiffre entre parenthèses (19) renvoie aux *Notes et Références* - p. 196
- une flèche (➡ p.) invite à aller voir un *passage apparenté*, inscrit sous un autre thème.
- une chandelle à la fin d'un thème suggère de *repasser dans son coeur* le verset inscrit.

Et maintenant, ouvrons tous nos sens.
Coupons les cordages.
Laissons le Souffle nous guider.

Dites: si c'était vrai...

Si c'était vrai ce qu'ils ont écrit
Luc et Matthieu et les deux autres
Dites: si c'était vrai...

Si c'était vrai le coup des noces de Cana
Et le coup de Lazare
Dites: si c'était vrai...

Si c'était vrai ce qu'ils racontent les petits enfants
Le soir avant d'aller dormir
Vous savez bien: quand ils disent Notre Père
Quand ils disent Notre Mère

Si c'était vrai tout cela
Je dirais oui
Oh sûrement je dirais oui
Parce que c'est tellement beau tout cela
Quand on croit que c'est vrai

Jacques Brel [1]

Je te rends grâce, Père,
Seigneur du ciel et de la terre,
d'avoir révélé aux petits de ce monde
ce que tu as caché aux sages et aux puissants.

Mt 11, 25

En guise d'introduction

**Voici venir des jours où j'enverrai, dans le pays, la faim.
Non pas une faim de pain ou une soif d'eau,
mais la *soif d'entendre la Parole de Dieu*.
Jeunes filles et jeunes gens parcourront l'univers
en quête d'une parole qui étanche leur soif. Ils
suivront des dieux fabriqués de main d'homme
sans jamais parvenir à se désaltérer.** *Am 8, 11-14*

C'est un étrange bonhomme qui a fait cette annonce un jour, en Israël. Quelque 700 ans avant la venue de Jésus. Un paysan, que Dieu est allé chercher "derrière son troupeau", arrive en ville et dérange les gens trop bien installés. Il s'appelle Amos. Ce qu'il dit, ça semble fait sur mesure pour notre temps.

Des jeunes qui *parcourent le monde*, ils sont des milliers à le faire depuis plusieurs dizaines d'années. Des jeunes qui se demandent: *la vie a-t-elle encore un sens? C'est quoi le rapport ?* Des jeunes et des adultes qui expérimentent toutes les avenues de bonheur *fabriquées de main d'homme. Sans que leur soif* d'en savoir plus *ne soit apaisée*.

Et pourtant il existe un trésor. À portée de soi.

**Ce que je te demande aujourd'hui n'est ni trop difficile pour toi,
ni hors de ton atteinte. Ni là-haut dans les nuages, ni au-delà des
mers. *Ma parole est tout proche de toi*, dans ton coeur et sur tes
lèvres, pour que tu la mettes en pratique.** *Dt 30, 11-14*

Ce livre veut aider à découvrir ce trésor au fond de soi. Cette Parole vivante, rafraîchissante comme une source. Ou parfois **pénétrante et tranchante comme une épée aiguisée sur les deux bords, qui vient révéler nos désirs et nos secrètes intentions.** *He 4, 12*

Démarche humble et prometteuse, où nous avons tout à découvrir, ensemble, sur les chemins du monde — qui sont les chemins du Créateur. Mettons-nous à l'écoute de ces récits de vie dans lesquels des personnes ont reconnu un *passage* de Dieu...

◆ pourquoi cette plongée dans le monde de la Bible ?

À la recherche de Dieu, une première question se pose à nous: si Dieu existe, en avons-nous des signes? des manifestations? quelques paroles?

La Bible n'est pas l'unique imprimé qui se présente comme une série d'écrits sur Dieu, une *Ecriture Sainte*. Chaque grande voie spirituelle a ses livres sacrés: Torah, Coran, Upanishad, Bagavad Gitta, Dhammapada... La Bible appartient d'ailleurs au patrimoine commun à plusieurs religions: celle des Juifs, des Chrétiens, des Musulmans, et celle d'autres groupements qui y puisent, en tout ou en partie, leur interprétation du monde.

Pour nous ouvrir aux diverses voies qui conduisent à Dieu, il est bon de commencer par approfondir celle où sont nos racines culturelles et religieuses. À condition de l'aborder avec un regard neuf, dépouillé des querelles et des préjugés hérités du passé. À condition aussi d'*entrer en dialogue avec cette Parole*, de risquer un corps à corps avec elle, de l'accueillir dans toute sa vérité.

Dans le présent ouvrage, il est impossible de reproduire le texte des 72 livres de la Bible. Les thèmes retenus ont surgi d'une longue écoute de la Parole, une écoute de ce qu'elle apporte de *neuf* et de *bon* pour notre monde en quête de sens, de liberté et d'amour véritables. Ces quelque 60 thèmes tentent de présenter l'essentiel du message de la Bonne Nouvelle, avec les accents que Jésus lui-même a privilégiés pour questionner la religion et la société de son temps.

Tout ce que les gens ont vu, au temps de Jésus, c'est un homme qui vivait son quotidien et qui célébrait la vie et son Dieu.

Dieu lui-même, personne ne l'a jamais vu. Mais le Fils unique qui est Dieu et demeure auprès du Père, lui est venu nous le faire connaître. *Jn 1, 18*

Éclairés par l'événement de la résurrection de Jésus, les disciples ont pu percer, après-coup, le secret qui animait cet homme. Pour nous aider à faire le même cheminement, nous prendrons le temps de suivre Jésus dans son expérience profondément humaine. Et nous nous ouvrirons à l'Esprit* de Dieu, afin que sa parole intérieure nous *"fasse connaître"* le Dieu libre et vivant que Jésus incarnait et racontait.

"Il leur dit beaucoup de choses en paraboles*...
Il ne leur enseignait rien sans paraboles". *Mt 13, 3, 34*

Jésus fut un raconteur exceptionnel. Autant que ses discours, sa vie nous a raconté Dieu. Avant d'être consigné en quatre documents écrits *"par Luc, Matthieu et les deux autres"*, l'Evangile fut un événement, une personne vivante, des gestes, des rencontres, des souvenirs qu'on se rappelait en communauté.

De tous temps, les récits de témoins et les aventures vécues par les ancêtres ont une puissance symbolique inépuisable pour façonner l'âme des peuples et déclencher des rêves créateurs chez des individus. Les prédicateurs populaires et les politiciens le savent bien: il suffit de raconter un fait vécu pour que les auditeurs les plus endormis relèvent la tête et réagissent. Les diverses communautés autochtones le savent aussi, elles qui ont gardé l'habitude de se réunir en cercle, à l'aube ou à la tombée de la nuit, pour interpréter les songes des membres du groupe et faire mémoire des faits et gestes des *anciens**.

Les récits d'hier éclairent les événements actuels et les décisions pour demain. Et les récits d'aujourd'hui font saisir la continuité de la Parole, sa nouveauté en chaque génération. Les deux stimulent l'imagination pour envisager l'avenir avec plus de souplesse et d'audace.

Des gestes vécus, ça parle fort quand il s'agit de proposer un message, d'éveiller à la foi et à l'intériorité, de susciter des questionnements. Ils auront ici la priorité, même si on ne pourra les raconter tous à leur pleine longueur: il faudra parfois aller dans le gros livre de la Bible pour lire le texte en son entier et le situer dans son contexte.

Ce livre-ci relate au-delà d'une centaine de récits et fait allusion à une centaine d'autres, sous formes de rencontres vécues, d'histoires inventées, d'événements rapportés, de symboles évoqués. Des récits tirés de la Bible ou de sources plus récentes. Sans omettre, pour autant, d'évoquer la sagesse qui a découlé des événements rapportés et qu'on retrouve sous forme d'enseignements, de proverbes, de psaumes.

Un exemple. **Quand le roi David se permet de coucher avec l'épouse d'un de ses simples soldats parti à la guerre, le prophète* Nathan vient l'interpeller.** Pour lui faire saisir la gravité de son geste et le toucher au vif de ses sentiments, **il invente une histoire: celle d'un riche qui vole l'unique brebis d'un pauvre pour festoyer avec des amis. En entendant cela, David devient furieux et condamne à mort cet usurpateur.** *"Cet homme, c'est toi !"* lui lance le prophète. **Alors David reconnaît son péché et implore le pardon de Dieu.** (Lire en entier ce récit captivant, dans 2 Sm 11, 1 - 12, 25, puis au Psaume 51).

Sous plusieurs angles, notre époque ressemble à celle où vécut Jésus de Nazareth: explosions de violence en divers lieux; domination exercée par des nations étrangères qui exploitent les ressources et méprisent le peuple; lourdeur des institutions religieuses; mouvements de masse réclamant justice et respect; insatisfaction devant une pratique religieuse qui ne comble plus; attente d'une nourriture spirituelle apportant souffle et élan de vie... Des temps de grands bouillonnements. Une époque de *fin d'un monde*.

Sous d'autres aspects, nos temps sont très différents de cette époque ancienne. La rapidité des communications a transformé la planète entière en village global. Pour une large portion de la population, la révolution électronique est en train de modifier les manières de penser et de réagir. L'économie se *globalise*, elle aussi, et situe le pouvoir des Compagnies Transnationales au-dessus de celui des dirigeants politiques. Les grands déplacements de populations (suite aux guerres, aux cataclysmes, aux recherches de meilleures conditions de vie) entraînent un mélange des cultures et des religions, avec toute la richesse et la tension que cela entraîne.

Faut-il s'étonner que nous ayons à redécouvrir et à ré-interpréter,
en regard des réalités d'aujourd'hui, le Message reçu il y a 2000 ans?
Heureusement, la Parole est *vivante*. Elle n'est pas lettre morte,
mais communication constante avec le Dieu vivant.

L'effort de ce livre est de laisser cette Parole nous parler. Son langage sera de mots mais aussi de visuel, pour un monde imprégné d'images et de sensations. Les illustrations visent à ouvrir de nouveaux espaces à l'imaginaire et au ressenti, pour crier ou murmurer la Vie, celle d'ici et celle d'ailleurs, celle aussi qui jaillit au-dedans. *"Il faut rétablir le courant entre paroles des hommes et Parole de Dieu"*, écrit Fernand Dumont, ce philosophe-sociologue québécois qui a témoigné avec grande lucidité de sa foi. (2)

Jésus, en cela, nous sert de modèle, lui qui savait si bien regarder, écouter les personnes rencontrées, communiquer un regard neuf sur la vie. À travers des interprétations qui ne prétendent pas à la rigueur des études scientifiques mais qui ont été vérifiées auprès de biblistes et de catéchètes compétents, ce livre se situe dans le sillage de ce qu'a fait l'Envoyé de Dieu: révéler que l'Esprit* agit en nos temps, que le **Royaume* de Dieu nous atteint aujourd'hui, déjà à l'oeuvre parmi nous.** *Mt 12, 28*

Les remises en question peuvent s'avérer un handicap devant des actions à entreprendre. *"Je doute de moi, de mes positions. J'hésite à m'engager"*. Elles peuvent être aussi une disposition fort utile pour se mettre à la recherche de sa voix intérieure et apprendre à l'écouter .

Plusieurs certitudes du passé n'ont pas résisté à l'épreuve du temps et de l'expérience. Qui croit encore aux ressources naturelles illimitées, à la fin de l'ignorance et de la misère dans le monde, à la victoire totale des vaccins sur les épidémies...? De cruelles désillusions ont fait suite à des idées généreuses. S'il est encore une certitude de nos jours, c'est bien celle que personne ne possède toutes les certitudes.

Au plan collectif, c'est là un des héritages les plus précieux du Concile* Vatican II. (3) Au cours de ce rassemblement des Pasteurs du monde entier, au milieu du XXe siècle, l'Eglise catholique a reconnu qu'il y a des vérités importantes dans toutes les grandes voies spirituelles. Et qu'entre chrétiens, l'effort à poursuivre n'est pas de faire entrer tout le monde dans le giron d'une seule institution-Église, fût-elle *catholique*, mais de devenir, ensemble, d'authentiques disciples de Jésus interpellés par son appel à l'unité. (➡ 163)

Au plan personnel, une remise en question es également nécessaire à un cheminement de fo véritable. La personne qui ne s'est pas interrogée su sa foi est-elle jamais parvenue à une foi d'adulte? L questionnement peut même aller jusqu'au doute Les récits bibliques nous en donnent des dizaines d témoignages, surtout dans les moments d souffrance (exemples: Job dans ses malheurs, Jea Baptiste dans sa prison).

Ce livre ne vise donc pas à *prouver* Dieu, ni à fournir une sorte de police d'assurance-tous-risques. La vraie communauté des disciples de Jésus est autre chose qu'un club privé ou une forteresse où on peut se réfugier à l'abri du monde. Un évêque du Québec, Bernard Hubert, disait, il y a quelques années: *"Dans des temps de perturbation et d'ébranlement comme ceux que nous vivons, l'Église a davantage besoin d'apprendre à faire du surf sur les vagues, que d'ériger des digues de béton pour se protéger des inondations."* (4)

Ajoutons, à l'intention des personnes qui se disent athées: vos questionnements à l'égard des affirmations religieuses trop faciles nous sont précieux. Ils nous aident à demeurer honnêtes, ouverts. À nous rappeler que nous faisons partie de la même race humaine qui cherche à tâtons les traces de son Créateur. *"La vigilance critique des non-croyants est vitale: elle tient en éveil la conscience évangélique des chrétiens. Nous avons besoin les uns des autres pour vivre de manière créatrice"*.

Jacques Gaillot (5)

le dieu auquel vous ne croyez pas, vous qui vous dites athées, nous n'y croyons pas non plus. Tout simplement parce qu'il n'existe pas. Produit d'esprits qui veulent garder le contrôle sur Dieu et sur les consciences, il n'en est qu'une figure travestie et boursouflée. Une sorte d'épouvantail sacré. De ce Dieu-là soyons fièrement athées!

Mais s'il existe vraiment un Dieu Amour, *si c'était vrai*...., donnons-lui la chance de se présenter à nous, de s'exprimer, de nous rencontrer. Qui sait ce que sa présence et sa parole éveilleront au plus intime de notre être?

.. ET D'ESPÉRANCE

"Evangéliser, c'est se faire des amis et les inviter au banquet de noces".   Pierre Babin   (6)

Les gens vont vers ceux qui annoncent la joie. Lors de sa rencontre avec 40,000 jeunes au Stade Olympique de Montréal, en 1984, Jean-Paul II dit: *"L'avenir appartient à ceux et celles qui donneront aux générations de demain des raisons de vivre et d'espérer"*.

Un monde en quête d'espoir, c'est bien le nôtre. Combien de fois nous nous avouons *"impuissants"* devant les engins de guerre nucléaire? Désarmés devant les poussées *"inévitables"* de la mondialisation économique. Devant le commerce des drogues et les flambées de violence *"impossibles à contenir"*. Devant l'accroissement *"incontrôlable"* de la misère dans les quartiers appauvris d'ici et d'ailleurs.

Et pourtant... Si on osait *risquer la paix!* S'entraîner à la nonviolence* comme on s'entraîne à faire la guerre (➡ pp. 138-141). Expérimenter la force irrésistible d'une collectivité qui prend en main son bonheur. Apprendre à méditer et à contempler, comme on apprend à marcher, à rouler à bicyclette, à escalader un flanc de montagne.

Rêve impossible, tout cela? Utopie? Oui. Sauf que cette sorte de rêve éveillé façonne l'histoire, marque les tournants. Elle a rendu jadis la fronde de David plus efficace que l'épée de Goliath   *1 Sm ch. 17*. Au temps de l'Holocauste (massacre de six millions de Juifs par les Nazis), elle a transformé un petit village de France (Le Chambon) en refuge inespéré, pour cinq mille enfants Juifs poursuivis par les Nazis. En voilà des récits pleins d'espérance, qui nous disent que la force de Dieu continue de débloquer l'avenir, de façon étonnante!

La Bible raconte avant tout l'histoire de la confiance que Dieu a en nous, les êtres humains, et de la confiance qu'en retour des personnes et des groupes ont mis en Dieu. *"Ce qui m'étonne, dit Dieu, c'est la petite espérance"*, s'émerveillait Charles Péguy. Vous connaissez une autre force qui puisse mieux mener le monde vers sa libération ?

9

Notes de lecture:

Des réalités à tenir ensemble

Pour vivre à fond l'expérience de la Parole de Dieu, il convient de valoriser, tout à la fois:

◆ le *texte écrit* qui nous vient du passé, et le *vécu actuel* qui incarne aussi la Parole

◆ une *connaissance* des Ecritures, et leur *mise en pratique*

◆ la *recherche scientifique* des spécialistes déblayant le terrain et creusant les divers sens, et la *lecture croyante* des fidèles accueillant la Parole dans la prière et le partage

◆ la compréhension des *mécanismes sociaux* qui ont influencé les événements, et le respect du *mystère des personnes*

◆ des *formulations de foi* faites par les Eglises, et la transmission d'un *Souffle* inspirant les personnes et les communautés

◆ l'*ouverture* du salut *à toute personne* de bonne volonté (c'est pour tout l'monde), et *l'exigence radicale* de l'appel de l'Évangile (qui n'est pas une voie de facilité)

Entre ces divers pôles, pas de contradiction, mais une complémentarité féconde. En fait, pour goûter à fond la puissance du Message, toutes nos ressources humaines sont mises à contribution: intelligence, coeur, imagination, expérience, mémoire, capacités artistiques autant que scientifiques, réseaux de collègues et d'amis. Un Message qu'on ne *connaît* pleinement que lorsqu'il passe dans nos vies.

Langage inclusif

La Bonne Nouvelle est pour les deux moitiés de l'humanité. Le Dieu que le Peuple de l'Alliance et Jésus surtout appellent Père, a manifesté tout autant des qualités de tendresse et d'accueil, qu'on attribue généralement aux femmes. N'empêche que les textes bibliques sont écrits au masculin. Pour rendre le message ici dans un langage davantage inclusif, voici la règle adoptée:

◆ quand sont rapportés des textes de l'Ecriture Sainte, afin d'éviter d'alourdir la lecture, les désignations masculines comprennent les désignations féminines, et *vice versa*.

◆ dans les textes d'introduction, d'explication et de réflexion, la référence aux femmes et aux hommes est indiquée explicitement, selon la manière jugée la plus appropriée.

◆ chaque fois que c'est possible, on évite de référer à Dieu en termes exclusivement masculins.

Le déni de la réalité féminine est ancré dans l'histoire humaine, y compris dans l'histoire judéo-chrétienne. Nul effort n'est à épargner pour redresser cette longue injustice. (➡ pp. 30-5)

Dans quelle version les textes sont-ils présentés ?

La plupart des textes bibliques cités ici ont été ré-écrits, dans un langage qui se veut plus direct et plus proche de nos réalités, et qui ne reprend pas nécessairement le mot à mot. *"Qui traduit trahit"* dit le dicton. Disons plutôt que toute traduction a pour but de rendre la pensée originale intelligible à un milieu et à un temps donnés. C'est d'ailleurs ce qu'ont fait les premiers écrivains bibliques, répondant aux besoins particuliers des communautés chrétiennes du premier siècle.

Nés au Moyen-Orient, les évangiles furent d'abord parlés et écrits en *Araméen*. En passant de cette culture aux cultures grecque et latine, ils ont parfois été dépouillés d'une force d'évocation et d'une multiplicité de sens qu'ils avaient à l'origine. Les recherches des dernières décennies, sur le pays de Jésus et sur les civilisations avoisinantes nous éclairent à cet égard.

Le monde dans lequel Jésus a évolué était, comme le nôtre, à la croisée de plusieurs cultures et systèmes de pensée. Ses interventions eurent parfois un effet explosif. Certaines ré-écritures du récit original, en le transposant dans un contexte d'aujourd'hui, visent à conserver au Message ce mordant. (➡ pp.72-73, 154-157, 182).

Pour le reste, les textes s'inspirent de diverses traductions courantes, principalement: la Bible en français fondamental, la Bible en français courant, la Bible des Communautés Chrétiennes, la Traduction oecuménique de la Bible, la Bible de Jérusalem.

Des illustrations variées

Dieu est présent dans toute situation humaine. En toutes les cultures et sous-cultures. Pour le découvrir et l'exprimer, on ne peut se limiter à un seul style de représentation. C'est pourquoi on trouvera ici une variété d'approches visuelles, dont l'unité est à chercher dans le but poursuivi: faire sentir la présence agissante de Dieu dans les divers replis de l'expérience humaine.

Avant tout, des scènes de vie courante, des gestes du quotidien, des situations qui reflètent le combat pour la vie et le triomphe de cette vie jusque dans la mort. Des photos, des symboles, parfois des caricatures qui piquent au vif, avec une pointe d'humour. Car, paraît-il, Dieu est un Dieu de surprise, en constante création dans l'univers.

Parole des commencements

Autrefois, Dieu a parlé à nos ancêtres par des porte-parole, des prophètes. Il leur a parlé souvent et de mille manières. En cette période décisive que nous vivons, Dieu est venu nous parler par son Fils lui-même. *He 1, 1-2*

Voilà le message adressé à des Juifs vivant en Palestine, vers les années 66-67. En réfléchissant sur les événements récents de cette époque, l'auteur de la Lettre leur dit: *il vient de se passer quelque chose d'étonnant, de radicalement neuf.*

- Déjà la *création* reflétait et chantait la beauté du Créateur de l'univers.
- Depuis 18 siècles, le peuple Juif vivait une *alliance** avec le Dieu d'Abraham et de ses descendants, qui l'avait arraché à l'esclavage en terre étrangère.
- Par dizaines, des *prophètes** étaient venus lui rappeler cette Alliance pour le maintenir dans la fidélité.
- Des poètes, des mystiques, des *saintes** du quotidien, en diverses religions sur toute la surface de la terre, louaient Dieu ou racontaient la vie des dieux, leurs amours et leurs guerres.

Mais voilà que quelque chose de neuf et de bon vient d'arriver. Quelqu'un est venu, qui *EST* bonne nouvelle par sa vie, ses gestes, autant que par sa parole. Son nom est Yeshou'a, Jésus.

Ce qui existait dès le commencement, nous l'avons entendu. Nous l'avons vu de nos yeux. Touché de nos mains. Il s'agit de la Parole qui donne la Vie. *1 Jean, 1, 1*

Cette Parole du commencement du monde, elle était avec Dieu. Elle était Dieu. Vie et Lumière véritable pour tous les êtres humains. La Parole a pris chair humaine et elle a habité parmi nous, pleine d'amour, pleine de vérité. *Jn 1, 1, 4, 9, 14*

La Parole a planté sa tente parmi nous, mais le monde ne l'a pas reconnue. Elle est venue dans son peuple, mais la plupart des siens ne l'ont pas reçue. Certains pourtant l'ont reçue et lui ont fait confiance. A ceux-là, la Parole a donné de devenir enfants de Dieu. *Jn 1, 10-12*

12

Dans les pages de ce livre, nous suivrons à la trace cette Parole devenue chair humaine, dans les gestes concrets qui redonnent espoir.

- ◆ Nous côtoierons Jésus, Maître de sagesse et de vie.
- ◆ Nous scruterons son regard, les traits de son visage, pour découvrir le visage et le regard du Dieu qu'il racontait.
- ◆ Nous guetterons ses interventions au coeur de la vie ordinaire, et verrons émerger un monde selon le projet du Créateur.
- ◆ Nous nous laisserons éveiller le coeur à la compassion comme à l'indignation, pour communier à ses choix et vibrer de sa passion.

Notre préoccupation première ne sera pas quel culte rendre à Dieu, mais quelle alliance* Dieu vit déjà avec **"ce monde qu'il a tant aimé"** *Jn 3, 16* et qu'il aime toujours.

Vous tous qui avez soif, venez vers les eaux. Venez manger, venez boire du vin et du lait. Même sans argent, sans paiement. A quoi bon dépenser votre argent pour ce qui ne nourrit pas, votre labeur pour ce qui ne rassasie pas? Tendez l'oreille, venez vers moi, écoutez et vous vivrez. Je conclurai une alliance * avec vous, et ce sera pour toujours !

Recherchez le Seigneur puisqu'il se laisse trouver. Appelez-le, alors qu'il est proche. *Is 55, 1-3, 6*

l'histoire étonnante
d'un amour
jusqu'à l'extrême

Yeshu'a, l'homme de Nazareth

le prophète de Galilée

le subversif assassiné

le Seigneur ressuscité

15

Une naissance dans la marge

Toute une série d'événements marquent l'arrivée de ce Jésus.
Relisons les récits, avec le cœur d'un enfant
ouvrant un grand livre d'images en plusieurs tableaux.

L'histoire étonnante de l'homme de Nazareth

◇ **Voici dans quelles circonstances naît Jésus Christ. Marie, sa mère, est fiancée à Joseph,
un charpentier du village de Nazareth. Avant même qu'ils habitent ensemble, elle se
trouve enceinte, par l'intervention mystérieuse de l'Esprit* de Dieu.** (➡ 60-61)
Joseph a confiance en Marie et ne veut pas qu'on la tue à coups de pierres,
selon ce qu'exige la Loi (➡ p. 156). Mais par fidélité à son Dieu, il se sent
obligé de renvoyer Marie. Heureusement, durant une nuit, un songe vient
l'apaiser. Un ange* du Seigneur lui dit: "Ne crains pas d'épouser Marie.
Car l'enfant qu'elle porte vient de Dieu. Ce sera un garçon. Tu le
nommeras Yeshou'a, ce qui veut dire: Dieu sauve son peuple".

C'est ainsi que se réalise ce qu'a annoncé le prophète* Isaïe, six siècles
auparavant: "Une jeune femme donnera naissance à un enfant, qui sera
Dieu-avec-nous, Emmanuel!" Mt 1, 18-23

◇ **Le jour de la naissance arrive enfin. Marie et Joseph sont en voyage,** à une distance
d'environ 120 km de Nazareth, **dans les montagnes de Judée. Ils doivent
se rendre à Bethléem, où est né le roi David, l'ancêtre de Joseph. L'empereur
romain, César-Auguste, a en effet ordonné: "Que chacun aille se faire enregistrer
dans le lieu de ses origines".** La Palestine, conquise par l'armée romaine, doit
payer des impôts aux envahisseurs. C'est pour ça le recensement: compter les
têtes payantes de tout l'Empire.

Donc, pendant ce voyage, Marie accouche. **Comme il n'y a plus de place pour
eux dans les salles communes prévues pour les voyageurs,** elle donne naissance
dans un abri pour animaux. *Lc 2, 1-7*

Non loin de là, des bergers passent la nuit dans les champs, à garder leurs troupeaux de moutons. Soudain, voici qu'un ange* de Dieu leur apparaît et dit: "N'ayez pas peur. Je vous apporte une nouvelle qui réjouira tout le peuple: un Sauveur vous est né. Voici à quel signe vous le reconnaîtrez: vous trouverez un bébé couché dans une mangeoire." Les bergers accourent et trouvent les choses comme l'ange l'a dit. Ils s'empressent d'aller annoncer à tous ce qu'ils ont entendu et vu. *Lc 2, 8-20*

On raconte qu'au même moment, trois astrologues se mettent à suivre le mouvement d'une étoile. Elle les conduit de l'Orient jusqu'à la capitale, Jérusalem, puis au petit village de Bethléem. Ils se rendent à la maison où Joseph et Marie se sont retirés avec le nouveau-né. A la recherche de traces de Dieu dans l'univers, ces savants perçoivent une présence mystérieuse dans cette famille toute simple. **Ils lui offrent des présents précieux: or, encens, huile parfumée.**
Mt 2, 1-2, 8-11

Mais Hérode (un arabe qui s'est fait donner le titre de roi par les Romains, après avoir conquis Israël par les armes) **prend panique devant l'annonce de la naissance d'un roi juif. Pour éliminer l'enfant, il fait massacrer tous les mâles de moins de deux ans. Les parents de Jésus fuient avec lui en Egypte.** *Mt 2, 3, 16*

La venue de Jésus nous est donc relatée à
travers une suite d'événements dérangeants:

- ◈ inquiétude de Joseph, qui n'arrive pas à
  s'expliquer la grossesse de sa fiancée;
- ◈ souffrance de Marie, qui attend que Dieu
  lui-même manifeste son projet à son fiancé;
- ◈ accouchement durant un voyage, sans un toit
  convenable, sans le support de sa parenté;
- ◈ visite de gardiens de moutons, des gens
  décomptés et mal vus dans la société;
- ◈ visite ensuite de gens riches et savants,
  un peu illuminés, qui annoncent aux Juifs:
  il se passe chez-vous une chose extraordinaire!
- ◈ panique à la cour royale, et chez tous les chefs
  du Palais et du Temple de Jérusalem,
  où des intrigues se manigancent déjà;
- ◈ massacre d'enfants totalement innocents;
  déchirure du coeur des parents;
- ◈ en cachette, fuite de cette famille
  de "réfugiés politiques".

Décidément, l'enfant qui arrive est poussé de plus en plus dans la
marge de la société des puissants. Curieusement, les deux types
de personnes que la religion du temps jugeait exclus du salut*,
les humbles jugés pécheurs (représentés ici par les bergers) et les
savants "sorciers" (représentés ici par les mages*) accueillent
Dieu dans cet enfant. Alors que ceux (roi et prêtres) qui les
trouvent indignes de s'approcher de Dieu, sont eux-mêmes
incapables d'entrer dans la fête...

Que de péripéties déjà dans la vie de cet enfant! Sa naissance n'est pas *bonne nouvelle* pour tous! Les anges ont-ils donc menti aux bergers: "Paix à toute la terre"? Faut-il, pour apprécier sa venue, vivre nous-mêmes quelque chose de la condition des personnes marginalisées, ou du moins nous faire solidaires de leur lutte pour la vie et pour la dignité? Avons-nous plus de chance de rencontrer Dieu à Bethléem et dans nos quartiers appauvris que dans le grand luxe des lieux de pouvoirs?

Cette histoire continue d'arriver en notre temps, en divers coins de la terre. Dieu naît en toutes les cultures, comme en témoignent les crèches ci-contre, fabriquées aux quatre coins du globe.

Où est-ce que je reconnais, près de moi, la présence de *Dieu-avec-nous* qui vient *sauver son peuple*, en se rangeant avec les pauvres *dans la marge*? Pour restituer aux cantiques de Noël leur effet d'étonnement, je pourrais essayer cette nouvelle version du *"Ça, bergers"*: *"Eh! squeegees, rassemblons-nous..."*

Merci Seigneur, car tu es bon. Ton amour n'a pas de fin!
Que les humains crient de joie en racontant ce que tu fais.

Ps 107, 1, 22

À la rude école de la vie

L'endroit où grandit Jésus n'a rien des grandes capitales de cette époque. Ni Jérusalem, ni Babylone, Rome, Athènes. Non, mais un village, Nazareth, dont personne n'aurait parlé si Jésus lui-même n'y avait passé la majeure partie de sa vie. Un village dont Nathanaël dira un jour: **De Nazareth, peut-il sortir quelque chose de bon?** *Jn 1, 46* *"Un trou"*, aux yeux de certains.

C'est donc là que le jeune Yeshou'a (c'est son nom, dans sa langue) apprend la vie. On sait peu de choses sur son enfance, sauf que son père, Joseph, est charpentier — de quoi gagner honorablement la vie de sa famille. Jésus ne grandit donc pas dans la misère, ni même dans la pauvreté économique. Il ne vit pas dans l'insécurité affective non plus, comme des millions d'enfants du monde. Marie l'a entouré de langes et de tendresse, même dans la *crèche*, où il n'a certes pas eu froid. Le seul froid que ses parents et lui ont ressenti, c'est celui qu' **il n'y aie pas de place pour eux dans les salles d'accueil.** *Lc 2, 7* **Il est venu chez les siens, et les siens ne l'ont pas reçu.** *Jn 1, 11* **Un prophète* est estimé partout, sauf par les gens de son propre coin de pays et de sa famille.** *Mt 13, 57* Ces froids-là le rejoignent au vif, et lui révèlent un côté pénible de la vie en société.

Condamnés à l'exil, Jésus et ses parents connaissent le sort des émigrés: l'enracinement difficile dans une culture étrangère, l'insécurité devant l'avenir, en attendant que **ceux qui cherchaient à faire mourir l'enfant soient eux-mêmes morts.** *Mt 2, 20*

Il est probable que Joseph a enseigné à Jésus son métier, et aussi l'importance des songes et des intuitions pour se laisser guider dans la vie. *Mt 1, 20; 2, 13, 19, 22* Marie a dû lui apprendre l'histoire de son peuple: **les promesses faites à Abraham et à ses descendants; les trônes renversés, les humiliés relevés; les affamés comblés, les riches vidés; l'amour de Dieu, d'âge en âge, pour ceux qui le respectent.** *Lc 1, 50-55*

De semaine en semaine et d'année en année, il fait l'expérience de la religion de son peuple. **Il a l'habitude** *Lc 4, 16* **d'aller à la synagogue*, le jour du sabbat.* Et ses parents l'amènent au Temple de Jérusalem pour le Barmitzvah,** la célébration de son entrée dans le monde des adultes, **lorsqu'il fête ses douze ans. Il étonne les Experts de la Loi* par ses réponses** *Lc 2, 41-47,* lui qui n'est pas allé à l'école des Rabbins*.

Pour Jésus, l'enracinement dans la vie ordinaire est une force. Pour certaines gens de son entourage, en quête de *merveilleux*, sa simplicité de vie devient, au contraire, un obstacle: elles n'arrivent pas à accepter que l'Eternel habite cet homme à la vie si simple. Des personnes, envieuses de sa renommée grandissante, lui lancent à la face, un jour: **Qu'est-ce qui lui prend? C'est pourtant lui, le fils du charpentier Joseph! Nous connaissons bien sa mère, Marie, et sa parenté. D'où lui viennent sa sagesse et son pouvoir de guérir?** *Mt 13, 54-55*

Jésus passe près de 30 ans à Nazareth. Trente ans à apprendre à vivre. A rencontrer ses soeurs, ses frères, son Dieu. Serait-ce que Dieu se laisse trouver davantage dans les gestes du quotidien que dans les actions d'éclat?

Des personnes de notre temps ont pris cette même route:

- ◆ Gandhi, délaissant son bureau d'avocat et parcourant des centaines de villages en Inde, pour écouter longuement son peuple.
- ◆ Des jeunes par milliers qui partent sur les routes du monde comme objecteurs de conscience, gardiens de la paix, ou chercheurs de silence et de vie livrée à Dieu.
- ◆ Des coopérants et des missionnaires, religieux ou laïques, s'insérant dans nos quartiers ou à l'étranger, mettant des années à apprendre la culture des gens.
- ◆ Des couples quittant les aises de leur vie bien installée à deux, pour se mettre, jour après jour, au service de la Vie dans leurs enfants.

Quelles réalités concrètes me servent d'école, de lieu d'apprentissage, pour faire la rencontre de Dieu au coeur de la vie?

**Même si je passe par la vallée obscure
Je n'ai peur d'aucun mal.
Ta présence, Seigneur, me rassure.** *Ps 23,4*

Porteur des cris de son peuple

En vivant parmi le peuple, Jésus est témoin de ses souffrances et de ses aspirations. Il sent les gens écrasés sous le double fardeau des impôts à payer aux Romains, et des lois religieuses qui les talonnent dans leurs moindres gestes. Durant ses années d'enfance, il voit la Palestine vivre l'une des périodes les plus sanglantes de son histoire: masssacre de 3,000 personnes sur la Place du Temple le jour de l'entrée en poste du gouverneur romain Archélaüs! (7) On se croirait sur la Place Tiananmen, à Beijing, en 1990, ou sur la Place St.Wenceslas, lors du *printemps de Prague* en Tchécoslovaquie, en 1968. Des Ecritures venues des siècles passés viennent alors à l'esprit de Jésus:

> **J'ai vu, j'ai vu la misère de mon peuple.**
> **J'ai entendu ses cris. Je connais ses angoisses.**
> **Je suis résolu à le délivrer de ses oppresseurs.** *Ex 3, 7-8*

> **Le peuple qui marchait dans les ténèbres a vu**
> **se lever une grande lumière. Le joug qui pesait**
> **lourdement sur ses épaules, Dieu l'a brisé.** *Is 9, 1, 3*

Depuis plus de 500 ans, il n'y a pas eu de prophète* en Israël. Quelqu'un qui vienne lui parler de la part de Dieu, le consoler, dénoncer l'injustice et annoncer des temps nouveaux. **Le peuple est dans l'attente, plein d'espoir.** *Lc 3, 15* Plusieurs meneurs politiques, apparus récemment, ont tenté un soulèvement populaire, vite écrasé (Voir le rapport de Gamaliel, dans Ac 5, 35-37). C'est autre chose qu'on espère. Or un jour, la rumeur court...

> **Un prophète a surgi dans le désert de Judée. Allure rude, vêtements**
> **frustes, langage sévère. Il se nomme Jean. Il appelle les personnes de**
> **toutes catégories à changer de mentalité et de comportements.** *Mt 3, 1-8*

> **Préparez le chemin du Seigneur. Il vient celui qui vous plongera**
> **dans la force de l'Esprit et vous purifiera par le Feu.** *Mt 3, 11*

Pour faire saisir son message, Jean utilise un geste: debout dans la rivière du Jourdain, il plonge les gens dans l'eau, le temps de risquer de perdre le souffle, pour qu'en ressortant de l'eau, ils se réjouissent de reprendre leur souffle. Comme quelqu'un qui pass par la mort et naît à nouveau. Cette plongée s'appelle *baptême*. Ce qui vaut à Jean le surnom de *Baptiseur* ou *Baptiste*.

L'histoire étonnante de l'homme de Nazareth

De sa lointaine Galilée, Jésus entend parler de Jean. Solidaire des fragilités et des soifs spirituelles du peuple, il se fait maintenant pèlerin*, parmi la foule.

Prenant sur lui le poids des infidélités du monde, il s'avance, tel un pécheur, **dans le Jourdain. Jean le baptise. Au moment où Jésus sort de l'eau, l'Esprit*** de Dieu descend sur lui sous la forme d'une colombe. **Une voix se fait entendre: "Tu es mon Fils, mon bien-aimé. En toi, toute ma joie!"** *Mc 1, 9-11*

C'est au moment où Jésus se rend le plus vulnérable, prenant la condition de pécheur, que lui est révélée son identité profonde: **Tu es mon Fils bien-aimé**. Il sort de cette expérience à la fois fortifié et bouleversé. Qu'est-ce que Dieu attend de lui désormais? Il a besoin de silence pour démêler tout cela. Il part alors au désert.

Nous vivons un temps de société et d'Eglise marqué par de grandes fragilités. Pas une seule institution qu'on croyait inébranlable qui ne soit secouée violemment. Que ce soit nos chefs politiques, l'armée, les juges, le clergé, les éducateurs, les athlètes, sans parler des financiers et des gens d'affaire... il y a de la corruption et des *jeux sous la couverture* partout! Abus de confiance, abus de pouvoir, qui engendrent des victimes par millions. Moment de vérité!

Est-ce que j'entends les cris qui montent, les frustrations qui grondent? Comment est-ce que je me positionne, moi: passive, parce que "y a rien à faire"? exploiteur de la situation et des malpris? porteuse d'espoir? artisan de changements avec d'autres? Comme ces marcheurs Ukrainiens qui réclament qu'on *"laisse aller mon peuple"*. Ou ces membres des Premières Nations plongés dans l'eau lors du pèlerinage annuel au Lac Sainte-Anne, dans l'Ouest canadien...

Écoute ma supplication, Seigneur. Écoute le cri de ton peuple. Écoute, et pardonne. *Prière de Salomon. 1 Ro 8, 30*

Tenté de faire vite et seul

Soyons fermes dans notre foi. Car nous avons, en Jésus, un intercesseur puissant auprès de Dieu. Il est capable de comprendre nos faiblesses et de compatir à nos souffrances, puisque, *lui aussi, il a été tenté comme nous le sommes,* **mais sans céder au péché.** *He 4, 14-15*

Ça, c'est consolant, vous pensez pas? À la fois que Jésus ait frôlé le mal et qu'il ne se soit pas laissé vaincre par lui. Il ne s'est pas situé au-dessus de notre condition fragile. Voyons ce qui s'est passé après l'événement de son baptême.

L'histoire étonnante de l'homme de Nazareth

Conduit par l'Esprit* de Dieu, Jésus se rend au désert. Pendant 40 jours et 40 nuits, il ne mange rien. Une faim sauvage le tenaille et surexcite son esprit. C'est le moment propice pour l'esprit du Mal* de venir le confronter à des choix en tentant de l'ébranler.

"Si tu es le Fils de Dieu..." Peut-être ne l'es-tu pas? C'est peut-être une illusion cette vision que tu as eue au Jourdain. Comment es-tu sûr de ton identité? Voici un moyen de vérifier: **"Change ces pierres en pains. Fais le magicien. Mets Dieu à ton service,** plutôt que toi le servir." **Jésus rétorque par une parole des Ecritures: "Ce qui nourrit l'homme, ce n'est pas seulement le pain, mais toute parole sortie de la bouche de Dieu."**

Le Satan* tire sur une autre corde sensible pour manipuler Jésus: celle de la réussite immédiate, par action flamboyante. **"Si tu es le Fils de Dieu**, ne perds pas de temps à ramper au sol avec ces misérables créatures. **Jette-toi en bas du sommet du Temple.* Les anges* t'empêcheront de te blesser.** Tu vas avoir tout un effet!" Jésus refuse de provoquer Dieu.

Alors le Tentateur* s'attaque à l'appétit de pouvoir, particulièrement fort chez l'homme. **Il emmène Jésus** par la pensée **sur une montagne si haute qu'il peut voir d'un seul regard tous les royaumes de la terre.** "Oublie Dieu, agis sans lui. **Soumets-toi à moi, et tout cela, je te le donne!"** — Renier mon identité, me séparer de Dieu, jamais! **Arrière Satan! Dieu seul tu adoreras et serviras,"** comme le veulent les premiers mots de l'Alliance* *Dt 5, 7.* **Vaincu, l'esprit du Mal quitte Jésus. Des anges* viennent le servir.** *Mt 4, 1-11*

Solidifié dans ses choix et dans son être de Bien-Aimé du Père, Jésus peut maintenant entreprendre sa mission: annoncer à tous *"Vous êtes des enfants de Dieu, et cette dignité-là, personne ne peut vous l'enlever".* D'autres essaieront, durant les trois années suivantes, de le faire dévier de sa mission: sa parenté, ses apôtres, Pierre, des pharisiens. Il ne bronchera pas de son choix fondamental et de ses solidarités.

C'était tentant, pour Jésus, de vouloir échapper aux lenteurs liées à sa condition humaine. Prendre un raccourci, par des actions d'éclat ou par la fuite dans l'irréel. S'appuyer sur une fausse puissance, pour *régler ça vite*. Comme on *zappe* un reportage dérangeant sur notre téléviseur, pour retrouver nos téléromans ou nos jeux de hasard favoris.

Est-ce que je reconnais cette tentation dans ma vie, dans mon groupe? Si j'y ai cédé, quels ont été les résultats? Nous vivons dans un temps qui a le culte de l'instantané. Il suffit d'un *clic* sur le clavier de l'ordinateur pour avoir un accès immédiat à des renseignements presqu'illimités. Même la richesse s'acquiert en un tournemain à la loto. Sans parler du *café instantané*, du *riz minute*, et de toutes les formes de *fast food*. Pourtant *"le temps ne respecte pas ce qu'on fait sans lui"*, dit le proverbe. La vraie réussite humaine est à la fois plus complexe et plus belle qu'un succès immédiat. Et une vie de foi qui n'a pas ses périodes de doutes, de reculs, de recommencements, ne sera jamais une foi aguerrie, capable d'affronter les nuits de tempête en mer et les Vendredis Saints en plein midi. (➡ p. 121)

Croire que je suis voulu de Dieu, cela s'acquiert avec patience, dans une longue fréquentation de la Parole et une attention aux *signes** que Dieu me fait à travers des événements souvent bien ordinaires.

**Si Dieu n'avait pas été pour nous,
le courant nous aurait emportés.
Dieu merci! Il ne nous a pas laissé
comme une proie entre leurs dents.** *Ps 124, 1,4,6*

25

Des fréquentations risquées ?

"Tes amis, c'est pas des gens à fréquenter. Les voisins commencent à jaser..." disent les parents d'un adolescent, dans une chanson du groupe *Noir Silence*. Qui n'a pas reçu pareille mise en garde un jour? On juge si vite sur les apparences, sans avoir pris le temps de reconnaître la valeur réelle des personnes. Voyons quels compagnons Jésus a choisis, lui.

Un jour où Jésus repasse près du Jourdain, Jean le Baptiseur l'aperçoit et dit: **Voici l'Agneau* de Dieu**, celui qu'on abattra un jour comme une bête offerte en sacrifice. **Deux des disciples de Jean se mettent alors à suivre Jésus. Celui-ci le remarque et se retourne: — Qu'est-ce que vous cherchez? — Où demeures-tu, Maître? —Venez, vous verrez. Ils allèren et ils virent. Et ils passèrent le reste de ce jour avec lui.** *Jn 1, 35-39*

C'est ainsi que le petit groupe de disciples débute, avec deux jeunes au coeur bouillant, **André** et **Jean**. Les suivants sont, comme eux, des pêcheurs de métier: **Simon, frère d'André, et Jacques, frère de Jean.** Puis viennent **Philippe** et **Nathanaël** (ou **Barthélemy**), un homme franc comme une balle, au dire de Jésus. *Jn 1, 47*

Le prochain n'est pas du tout du même groupe: **Matthieu** (ou **Lévi**). Il a réussi à se trouver un poste comme fonctionnaire du pays envahisseur, les Romains: **employé au département des impôts**. (Vous vous souvenez, les fameux impôts pour lesquels l'Empereur avait voulu compter tous les payeurs de taxes de son empire, au moment de la naissance de Jé: (➡ p 16). Donc Matthieu — et ceux de son espèce — passe pour un *vendu*, et sou un *escroc* aux yeux du peuple. Or, voilà que Jésus l'appelle lui aussi à le suivre! *M*

Matthieu n'en revient pas d'avoir été choisi. **Il donne un grand repas chez lui, où sont présents beaucoup de collecteurs d'impôts et autres gens de mauvaise réputation.** Ça fait jaser autour... En particulier les Pharisiens, soucieux des comportements *corrects*. **"Pourquoi votre Maître mange-t-il avec des employés des impôts et avec tous ces gens qui vivent dans le péché?!"** (Il faut dire qu'au temps de Jésus, manger chez quelqu'un, c'était entrer dans son intimité et se proclamer son ami). Jésus ne manque pas sa chance de dire de quel bois il se chauffe. **"Ce ne sont pas les gens bien portants qui ont besoin du médecin, mais les gens fragiles et malades. Je ne suis pas venu appeler ceux qui se croient suffisants, mais plutôt ceux qui reconnaissent leur besoin d'être guéris".** Zachée aura la même surprise un jour, comme le raconte Luc, 19, 5-10 (➡ 136).

L'histoire étonnante du **prophète de Galilée**

Voilà donc les sept premiers appelés par Jésus. Viennent ensuite **Thomas**, un autre **Jacques**, et **Jude**, appelé aussi **Thaddée**. Puis **Simon, dit le *Zélote***, parce qu'il fait parti du mouvement nationaliste qui veut débarrasser la Palestine de la domination des Romains. Enfin **Judas *Iscarioth***, le trésorier du groupe, qui finit par vendre Jésus. *Mt 10, 2-4*

Marc nous précise que Jésus forme ce groupe d'*apôtres** **pour qu'ils soient ses compagnons, et pour les envoyer annoncer la Bonne Nouvelle, avec le pouvoir de chasser les esprits mauvais.** *Mc 3,14-15* Et comme pour les autres grandes décisions de sa vie, **Jésus les appelle après une nuit passée à prier, seul, dans la montagne.** *Lc 6, 12*

Une bande vraiment spéciale, ces compagnons que Jésus s'est choisis! Que nous enseignent ses choix:

- que Jésus invite à *venir voir*, à entrer en relation intime avec lui
- que son appel se fait entendre *en pleine vie*, au coeur des activités
- qu'il sait aller *au-delà des apparences*, des préjugés, des conventions
- que son invitation laisse les personnes *libres de dire oui ou non*, sans pour autant qu'il cesse de les aimer
- qu'il y a *de l'espoir pour tous*: pour le pharisien Paul autant que pour le publicain Matthieu, dès que chacun se laisse travailler par la Parole
- que le fait d'être choisi n'est *pas une garantie* de fidélité à l'appel: la réponse demeure libre jusqu'au bout, comme en témoignent le choix et la défection de Judas.

Quels sont les traits que je considère les plus importants chez des disciples de Jésus aujourd'hui? Est-ce qu'il m'arrive de réagir au-dedans de moi: "Ah non! pas encore ce *malade* à côté de moi! cette personne divorcée qui s'engage en pastorale! et ces *manifs* où on se retrouve avec des gens de toutes tendances!" Les premiers chrétiens ont été étonnés, eux aussi, quand ils ont découvert que l'appel à suivre Jésus s'étendait même aux gens d'autres religions. (➡ pp. 130 et 162)

C'est parce qu'elle est divorcée et remariée !!

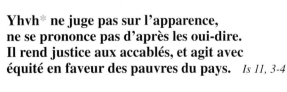

Yhvh ne juge pas sur l'apparence, ne se prononce pas d'après les oui-dire. Il rend justice aux accablés, et agit avec équité en faveur des pauvres du pays. *Is 11, 3-4*

Une option ferme pour les exclus

Déjà dans le choix des personnes dont il s'entoure, Jésus affiche ses couleurs: il ne se met pas à la solde des puissants et des bien-pensants. Il mène sa vie proche des gens du peuple, principalement en Galilée — ce carrefour des nations et des religions. Il se déplace de village en village, loin des grands centres administratifs de l'Empire (Tibériade) et du Temple (Jérusalem).

Une occasion se présente d'affirmer publiquement ses options. Ça se passe dans son village, Nazareth, après son retour du Jourdain et du désert.

Sa bonne réputation commence à se répandre dans toute la région. Le jour du sabbat*, comme il en a l'habitude, il entre dans la synagogue*. À l'invitation du Chef de prière, il se lève pour faire la lecture des Écritures Saintes. On lui présente le livre du prophète Isaïe. Il déroule le rouleau et trouve le passage suivant *61, 1-2*: **"L'Esprit du Seigneur Yhvh* est sur moi. Il m'a consacré pour apporter la Bonne Nouvelle aux pauvres. Il m'a envoyé annoncer aux prisonniers qu'ils sont libres, aux aveugles qu'ils peuvent voir clair de nouveau, et à ceux qu'on tient écrasés qu'ils sont délivrés. Proclamer une année où Yhvh manifeste sa bienveillance". Jésus ferme le livre, le rend au serviteur et s'assoit. Dans la synagogue, tous ont les yeux rivés sur lui. "Vous avez entendu ce que l'Écriture annonce? Eh bien, cela se réalise** *aujourd'hui* **devant vous !"** *Lc 4, 14-21* (➡ p.42)

En choisissant ce passage dans Isaïe, Jésus va droit au coeur de l'appel pressant qu'il a reconnu comme le sien: apporter une espérance aux captifs de toutes sortes réduits à croire qu'ils ne valent rien, et révéler à tous, oppresseurs autant qu'opprimés, le vrai visage de bonté et de justice miséricordieuse du Dieu Créateur. Voilà ce qui le passionne et mobilise toutes ses énergies.

D'autres avant et après lui ont pris le parti des écrasés et des rejetés, dénonçant l'injustice et défendant la dignité de toute personne. La Bible les appelle des *prophètes** et *prophétesses*. Comme Moïse et Myriam, Isaïe, Jérémie, Amos, Ezéchiel, Anne... Comme Adolphe Proulx et Bill Clennett, dans l'Outaouais. Et tant d'autres!

L'histoire étonnante du **prophète de Galilée**

Parfois la Bible nous raconte comment ces gens se débattent avant d'accepter leur appel à n'être pas seulement des spectateurs de ce que Dieu fait pour son peuple, mais des acteurs avec Dieu.

Témoin des corvées insupportables et des mauvais traitements que subissent les gens de son peuple, Moïse tue un Egyptien et doit s'enfuir. Il fait alors la rencontre de Yhvh sur la montagne de l'Horeb, sous la forme d'un arbuste qui brûle sans se consumer. Yhvh lui fait part de sa compassion pour le peuple opprimé (⇒ p.22) et ajoute: "Maintenant va, je t'envoie auprès de Pharaon, pour faire sortir d'Egypte mon peuple. — Qui suis-je pour faire cela? — Je serai avec toi. — Excuse-moi, mon Seigneur! Je ne sais pas bien parler — Je te suggérerai ce que tu devras dire. — Charge donc quelqu'un d'autre de cette mission." Yhvh se fâche: "Ton frère, Aaron, parlera en ton nom. Je vous aiderai tous deux." Et Moïse part retrouver ses frères.

Ex 2, 11-15; 3, 1-2, 7-12; 4, 10-15

Il peut m'arriver de vivre un moment tellement intense et comblant, que j'aie le sentiment d'avoir touché *un espace sacré* en moi. D'avoir été touché par Dieu même. Devant un geste de bonté qui me remue le coeur, devant la beauté envoûtante d'un paysage ou d'une musique, devant le déchirement d'une douleur qui crie à l'injustice, ou au milieu d'un silence qui m'enveloppe comme d'un grand manteau.

De ces moments précieux jaillissent une *intuition*, une inclination du coeur, une conviction tenace, un enthousiasme, une *passion*. Comme si je venais de découvrir ma ligne de bonheur, le sens de mon existence. Peu à peu se forment des choix, des *options* fermes. "Moi je serai... Moi je vais... Ça y est, je sais comment engager ma vie". Et après un moment d'hésitation et de combat (l'exemple de Moïse est encourageant...), je trouve la force de consacrer des énergies insoupçonnées à devenir qui je suis, à vivre ma *mission**. Avec, pour appui formidable, l'assurance que **"Je serai avec toi"**, **"L'Esprit du Seigneur est sur moi"**. Je prends le temps de retracer de ces moments dans mon histoire. De vérifier où en sont mes options, aujourd'hui, au concret de ma vie. Je peux me servir, comme guide, des pistes suggérées dans deux excellents volumes: *Voir Dieu de dos* (8) et *À chacun sa mission* (9).

Va, et mets une main dans la main de Jésus.
Mets l'autre dans la main de ton voisin.
Tu avanceras alors en forme de croix
Et l'amour coulera à flots.

Catherine DeHueck-Doherty
fondatrice de Madonna House, Combermere

Des femmes reconnues dans leur pleine dignité

Un des comportements où Jésus a le plus étonné et innové, ce fut dans ses rapports avec les femmes. Traitées comme des personnes de classe inférieure, au plan civil et religieux, les femmes étaient, presque toujours, objets de domination et de mépris. Comme encore aujourd'hui en plusieurs régions du monde. Jésus est-il une *Bonne Nouvelle* pour elles aussi?

* *Des femmes guéries et arrachées à la mort*

Nombreux sont les récits où Jésus guérit le corps ou apaise l'âme de femmes qu'on lui présente ou qui l'implorent. Il reconnaît la pleine dignité de chacune, et débloque l'avenir menacé par la souffrance, le rejet, ou la mort. Ainsi:

- ◆ **la belle-mère de Pierre** malade de fièvre *Mc 1, 30-31*
- ◆ **la femme courbée** depuis dix-huit ans *Lc 13, 10-17* (➡ p. 128)
- ◆ **la femme de mauvaise réputation** méprisée par les Pharisiens* *Lc 7, 36-50* (➡ pp. 36-37)
- ◆ **la femme adultère** pour laquelle il risque sa propre vie *Jn 8, 2-11* (➡ p. 152)
- ◆ **la fille du Chef de synagogue*, Jaïre,** ramenée à la vie *Mt 9, 18-19, 23-26*
- ◆ **la veuve du village de Naïn,** dont le fils unique vient de mourir *Lc 7, 11-17*

Des femmes disciples de ce Maître spirituel nouveau

Les femmes rencontrées ne se contentent pas de recevoir son attention et sa compassion. Elles s'engagent elles-mêmes, librement, envers lui et se mettent à le suivre.

Certaines vivent cela chez elles, à la maison, dans leur quotidien habituel. Ainsi

- **Marie de Nazareth: le jour où l'ange* du Seigneur lui fait la proposition de devenir mère de Dieu,** elle accepte d'entrer dans ce projet unique, et voit sa vie transformée. *Lc 1, 38* (➡ pp. 60-61)
- **Marthe et Marie, soeurs de Lazare: elles accueillent Jésus dans l'intimité de leur maison à Béthanie,** dans l'écoute de sa Parole et l'hospitalité de leur table. *Lc 10, 38-42*

D'autres accompagnent Jésus dans ses nombreux déplacements:

- **elles le servent et l'aident de leurs ressources.** *Mc 15, 41; Lc 8, 3*
- **elles vont à sa rencontre, alors qu'il porte sa croix.** *Lc 23, 27-31*
- **elles l'accompagnent jusqu'au Calvaire.** *Lc 23, 49*
- **elles s'assoient devant le tombeau où on l'a déposé.** *Mt 27, 61*

Des sages-femmes, au moment des 'naissances' de Jésus

Des femmes ont *reçu* beaucoup de Jésus. Des femmes ont *donné* beaucoup à Jésus. D'abord son corps et son enracinement humain. **"Né d'une femme".** *Ga 4, 4* Puis une présence, discrète et stimulante, chaque fois qu'il traversait une étape dans la découverte et la réalisation de son projet de vie.

- **Marie, à Cana:** elle incite son fils à tirer de l'embarras des époux, et les disciples voient dans le geste de Jésus qui change l'eau en vin un *signe* des Temps Nouveaux qu'il inaugure. *Jn 2, 3-5* (➡ p. 189)
- **La Cananéenne - cette *"chienne de païenne*"* :** en persistant dans sa demande pour sa fille tourmentée, elle fait éclater, au-delà du territoire et de la religion d'Israël, les frontières que Jésus envisageait alors pour sa mission. *Mt 15, 21-28; Mc 7, 24-30*
- **La femme aux menstruations incessantes depuis douze ans:** en osant toucher Jésus, alors que la Loi la déclare *impure**, elle brise des tabous tenaces et des peurs. Jésus reconnaît que c'est sa foi à elle qui l'a sauvée. *Mc 5, 25-34* (➡ p.113)

- **Marie de Béthanie:** au début de la grande Semaine aboutissant à la mort de Jésus, **elle lui verse sur la tête de l'huile parfumée,** comme on le faisait pour consacrer un roi (➡ p. 134 Samuel et David). Geste symbolique tellement important que Jésus déclarera alors: **Partout où sera proclamé l'Evangile, on racontera ce qu'a fait cette femme.** *Mc 14, 3-9*
- **Marie, mère de Jésus, au Calvaire:** en acceptant l'invitation de Jésus d'être la mère de l'apôtre Jean, elle élargit sa maternité à la grandeur de l'humanité. *Jn 19, 25-27*
- **Marie et les femmes disciples au Cénacle:** elles soutiennent les apôtres de leur prière, dans l'attente de l'Esprit Saint qui souffle comme un vent violent sur l'Eglise naissante, Corps spirituel du Ressuscité. *Ac 1, 12-14*

31

Porteuses de Bonne Nouvelle, des femmes ont senti en leur coeur un appel pressant à annoncer à d'autres les merveilleux secrets qui les animaient. Ainsi:

◆ **La jeune femme de Galilée part en hâte dans les montagnes de Judée, pour partager avec sa vieille cousine Elisabeth les merveilles que Dieu fait pour ces deux femmes et pour leur peuple.**
Lc 1, 39-56

◆ **La femme de Sichar, en Samarie, laisse sa cruche au puits et part en courant annoncer aux gens du village** ce qu'elle est la toute première à avoir appris: **"le Messie est parmi nous, et il m'a révélé qui je suis!"** *Jn 4, 25-29* (➡ pp.71-73)

◆ **Marthe, attristée de la mort de son frère, proclame devant tous sa foi en la force de résurrection qui habite Jésus, en qui elle reconnaît le Messie attendu.** *Jn 11,27*

◆ **Marie de Magdala:** la première à qui le Christ ressuscité se manifeste, **reçoit mission d'aller annoncer cette nouvelle incroyablement bonne, aux Apôtres** encore abattus par la mort de leur Ami. La première évangélisatrice! *Jn 20, 11-18*

Jésus a su regarder les femmes d'un regard libre et libérant. Il a valorisé leurs dons et leur égale dignité. Ce qui a amené les premières communautés chrétiennes à définir de façon neuve les relations femmes/hommes.

Les anciens vous ont dit de ne pas tromper votre femme ou votre mari. Moi, je vous dis d'aller plus loin que cela: n'ayez même pas un regard d'envie pour la femme d'un autre; car, dans votre coeur, c'est comme si vous aviez déjà couché avec cette femme. *Mt 5, 27-28*

Si un homme renvoie sa femme et en épouse une autre, il commet une infidélité à l'égard de la première. De même si c'est la femme qui renvoie son mari pour épouser un autre homme. *Mc 10, 11-12*

En affirmant l'égalité de la femme et de l'homme en cette matière, Jésus combattait l'attitude de possession qu'ont les hommes à l'égard de *leurs* femmes, avec le droit absolu d'en disposer comme bon leur semble.

Saint Paul élabore cet enseignement de Jésus dans ses lettres à trois communautés. Rappelant les coutumes juives qui imposent à la femme de se couvrir la tête durant le culte, en signe de sa soumission à l'homme, il ajoute:

Cependant, dans notre vie nouvelle avec le Seigneur ressuscité, la femme ne va pas sans l'homme, et l'homme ne va pas sans la femme. Car si le récit du début de la Bible nous dit que la femme a été créée à partir de la côte d'un homme, l'homme, lui, naît du ventre de la femme. En définitive, tout vient de Dieu. *1 Co 11, 11-12:*

Que votre respect pour le Christ Jésus inspire votre soumission les uns aux autres. Ainsi, de la même manière qu'elles engagent leur vie à la suite du Christ, les épouses s'engageront à l'égard de leurs maris. Et les maris aimeront leurs épouses jusqu'à donner leur vie pour elles, comme le Christ l'a fait pour l'Eglise. *Ep 5, 21-22, 25*

Vous êtes tous enfants de Dieu, liés à Jésus Christ par la plongée dans sa mort et sa résurrection. *Ce n'est plus important alors d'être juif ou non-juif, d'être esclave ou citoyen libre, d'être homme ou femme.* **La communion à Jésus Christ vous rend tous d'égale dignité.**
Ga 3, 25-28 (➡ p. 130)

Ces trois affirmations de Paul sont absolument renversantes, dans une société où la femme n'a aucun droit. La dernière est particulièrement *révolutionnaire*. Elle annonce un renversement radical des attitudes, conduisant à un échange mutuel dans le respect total des personnes *au-delà des races, du statut social et des différences sexuelles*. Des rapports humains sans domination de l'un sur l'autre, en complémentarité et partenariat, **à cause de Celui qui a brisé en sa chair le mur des divisions.** *Ep 2, 14* (➡ p. 130). Difficile à vivre, mais combien beau et fécond quand ça arrive! Nous en avons heureusement des exemples éloquents dans notre histoire.

Femme de parole et femme de coeur, Simonne Monet-Chartrand fut une militante acharnée des causes qui changent les choses. *"Il faut faire ce qu'on dit. Faut vivre ce à quoi on croit... Pour moi, la foi fait partie intégrante de ma vie affective et mentale... L'amour, c'est au quotidien. Y a des jours où c'est très difficile à assumer, deux tempéraments forts, autonomes, et il faut accepter que ça soit difficile. Un homme et une femme doivent s'adapter, faire des concessions, apprendre à se connaître, à s'aimer. On évolue très vite sur le plan technologique, mais quant à comprendre ce qu'est un homme et une femme, on reste très primaire, même si on est très instruit. J'exige plus que des solutions économiques. Je veux de l'humanitaire. Je crois surtout qu'il faut aller au bout de ses amours, même difficiles."* Simonne croyait fermement que les déshérités de la vie ont autant besoin des aliments de la pensée et de la beauté que de nourriture et de vêtements. Elle réclamait pour les humbles ce qu'il y a de meilleur. La démocratie qui nivelle par le bas lui faisait horreur. Elle l'estimait contraire à l'Evangile. (10)

Dans la tradition des Premières Nations qui ont habité l'Amérique, la place des femmes était souvent fort valorisée dans les conseils de communauté et les *"cercles de guérison"*. La dignité et la fierté d'être soi-même se reflètent dans le visage de cette femme Cherokee, qui a lutté pour sa nation.

Lorsqu'on les a mis en pratique, ces principes de vie ont conduit à des changements majeurs dans la manière de vivre en communauté et en société. Déjà à l'époque des Apôtres, des femmes furent pleinement actives dans l'oeuvre d'évangélisation. *Lire Ph 4,2; Rm 16, 1-15; Ac 16, 15, 40; Col 4, 15*

La suite de la vie de l'Église a été marquée d'avancées et de reculs. A côté de percées de lumière, que de mépris et de peurs, de la part des hommes, ont privé la communauté chrétienne des dons que portent les femmes! Dans le projet du Créateur, l'être humain total, créé à son image, c'est pourtant l'homme ET la femme. *Gn 1, 27*

Si je suis un homme, quelles sont mes convictions et mes comportements concrets à cet égard? Co-responsabilité, partenariat, promotion des différences, ou simple concession parce qu'on ne peut pas faire autrement, exploitation de la générosité, amertume devant les pertes de pouvoir?

Et si je suis une femme, quelles sont mes réactions? Hésitation à prendre ma place? Soif de contrôle, de vengeance, mépris sexiste? Ou réel partenariat, pour aider à instaurer une humanité nouvelle, dont l'Eglise serait enfin le *sacrement*∗, le signe visible?

Comme un fils que sa mère console, moi, je vous consolerai.
Is 66, 13

Un pardon déconcertant

Quand des gens se pensent meilleurs que les autres et méprisent quiconque commet une erreur, ça, ça fait bondir Jésus. Il sait que Dieu ne réagit pas ainsi devant la faiblesse humaine. Que son amour est à toute épreuve. Qu'il a même un "faible" pour les plus blessés. Il sait aussi que dans notre coeur à nous, il y a un cri profond pour la tendresse, la vraie! Alors il ne craint pas de se compromettre avec les gens, quitte à scandaliser ceux qui jugent de haut. En voici un exemple parlant.

Un Pharisien invite Jésus à manger chez lui, en compagnie de gens importants. Or tandis qu'ils sont à table, allongés sur leurs divans, une femme de mauvaise réputation se présente dans la salle. Elle tient en main un vase précieux rempli de parfum. Se plaçant aux pieds de Jésus, la femme se met à les mouiller de ses larmes. Elle les essuie avec ses cheveux, les embrasse et verse du parfum dessus.

Voyant cela, le Pharisien* se dit: "Cet homme n'est sûrement pas un prophète*! Il ne se rend même pas compte que la femme qui le touche mène une mauvaise vie..." Alors Jésus lui dit: — Simon, j'ai quelque chose à te dire. — Parle, maître. — Quelqu'un, un jour, a prêté de l'argent à deux hommes. A l'un, 500 pièces, à l'autre 50. Comme ni l'un ni l'autre ne peut le rembourser, le prêteur supprime leur dette à tous les deux. Quel est celui qui l'aimera le plus ? — A mon avis, c'est celui à qui il a remis la plus grosse dette. — Tu as bien raison.

Puis se tournant vers la femme, Jésus dit à Simon: — Tu vois cette femme? (Oui cette *femme*. Pas seulement l'étiquette de *pécheresse* que tu lui as collée au front et qui t'empêche de la voir, *elle*). **Je suis entré chez toi, et tu ne m'as pas versé d'eau sur les pieds pour me rafraîchir; mais elle, elle m'a lavé les pieds avec ses larmes et les a essuyés avec ses cheveux. Tu ne m'as pas embrassé à mon arrivée, alors qu'elle, depuis qu'elle est entrée, elle ne cesse de baiser mes pieds. Tu n'as pas répandu d'huile parfumée sur ma tête; mais elle, elle m'a parfumé les pieds.**

C'est pourquoi je te le dis: le grand amour qu'elle manifeste est le signe que ses nombreux péchés sont déjà pardonnés. Mais celui à qui on a peu à pardonner montre peu d'amour en retour.

Jésus dit alors à la femme: "Tes péchés* sont pardonnés". Ceux qui étaient à table avec lui se mettent à penser: "Qui est cet homme? Il ose même pardonner les péchés!" Mais Jésus dit à la femme: "Ta foi a changé ton coeur et t'a sauvée. Va en paix !" *Lc 7, 36-50*

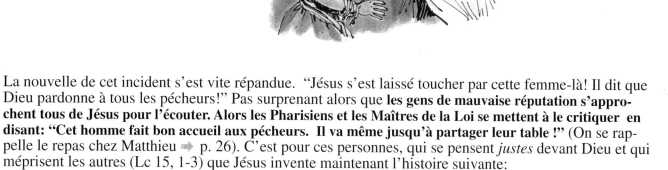

La nouvelle de cet incident s'est vite répandue. "Jésus s'est laissé toucher par cette femme-là! Il dit que Dieu pardonne à tous les pécheurs!" Pas surprenant alors que **les gens de mauvaise réputation s'approchent tous de Jésus pour l'écouter. Alors les Pharisiens et les Maîtres de la Loi se mettent à le critiquer en disant: "Cet homme fait bon accueil aux pécheurs. Il va même jusqu'à partager leur table !"** (On se rappelle le repas chez Matthieu ➡ p. 26). C'est pour ces personnes, qui se pensent *justes* devant Dieu et qui méprisent les autres (Lc 15, 1-3) que Jésus invente maintenant l'histoire suivante:

Un homme avait deux fils. Le plus jeune dit à son père: "Papa, je veux profiter de la vie pendant que je suis jeune. Donne-moi tout de suite la part d'héritage qui me revient". Le père lui fait confiance et partage sa fortune entre ses fils.

Le plus jeune part alors, les poches pleines d'argent, et se rend dans un pays éloigné. Là, il mène la grosse vie. Jusqu'au jour où une famine frappe cette région. Il se retrouve sans un sou, et sans ami. Il s'embauche alors dans une ferme, où on l'envoie garder un troupeau de cochons. Il a tellement faim qu'il envie ce que mangent les bêtes.

C'est alors qu'il se met à réfléchir. "Chez mon père, tous les ouvriers ont de quoi manger, et même ils en ont trop. Et moi, ici, je meurs de faim! Je vais retourner chez mon père et lui dirai:'Papa, j'ai péché contre Dieu et contre toi. Je ne mérite plus d'être considéré comme ton fils. Traite-moi comme l'un de tes ouvriers'. "

Tandis qu'il se trouve encore loin sur la route, son père le voit, le coeur saisi de compassion. Il court à sa rencontre, le serre contre lui et l'embrasse. "Papa, j'ai péché contre Dieu et contre toi. Je ne mérite plus d'être appelé ton fils..." Sans qu'il ait le temps de finir la phrase qu'il avait préparée, il entend son père dire aux serviteurs: "Vite, apportez le plus beau vêtement et habillez-en mon fils. Passez-lui une bague au doigt et des sandales aux pieds. Tuez le veau qu'on a engraissé pour les grandes occasions. Mangeons et faisons la fête! Car mon fils était mort et il est revenu à la vie. Il était perdu et nous l'avons maintenant retrouvé!" Et ils se mettent à fêter en grand.

Ces parents qui ont pardonné l'impardonnable

Dans l'aumônerie du pénitencier de Port-Cartier, au nord du Québec, Jeannine et Louis DUPONT serrent dans leurs bras un prisonnier. "Ca fait longtemps qu'on attendait ça, glissent-ils dans leur étreinte. C'est le plus beau moment de notre vie." Le prisonnier pleure. Treize ans auparavant, il a violé et tué, avec un autre _____ la fille des Dupont, Chantal, quatorze ans. en la jetant _____

"Ceux qui ont souffert horriblement sont aussi prêts à pardonner. Cela nous remplit d'Espérance."

Prix Nobel de la Paix, Mgr Desmund Tutu travaille toujours à la Commission "Vérité et Réconciliation", en Afrique du Sud.

"Nous sommes capables des pires horreurs, mais aussi de la plus sublime bonté. Chacun d'entre nous peut incarner le mal. Mais il y a aussi en chacun un côté passionnant, merveilleux. Toute personne peut changer. Un ennemi peut devenir un ami."

Amnistie recommandée pour les manifestants

La Ligue des droits et libertés dénonce les multiples abus commis par la police

Les familles pardonnent

Les parents de quatre des cinq victimes de la tragédie survenue dimanche, à Lingwick, souhaitent que la justice renonce aux accusations portées lundi contre _____, 21 ans, conducteur de l'automobile qui a plongé dans les eaux d'une carrière.

A ce moment-là, le fils aîné revient de son travail aux champs. Entendant le bruit et la musique de danse, il demande à un des serviteurs: "Qu'est-ce qui se passe? — C'est ton frère qui est revenu, et ton père est tout heureux." Alors l'aîné se met en colère et refuse d'entrer dans la maison. Son père sort à sa rencontre. Son fils lui lance à la face: "Écoute! Depuis de nombreuses années, je travaille pour toi et je t'obéis. Pourtant, tu ne m'as jamais offert même une petite chèvre pour fêter avec mes amis. Mais quand ton fils qui est là revient, après avoir gaspillé ta fortune avec des filles, tu fais tuer le plus gros veau!"

Son père s'approche et dit: "Mon enfant, toi, tu es toujours avec moi, et tout ce qui est à moi est aussi à toi. Mais nous devions faire une fête et nous réjouir, car ton frère était mort et il est revenu à la vie. Il était perdu et le voilà retrouvé." *Lc 15, 11-32*

Cette histoire est une des plus belles et des plus renversantes de l'Evangile. Elle *renverse* toutes les images que les humains ont pu se faire de la *"sainteté"* de Dieu: une sainteté *intouchable* qui ne veut pas se salir au contact de nos échecs. Un dieu *immuable* comme une statue de marbre. Pire encore, un dieu qui **anéantit tous les pécheurs.** *Ps 37, 38*

Jésus nous enseigne le contraire: c'est le père qui est le plus inquiet. C'est lui qui vient au-devant de son fils. Il donne son pardon avant même que la demande ne soit formulée. Il fait la fête *avec excès*, comme toute vraie fête. Il encaisse les reproches et les incompréhensions du grand-frère, comme tantôt ceux des *grands frères* Pharisiens chez Simon.

De façon évidente, dans ces deux récits, la conversion du coeur est *l'effet* d'un grand amour, et non pas la *condition* pour être aimé. Ça, c'est une bonne nouvelle! Un de ceux qui va s'en souvenir le plus, c'est l'apôtre Pierre — à qui Jésus pardonne sa trahison (➡ p. 110). Il écrira un jour: **Avant tout, ayez les uns pour les autres un amour vrai, parce que l'amour efface les péchés, même s'il y en a une multitude!** *1 P 4,8*

Je prends le temps de relire ces deux histoires, comme si je les lisais pour la première fois, dans le journal du matin. De fait, est-ce que j'en entends des histoires de pardon et de réconciliation autour de moi? Comme celles en page à côté. Ou comme la visite de Jean-Paul II en prison pour exprimer personnellement son pardon à l'homme qui avait attenté à sa vie. Des histoires de condamnation, de vengeance, j'en connais aussi? Qu'est-ce qui me vient le plus spontanément au coeur, quand c'est moi qui suis en cause, ou quelqu'un proche de moi?

Voir aussi les pages 166 à 169 pour d'autres appels en ce sens. Lire aussi, dans le même chapitre 15 de Luc, les versets 4 à 10: brebis égarée et pièce d'argent perdue.

**Dieu, crée en moi un coeur pur,
refais en ma poitrine un esprit ferme.
Moi, je t'offre un esprit brisé.
D'un coeur broyé, tu n'as pas de mépris.** *Ps 51, 12, 19*

La mort apprivoisée

Depuis son affrontement avec le Tentateur* au désert (➡ p. 24), Jésus combat le Mal dans toutes ses manifestations: maladies, écrasement social, dévalorisation des personnes, condamnation religieuse. Plus d'une fois, il est confronté à la grande déchirure humaine que constitue la mort. Et sa compassion est immense.

Un jour, c'est **le serviteur d'un officier de l'armée romaine qu'il guérit, aux portes de la mort** *Lc 7, 1-10* ou encore **celui d'un fonctionnaire du roi.** *Jn 4, 46-53* (➡ p. 149)

Une autre fois, c'est **une jeune fille de douze ans que Jésus ramène à la vie et remet au soin de son père, Jaïre, chef de synagogue***. *Mt 9, 18-19, 23-26*

Puis un cortège funèbre: **on transporte un jeune homme mort, fils unique de sa mère. déjà veuve. "Jeune homme, lève-toi!"** *Lc 7, 11-17*

Quatre jeunes aux prises avec la mort, ce qui revêt toujours un côté particulièrement révoltant. Quatre gestes de Jésus qui manifestent combien, pour lui, la vie est un don sacré.

Un autre incident touche Jésus dans sa sensibilité profonde: la perte d'un ami très cher, Lazare. Cette fois-ci, **le mort sent déjà, mis au tombeau depuis quatre jours.** Vraiment mort, sans l'ombre d'un doute. Plus rien à faire. Sinon pleurer. **"Si tu avais été ici, mon frère ne serait pas mort."**

De fait, Jésus aurait pu venir deux jours plus tôt. Avait-il besoin de vivre cette perte? De lâcher prise, dans son attachement, pour accéder à une totale liberté intérieure? L'évangéliste Jean voit dans cette mort une occasion **pour que la puissance de Dieu soit manifestée, et que la foi de ses disciples soit renforcée.**

Quand il arrive enfin, Marthe crie à Jésus sa peine, puis sa confiance: "Il n'est peut-être pas trop tard. Dieu exauce toujours ta prière".

Alors s'engage un dialogue qui ouvre une fenêtre inattendue. — Ton frère se relèvera de la mort. — Oui, comme tout le monde, à la fin des temps. — Celui qui a le pouvoir de relever de la mort, c'est moi. Je suis la Vie. Quiconque me fait confiance, même s'il meurt, aura cette vie. Il ne mourra jamais. Crois-tu ce que je te dis? — Oui, Seigneur, je crois que c'est toi le Messie que nous attendons, le Fils de Dieu.

Arrive alors Marie, l'autre soeur de Lazare, celle qui pouvait écouter parler Jésus pendant des heures. Quand il la voit pleurer, ainsi que les Juifs qui l'entouraient, Jésus est bouleversé et se met à pleurer lui aussi. "Voyez comme il l'aimait!", commentent les gens.

— Roulez la grosse pierre qui ferme l'entrée du tombeau, commande Jésus.— Seigneur, y as-tu pensé?! Quatre jours... — Ne t'ai-je pas dit que si tu fais confiance, tu verras la puissance de Dieu." Alors, Jésus lève les yeux en prière et dit: "Merci, Père, de m'exaucer toujours." Puis il crie d'une voix forte: "Lazare, sors du tombeau!" Lazare sort, encore enveloppé de bandelettes. "Déliez-le et laissez-le partir". *Jn 11, 1- 44*

Par ce cri retentissant, Jésus remet un ami debout, prolongeant pour un temps sa vie terrestre. Mais il y a plus: ses disciples verront plus tard dans son geste une annonce de ce qui lui arrivera à lui, lorsqu'il traversera la mort et en sortira à jamais vivant, au matin de Pâques.

"Crois-tu, toi, vraiment, que j'ai la capacité de tirer la vie de la mort?" Ce n'est pas tous les jours qu'on est placé devant une telle question. Ça ne peut arriver que lorsqu'on est touché dans ce qui nous est le plus précieux. Notre foi alors n'est plus une question de croyance dans notre tête, mais de confiance dans notre coeur. C'est là que la vraie foi creuse son sillon en nous.

Je crois que mon Libérateur est vivant.
Un jour viendra où, dans ma chair,
Je verrai Dieu, je le reconnaîtrai! *Jb 19, 25-27*

Traqué

Beaucoup de Juifs, qui ont vu Jésus ramener Lazare à la vie, se mettent à croire en lui. D'autres, par contre, vont le dénoncer aux Autorités. Le Grand Conseil se réunit alors. "Qu'allons-nous faire? Cet homme donne des signes évidents qu'une puissance extraordinaire l'habite. Si nous le laissons agir ainsi, tous croiront en lui. Les autorités romaines s'en mêleront et viendront détruire notre temple et notre nation". Alors Caïphe, grand-prêtre cette année-là, dit: "Vous ne comprenez donc pas qu'il vaut mieux qu'un seul homme meure, plutôt que toute la nation soit détruite?" Ce jour-là, les Autorités décident de faire mourir Jésus. *Jn 11, 45-51, 53*

Ce n'est pas la première fois que des gens veulent se débarrasser de lui. **Dès sa première visite à Nazareth, Jésus s'était attiré la colère de ses concitoyens lorsqu' il lut un texte du prophète Isaïe: "L'Esprit m'envoie délivrer les captifs, annoncer une année de bienveillance du Seigneur..."** (➡ p. 28). Le texte d'Isaïe continuait en disant: "...et de vengeance pour notre Dieu". Jésus omet ce petit bout de phrase: il n'est pas venu pour exercer une *vengeance* contre des *ennemis*, mais pour offrir la bonté de Dieu à toute l'humanité. Se croyant menacés dans leurs privilèges exclusifs de *peuple mis à part par Dieu*, les gens de la synagogue* sont choqués par cette citation tronquée d'Isaïe. Surtout quand Jésus met en relief la bonté de Yhvh* pour deux étrangers: la veuve de Sarepta, et le lépreux Syrien, Naaman. **Remplis de colère, ils l'entraînent hors du village, pour le pré-cipiter en bas d'une falaise. Mais lui passe au milieu d'eux et file son chemin.** *Lc 4, 28-30* (11)

Après le retour de Lazare à la vie, l'opposition devient encore plus organisée. Un vrai complot cette fois, par des gens qui détiennent le pouvoir et qui craignent de le perdre. **"Qu'allons-nous devenir, nous?"** Et ils décident de faire mourir Lazare aussi. *Jn 12, 10.*

Jésus vit un terrible déchirement. Lui qui est venu annoncer les bontés de Dieu pour son peuple, il a perdu complètement confiance dans les pasteurs chargés de conduire ce peuple vers Dieu. Perdu confiance dans le système religieux lui-même, en autant qu'il brime l'être humain et défigure le Créateur. Et pourtant, il ne cesse pas d'aimer ce peuple et ses chefs, de prier les psaumes, de vibrer aux appels des Prophètes* et de la Loi* de vie.

A mesure qu'il dénonce les déviations et les contrôles étouffants, Jésus apparaît, aux yeux des Autorités, comme un subversif, une menace pour l'ordre établi. C'est d'ailleurs ce dont on l'accusera durant son procès: **"Il est en train d'égarer notre peuple et de le pousser à la révolte".** *Lc 23, 2, 5*

Jésus voit venir les coups. Lui qui sait ce qui se passe dans les coeurs *Mc 2, 6-8; 7, 6*, il ne se fie pas aux belles acclamations de la foule, si vite manipulée par ses chefs. **Il se met en route vers la Ville.** La foule s'excite, brise des branches de palmier qu'elle agite, étend des manteaux en guise de tapis rouge, et lance des acclamations triomphantes: Hosannah! *Lc 19, 28-40*

Jésus s'avance monté sur un petit âne. Pas sur un cheval, animal de parade et de guerre. Non. Sur un ânon. (Imaginons un de nos *dignitaires* civils ou religieux se promenant à bicyclette ou en métro plutôt qu'en limousine...) A l'entrée de la Ville, il s'arrête.

Jérusalem, Jérusalem! Toi qui tues les prophètes qui te sont envoyés! Que de fois j'ai voulu rassembler tes enfants comme une poule rassemble ses petits sous ses ailes, et tu n'as pas voulu. Si du moins aujourd'hui tu voulais reconnaître celui qui peut t'apporter la paix... en ce temps où Dieu t'a visitée et secourue!" *Lc 13, 34; 19, 41-44*

Et Jésus pleure. Comme il vient de pleurer devant le tombeau de Lazare (➡ pp. 40-41). Ça sent mauvais ici aussi. Mais contrairement à chez Marthe et Marie, les "proches" de la religion étouffée dans ses bandelettes ne croient pas que Jésus est Résurrection et Vie pour eux aussi.

Nous approchons du dénouement de cette histoire passionnée. Les acteurs apparaissent de plus en plus campés dans les rôles qu'ils ont adoptés. D'un côté Jésus qui libère la VIE menacée, ainsi que les disciples qui lui font confiance. De l'autre, les personnes qui le guettent, le dénoncent, complotent sa MORT.

Cette tragédie se joue encore aujourd'hui, dans les conflits entre races, religions, classes sociales, voisins en chicane, querelles de famille, disputes de paroisses. Quel rôle est-ce que je choisis de jouer, moi, dans de telles situations? Est-ce que je me contente de **"dénoncer aux Autorités"** quiconque brasse la cage et fait bouger des *cadavres* pour libérer la vie et la créativité? Est-ce que je travaille avec d'autres à faire la vérité autour de personnes poursuivies et mal jugées?

Tu es, Seigneur, mon refuge, mon rempart, mon Dieu dont je suis sûr! *Ps 91,2*

43

Abandonné

A mesure qu'il progresse dans son engagement, Jésus se frappe à un mur d'incompréhension.

- **Beaucoup de gens disent: "Il délire, il est possédé d'un démon."** *Jn 10, 20*
- **Les membres de sa parenté viennent pour se saisir de lui, car ils disent: "Il a perdu la tête!" Ils ne croient pas en lui.** *Mc 3,21; Jn 7, 15*
- **Pierre refuse que Jésus passe par la torture et la mort: "Non, ça ne t'arrivera jamais!"** *Mt 16, 22*

Les apôtres sont de plus en plus déroutés et déçus par ce qui se passe:

Nous avions tellement espéré que c'est lui qui nous débarrasserait de toute domination étrangère! *Lc 24, 21*

Judas surtout. Il n'arrive pas à comprendre la grandeur d'âme et la liberté d'action de Jésus. Tant de gratuité le révolte.

Lorsque Marie de Béthanie verse sur Jésus un plein flacon de parfum dispendieux, Judas s'exclame: "On aurait pu vendre ce parfum et donner l'argent aux pauvres." Il parle bien, ce Judas, mais l'évangéliste Jean le démasque: **Il ne disait pas cela par souci des pauvres, mais parce qu'il volait ce qu'on mettait dans la bourse commune.** *Jn 12, 1-8*

Avec un esprit aussi torturé et tordu, Judas est prêt pour la pire lâcheté: vendre non seulement l'huile parfumée, mais le parfumé lui-même, l'*Oint** du Seigneur, son maître. Il se rend chez les chefs religieux: **"Combien me donnez-vous pour que je vous conduise à lui?"** Ils conviennent **de 30 pièces d'argent** - le prix qu'on paie pour acheter un esclave. *Mt 26, 14-16*

Quand arrive *l'heure des ténèbres*, Jésus se rend dans un endroit où il a coutume de se retirer: le jardin de Gethsémani. Ses disciples le suivent, lourds de fatigue et déprimés par l'angoisse. **Il prend avec lui ses intimes, Pierre, Jacques et Jean, et s'avance dans le jardin. L'angoisse s'abat sur lui aussi. "Mon âme est triste à en mourir! Ne me laissez pas seul. Veillez avec moi."** Il s'enfonce un peu plus dans le jardin et dans sa souffrance. Tombant la face contre terre, il éclate dans un cri et des larmes, priant Dieu qui peut le sauver de la mort. *(He 5, 7)* **"Abba (Papa)! tout est possible pour toi. Éloigne de moi cette coupe amère. Cependant, que ce ne soit pas ma volonté qui se fasse, mais la tienne".** Par deux fois, il retourne vers ses amis et ne reçoit d'eux aucun support. Il est en proie à une douleur tellement grande qu'il tombe en transe et se met à suer du sang.

Alors Judas se présente, avec une bande nombreuse armée de glaives et de bâtons. Jésus trouve la force de l'appeler: "Mon ami, c'est par un baiser que tu me livres!" Il refuse d'être défendu par le glaive que Pierre tire, ou de faire appel à des légions d'anges* pour échapper à ce combat définitif. Alors les disciples l'abandonnent tous et s'enfuient. Tous, sauf un. Qui fait pire que ça...

Pierre le suit de loin. Il parvient à se faufiler dans la cour intérieure du palais du Grand-Prêtre. Des servantes le reconnaissent à son accent de Galiléen et le dévisagent. Alors il jure par trois fois: "Je ne connais pas cet homme!" Quelques heures auparavant, il avait pourtant protesté: "Même si je devais aller en prison et mourir avec toi, jamais je ne te renierai!" *Lc 22, 39-62*

Seules quelques femmes, dont Marie, sa mère, l'accompagnent jusqu'à la croix, où Jean les rejoindra. *Jn 19, 25-27* Jésus est de plus en plus seul, abandonné. Il s'y attendait. Il l'avait annoncé: **"Vous serez dispersés et me laisserez seul. Mais, heureusement, je ne suis pas seul: le Père est avec moi".** *Jn 16, 32*

Et voilà qu'au dernier moment, alors qu'il est à bout de force, sur la croix, Jésus perd même ce dernier appui. Face au silence de son Dieu, il lance un grand cri: **"Mon Dieu, mon Dieu, pourquoi m'as-tu abandonné?!"** Puis, dans un suprême effort: **"Père, entre tes mains, je remets mon souffle de vie".** *Mt 27, 46; Lc 23, 46*

Il meurt. Abandonné. Et dans l'abandon atroce qu'il éprouve, il s'abandonne lui-même. Totalement. **"Tout est accompli".** *Jn 19, 30.*

J'arrête ma lecture. Je prends un long moment de silence. J'entre dans les sentiments de chacun des personnages de cette tragédie. Je trouve ma place. Je revis des moments où moi-même je me suis senti abandonné de... et m'abandonnant à.....

Comme l'eau qui s'écoule, s'en va ma force. Des malfaiteurs m'ont lié pieds et mains. Mon Dieu, m'as-tu abandonné? *Ps 22 15, 17, 2*

Défiguré à mort

Jésus nous dit par sa mort, autant que par sa vie, ses options et son projet.

Cloué sur une croix

Le supplice de la croix était réservé aux peuples esclaves. Jamais un citoyen romain ne pouvait être fouetté ou crucifié. On lui tranchait la tête. (Lire dans *Ac 16, 35-39* les excuses que les juges présentent à Paul et à ses compagnons, lorsqu'ils découvrent qu'ils sont citoyens romains). Bien plus, la croix était perçue comme un signe de malédiction de Dieu lui-même: **Maudit soit celui qui est pendu au bois; il contamine la terre que Dieu nous a donnée en héritage.** *Dt 21, 23*

Nous l'avons vu, sans beauté ni éclat, sans apparence attirante. Objet de mépris et déchet de l'humanité. Homme de douleurs, habitué à souffrir. Comme un lépreux devant qui on se voile la face, il était méprisé et déconsidéré. *Is 53, 2-3*

En dehors des murs de la Ville

Pas plus qu'il n'est né à Jérusalem, Jésus ne meurt dans Jérusalem. **Il est crucifié en dehors des murs de la Ville Sainte, sur une colline appelée Lieu du crâne** *He 13, 12; Jn 19,17.* Comme les lépreux *impurs* qui vivent et meurent dans *la vallée de la mort*, dans des grottes sur les flancs de colline.

En mauvaise compagnie

En plus de subir l'humiliation d'être suspendu tout nu en public sur la croix, Jésus **meurt flanqué de deux hommes accusés de méfaits graves.** *Mt 27,38* Solidaire de toutes ces personnes que des régimes de répression torturent et avilissent.

L'histoire étonnante du **subversif assassiné**

Les passants lui criaient des bêtises: "Hé! toi qui détruis le Temple et le rebâtis en trois jours, sauve-toi toi-même en descendant de la croix!" Pareillement, les grands prêtres et les experts de la Loi: "Il en a sauvé d'autres, et il ne peut se sauver lui même! Si tu es bien le Christ, descends, que nous croyions en toi". *Mc 15, 29-32*

Les soldats romains rient de ce roi méprisable: "Si tu es le roi des Juifs, comme l'a fait inscrire le gouverneur Pilate au haut de la croix, sauve-toi toi-même!" Un des malfaiteurs crucifié hurle: "N'es-tu pas le libérateur? Alors libère-toi, et nous aussi avec toi!" *Lc 23, 36-39*

On reconnaît le bon vieux Tentateur* du désert: **"Si tu es le Fils de Dieu..."** (➡ p. 24) C'est son heure de triomphe à lui, cette fois-ci.

De cette scène d'horreur, se peut-il que jaillisse le *salut**, la santé du monde? Dieu peut-il en tirer de la *gloire**?

Or, c'était nos souffrances qu'il portait, et nos douleurs dont il était accablé. Nous, nous le considérions puni, frappé par Dieu, humilié. C'est à cause de nos refus et de nos crimes qu'il a été écrasé. C'est grâce à ses blessures que nous sommes guéris. *Is 53, 4-5*

Quelques *lueurs d'espérance* traversent, comme des éclairs,
ce **ciel complètement obscurci en plein midi.** *Mt 27, 45*

❖ **Au crucifié qui lui demande de se souvenir de lui, Jésus promet:
"Aujourd'hui même, tu seras avec moi dans le paradis".** *Lc 23, 42-43*

❖ **A sa mère, présente avec quelques femmes disciples et le seul apôtre
revenu au pied de la croix,** Jésus indique l'élargissement de sa
maternité spirituelle: **"Femme, voilà ton fils".** *Jn 19, 25-27*

❖ A tous les humains, représentés par le peuple juif et par les autres
acteurs de ce drame, **Jésus fait son ultime don: "Père, pardonne-leur,
parce qu'ils ne savent pas vraiment ce qu'ils font".** *Lc 23, 34*

❖ **Au moment où Jésus rend l'esprit, le voile du Temple, qui fermait
l'accès au Sanctuaire* le plus sacré, se déchire de haut en bas.**
Désormais, Dieu se rend directement **accessible à chaque
personne qui l'adore en esprit et en vérité.**

Mt 27, 51 (➡ p. 71)

❖ Comme signe de cette ouverture, **le capitaine de l'armée
romaine et les autres gardiens sont les premiers à professer
leur foi: "Vraiment celui-ci était le Fils de Dieu".** *Mt 27, 54*

❖ La dernière parole de Jésus mourant retentit:
"Tout est consommé, achevé, accompli". *Jn 19, 30*

Les chefs religieux et les autorités romaines croient que *l'affaire Jésus* est désormais classée. Le corps a été mis dans un tombeau scellé. C'en est fini de ce rêveur et de ses projets déstabilisants. Tout peut maintenant rentrer dans l'ordre. N'en parlons plus.

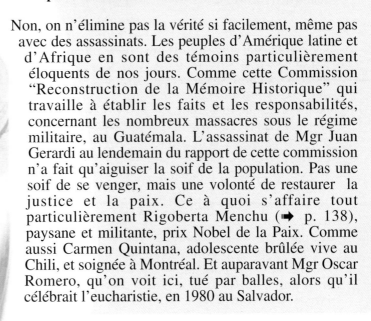

Pourtant, 2000 ans après, on en parle encore... Durant ces vingt siècles, des personnes ont continué d'être traquées, torturées, défigurées à mort à cause de leurs options, dans le sillage de Jésus. **C'est pour cette Bonne Nouvelle que je souffre et que je suis même enchaîné comme un malfaiteur,** écrivait saint Paul. **Mais on ne réussira pas à enchaîner la Parole de Dieu!** *2 Tm 2, 9*

Non, on n'élimine pas la vérité si facilement, même pas avec des assassinats. Les peuples d'Amérique latine et d'Afrique en sont des témoins particulièrement éloquents de nos jours. Comme cette Commission "Reconstruction de la Mémoire Historique" qui travaille à établir les faits et les responsabilités, concernant les nombreux massacres sous le régime militaire, au Guatémala. L'assassinat de Mgr Juan Gerardi au lendemain du rapport de cette commission n'a fait qu'aiguiser la soif de la population. Pas une soif de se venger, mais une volonté de restaurer la justice et la paix. Ce à quoi s'affaire tout particulièrement Rigoberta Menchu (➡ p. 138), paysanne et militante, prix Nobel de la Paix. Comme aussi Carmen Quintana, adolescente brûlée vive au Chili, et soignée à Montréal. Et auparavant Mgr Oscar Romero, qu'on voit ici, tué par balles, alors qu'il célébrait l'eucharistie, en 1980 au Salvador.

Toi qui, dans ton propre corps, as porté nos péchés sur le bois, par tes meurtrissures guéris-nous! *1 Pi 2, 24*

49

À jamais vivant !

Nous interrompons momentanément toutes les émissions du Réseau, pour vous transmettre un reportage en direct, en provenance de la capitale, Jérusalem, où nos reporters sont sur place, depuis les premières heures du matin. Un tournant absolument inattendu vient d'avoir lieu dans l'affaire Jésus de Nazareth.

Celui que les Autorités juives et romaines ont mis à mort vendredi dernier, et que tout le monde a pu voir pendant des heures cloué sur une croix, est porté disparu. Quelques-uns de ses disciples avaient déposé son corps dans un tombeau, avant le début du Sabbat*. Et le gouverneur Pilate avait accordé aux Chefs religieux des soldats pour sceller la pierre d'entrée et monter la garde pendant trois jours. Mais là, le cadavre est introuvable.

Notre bureau des nouvelles a été saisi de cette histoire au cours de la nuit. Un de nos caméramen s'était réveillé sous le choc d'un tremblement de terre, et était accouru en cette direction. C'est alors qu'il a surpris les gardes en train de fuir, blancs comme des draps. Il les a suivis jusqu'au palais des Grands Prêtres, sans pouvoir obtenir aucune déclaration de leur part.

En revenant vers le lieu du sépulcre, il a rencontré en chemin quelques femmes qui s'étaient rendues au tombeau avant l'aurore, ce matin, pour compléter les rites d'embaumement. Elles étaient tout excitées. Elles disent avoir trouvé le tombeau vide. L'une d'entre elles, une dénommée Marie — bien connue autrefois de l'escouade de moralité du village de Magdala — aurait même vu le Nazaréen, dans le jardin attenant au sépulcre. Il lui aurait même parlé. Nous suivons l'affaire de près, et nous vous tiendrons au courant d'heure en heure.

C'est probablement en des termes semblables que les annonceurs de RDI ou de CNN rapporteraient la nouvelle de ce qui s'est passé au matin du troisième jour (Lire Mt 28, 1-10). Toute une *primeur!* Une annonce qui bouleverse l'histoire du monde. Déjà, il y a près de 2000 ans, les premiers chrétiens avaient conscience que c'était *l'annonce centrale* au coeur de leur foi.

Nous annonçons que le Christ s'est relevé de la mort. Si jamais cela n'est pas vrai, nous n'avons rien à annoncer, et vous n'avez rien à croire. Nous sommes alors de faux témoins de Dieu. Votre foi est vide. Et vous n'êtes pas libérés de vos fautes. Si nous avons mis notre espérance dans le Christ uniquement pour cette vie, alors nous sommes les plus à plaindre de tous les humains. On s'est tous fait avoir...! *1 Co 15, 12-19*

Il fallait que ces femmes et ces hommes aient une certitude solide de ce qu'ils affirmaient, pour aller jusqu'à risquer leur vie en défendant leur foi en Jésus vainqueur de la mort. Pourtant, il n'y a pas eu de témoin direct de la résurrection: personne n'a vu comment ça s'est passé. Les soldats dormaient. Les femmes sont arrivées une fois le tombeau déjà vide.

51

Jésus s'est rendu présent et a été vu et entendu par:

- **Marie de Magdala et d'autres femmes, au matin de ce jour** *Mt 28, 9-10; Lc 24, 1-11; Jn 20, 11-18*
- **Pierre, ce même jour et au bord du lac** *Lc 24, 34; Jn 21, 13-19*
- **deux disciples sur la route d'Emmaüs** *Lc 24, 13-35*
- **les Onze** *Mc 16, 14* **et sept d'entre eux** *Jn 21, 1-14*
- **tous les disciples réunis** *Jn 20, 19-23*
- **plus de 500 disciples à la fois** *1 Co 15, 6*
- **Paul sur la route de Damas** *Ac 9, 4-6*

En lisant tous ces récits, on se rend bien compte que Jésus est entré dans une *autre* forme de vie, une manière *nouvelle* d'être présent aux personnes. Les gens ne le reconnaissent pas du premier coup. Pourtant, ils ressentent vite que c'est bien Jésus. Qu'il est vivant. Chaque personne le reconnaît à un *signe** de sa présence: Madeleine, à la façon qu'il prononce son nom; les disciples d'Emmaüs, à la manière qu'il leur parle sur la route et qu'il rompt le pain; Thomas, à l'invitation de toucher ses plaies; Pierre, à l'abondance de la pêche. Ils le savent présent quand ils se rassemblent en prière avec Marie, sa mère, puis quand ils parlent et agissent en son nom. Cette expérience en fait des témoins passionnés, prêts à braver les outrages et la mort pour entrer dans cette façon de vivre à plein.

Pierre en témoignera un jour devant un capitaine de l'armée romaine et toute sa famille, qui cherchaient à connaître le vrai Dieu:

Dieu a répandu son Souffle Saint avec puissance sur Jésus de Nazareth, qui est passé partout en faisant le bien. Il libérait tous ceux qui étaient prisonniers de l'esprit du Mal**, car Dieu était avec lui. Nous, nous sommes témoins de tout ce qu'il a fait, jusqu'à ce qu'on le cloue sur une croix. Or, le troisième jour, Dieu l'a relevé de la mort. Il lui a donné de se manifester à nous. Nous avons mangé et bu avec lui.** *Ac 10, 38-41*

Des paroles en l'air? Quand des personnes vont jusqu'à verser leur sang pour défendre le message qu'elles proclament, elles valent bien qu'on les écoute et qu'on scrute leur témoignage. A moins que vous ne préfériez l'autre version de cette histoire, rapportée par les média du temps:

Nous venons d'apprendre, de source officieuse, que le Grand Conseil des anciens et des chefs des prêtres s'est réuni ce matin. Après s'être mis d'accord, ils ont donné une forte somme d'argent aux soldats qui montaient la garde au tombeau de Jésus de Nazareth. Ils leur ont prescrit de dire: 'Les disciples de cet homme sont venus voler son corps durant la nuit, pendant que nous dormions'. Comme les soldats pouvaient être punis de mort pour avoir dormi durant leur temps de garde, ils leur ont promis qu'ils les défendraient auprès du Gouverneur. Les gardes ont pris l'argent et ont suivi les instructions reçues. *Mt 28, 12-15*

Aujourd'hui encore, des personnes découvrent qu'on peut se référer à Jésus Vivant et trouver *une immense envie de vivre et la force d'aller au bout de ses désirs*. Comme ces jeunes par centaines de milliers, lors des grands rassemblements de Taizé ou des Journées Mondiales de la Jeunesse. Ou ces petits groupes qui tentent l'aventure de la fraternité et de la solidarité dans des milliers de Communautés Ecclésiales de Base en divers pays de par le monde.

C'est à la lumière de la résurrection de Jésus que s'éclairent tous les autres événements et récits contenus dans les pages du présent livre. En traversant la mort, le Christ est entré dans le monde nouveau qu'il avait annoncé et qu'il façonne maintenant en communiquant sa force et son Esprit. Son *dunamis*, écrivent les Grecs. Pour les pauvres du Salvador, Oscar Romero, assassiné, est encore debout parmi son peuple.

L'homme né à Bethléhem il y a plus de 2000 ans est toujours vivant. "*J'ai pris l'option de continuer à inspirer, plutôt que celle d'expirer pour toujours*" a-t-il confié à notre reporter... Dieu merci!

 **Clameur de joie et de délivrance:
Non, je ne mourrai pas, je vivrai
pour raconter ce que Dieu fit pour moi!
Alleluia! Alleluia!** *Ps 118, 13, 17*

Des disciples transformés

C'est bien beau, tous ces gens qui ont vu et touché Jésus après son passage par la mort.
Mais des milliers de gens ont formé communauté autour des Apôtres, sans l'avoir vu.
Quels signes avaient-ils, eux, pour croire que Jésus était toujours vivant et agissant?

Le signe: la transformation des Disciples eux-mêmes, qui n'agissaient plus comme avant.

◆ De peureux à audacieux:

     — **Ils avaient verrouillé toutes les portes.** *Jn 20, 19*
     — **Pierre s'adressa ouvertement au peuple et à la foule d'étrangers.** *Ac 2, 5-41*

◆ De fermés sur leur peuple, à accueillants aux gens des autres religions:

     — **"Vous ne pouvez pas être sauvés, si vous ne vous faites
     pas couper le prépuce."** *Ac 15, 1, 5* (➡ p. 112)
     — **Le Saint-Esprit* et nous-mêmes avons décidé de ne pas vous
     imposer le fardeau de nos coutumes religieuses, en dehors
     de ce qui est indispensable pour vous préserver de l'idolâtrie
     et de l'immoralité."** *Ac 15, 28-29* (➡ p. 112)

◆ Capables de faire les mêmes gestes de guérison, en s'appuyant sur le Ressuscité*:

     "Au nom de Jésus Christ de Nazareth, lève-toi et marche !" *Ac 3, 1-16*

◆ Affrontant avec sérénité et assurance les mêmes Autorités qui avaient
torturé et assassiné leur Maître:

     **Les membres du Conseil étaient très étonnés, car ils voyaient
     l'assurance de Pierre et de Jean, tout en se rendant compte que
     c'était des hommes simples et sans instruction.** *Ac 4, 13*

Ces hommes et ces femmes étaient passés par une nouvelle naissance, comme Jésus avait dit à
Nicodème (➡ p. 70), une *nouvelle création*, comme l'écrira souvent saint Paul (➡ p. 176-177).
Ils avaient fait une expérience intérieure de ce que ça veut dire *ressusciter*: passer de la mort à la
vie. Et ils étaient prêts à ouvrir ce trésor aux gens des quatre coins de la terre.

ET CETTE *BONNE NOUVELLE,* C'EST POUR TOUT L'MONDE!

Au début du temps d'entraînement des disciples, Jésus leur avait dit:

> **N'allez pas vers les personnes des autres religions.**
> **Allez plutôt chez les gens désemparés du peuple d'Israël.**
> **En route, annoncez: "Le Royaume* de Dieu est tout près de vous."** *Mt 10, 5-7*

Ressuscité, le Christ met la puissance de son Esprit au service de tout l'univers.
Il envoie maintenant ses disciples au large:

> **Allez dans le monde entier. Allez faire entendre à tous les humains**
> **la Bonne Nouvelle du Dieu Vivant. Plongez-les dans l'amour du Père,**
> **du Fils, et de l'Esprit Saint. Et moi, je suis avec vous tous les jours**
> **jusqu'à la fin du monde.** *Mc 16,15; Mt 28,19-20*

Jésus les envoie non pas pour *recruter des adeptes* d'une religion, et entrer en compétition
avec les autres organisations religieuses. Non. Mais pour *faire des disciples,* des gens
qui épousent la mentalité et les attitudes de Jésus. La mission d'une Eglise n'est pas de
convertir à elle l'ensemble de l'humanité, mais d'être au service de la "santé", du salut*
de cette humanité. Comme du levain qui soulève la pâte.

> **J'ai fait de toi la lumière des autres peuples.**
> **Ainsi tu annonceras jusqu'au bout du monde**
> **que Dieu sauve tous les peuples".** *Ac 13, 47*

Oui, allez dans le monde entier...

...annoncer la Vie en abondance

Nous venons de nous rappeler à grands traits
l'histoire humble et courageuse de Jésus,
homme de son peuple et prophète* de son Dieu.

A travers la vie et les agirs de cet homme
surgit l'image d'un Dieu étonnant, qui ne
cesse de nous surprendre, de nous dérouter.

Dieu lui-même s'est reconnu en Jésus,
dans sa manière d'aimer et de donner sa vie.
"Tu es mon bien-aimé, tu es mon Fils". *Mc 1,11*
"Qui me voit, voit le Père". *Jn 14, 9*

En lui, Dieu s'est aventuré dans une chair
humaine. En l'arrachant à la mort à jamais,
il a manifesté sa puissance extraordinaire de vie.
La résurrection était la réponse du Père à la
totale confiance que Jésus avait mise en Lui.

CE DIEU-LÀ A MAINTENANT
UNE *BONNE NOUVELLE* POUR NOUS:

◆ pour notre soif personnelle de bonheur:
   une invitation à VIVRE (section II)

◆ pour notre aspiration collective à une terre habitable:
   artisans d'un MONDE NOUVEAU (section III)

C'est en Galilée que Jésus commença à faire choc
en annonçant: **Le Règne de Dieu est déjà à l'oeuvre
parmi vous.** *Mc 1,14-15* C'est en Galilée qu'il donna
rendez-vous aux disciples pour relancer l'aventure missionnaire. *Mc 16, 7* C'est dans nos Galilées d'aujour-
d'hui, nos lieux de vie, de lutte, de loisir et de labeur,
que nous sommes invitéEs à faire retentir le Message:

**La Vie s'est montrée,
et nous l'avons vue et entendue.
Nous vous l'annonçons à vous aussi
pour que nous soyons tous remplis de joie !** *1 Jn 1, 2-4*

Une invitation
à vivre
à plein

Une invitée de la première heure

L'invitation que Dieu nous adresse de *vivre* pleinement, c'est au coeur des réalités ordinaires de notre existence qu'il nous la fait entendre. Nous en avons pour exemple ce qui est arrivé à une femme du peuple, en Israël.

Une invitation à vivre **en personne aimée gratuitement**

Elle vit à Nazareth, un village modeste de Galilée. Promise en mariage à Joseph, un homme de la lignée de David, qui exerce le métier de charpentier. Le nom de la jeune femme: Myriam, Marie.

Sa vie se déroule au rythme des besognes quotidiennes et des saisons. Elle a pris l'habitude de **repasser dans son coeur** *(Lc 2, 19, 51)* les événements qui ont marqué l'histoire de son peuple. (➡ p. 20) C'est sa manière d'apprendre à reconnaître Dieu quand il passe dans une vie humaine. Voici en quels termes saint Luc décrit comment Dieu s'est présenté dans la vie de cette jeune femme d'Israël:

Un messager entre chez elle et lui dit: "Réjouis-toi, toi que Dieu comble gratuitement de son amour! Le Seigneur est avec toi".

"Comblée de grâces, gracieuse aux yeux de Dieu"! Si ces mots d'amour viennent vraiment de l'Eternel, il y a de quoi être émue... Pourquoi une telle salutation?

"N'aie pas peur, Marie. Dieu t'aime tellement que son amour en toi prendra corps: tu seras enceinte. Tu mettras au monde un fils que tu nommeras Jésus. On l'appellera Fils du Dieu Très-Haut. Dieu fera de lui à jamais un roi, comme le fut son ancêtre David."

Marie écoute, attentive. Pas naïve, cependant: elle ne prend pas n'importe quel visiteur pour un ange*..."Comment cela va-t-il se faire, puisque je n'ai pas de relations sexuelles avec un homme?" — Le *Souffle** de Dieu viendra sur toi. Sa puissance de création t'enveloppera, telle une *nuée**.

Marie reconnaît le signe de la présence et de l'action de Dieu, comme aux premiers jours de la Création (**le *souffle* planait sur les eaux** *Gn 1,2*), et comme au temps de la naissance du peuple d'Israël arraché à l'esclavage (**Yhvh* accompagnait son peuple, comme une colonne de *nuée* le jour, et une colonne de feu la nuit** *Ex 13, 21-22*). Elle reçoit, en plus, une confirmation de cette puissance de création de Dieu, dans un événement tout proche d'elle:

"Voici qu'Elisabeth, ta cousine avancée en âge qu'on disait stérile, est enceinte elle aussi, de six mois! Tu vois, *rien n'est impossible à Dieu...*"
— Je suis la servante du Seigneur*. Qu'il fasse pour moi comme il le dit." *Lc 1, 26-38*

Comme c'est beau cette rencontre de deux femmes qui se reconnaissent par la vie qu'elles portent dans leurs ventres!
"Heureuse es-tu toi qui as fait confiance!" s'écrie Elisabeth.
"Mon âme éclate de joie!" répond Marie.

Marie se situe bien dans la lignée de ces femmes de l'Ancienne Alliance*, **Sara, Rébecca et Rachel**, qui reçurent de Dieu leur fécondité. *Gn 17, 15-19; 24, 50-51; 30, 22* Elle est femme de *foi*, de *fidélité*, de *confiance* audacieuse (ces trois mots ont la même racine). Parfois, elle s'étonne devant ce qui se passe, **ne comprenant pas.** *Lc 2, 50*

Et lorsque Jésus pend à la croix, **elle se tient debout**, offrant le don de sa vie avec celui de son fils. Dans son amour extrême, **elle accepte comme son propre enfant le disciple Jean**, et à travers lui toutes ces personnes qui ont tué son fils. *Jn 19, 25-27*

En puisant dans l'Evangile notre dévotion à la Mère de Jésus, nous demeurons, comme elle, à l'écoute attentive de la Vie, proches des humbles de ce monde. Notre foi n'est pas centrée sur des manifestations exceptionnelles (miracles, apparitions) de Marie ou de ses intimes. Plutôt, avec la femme de Nazareth, nous nous émerveillons de ce que Dieu fait pour recréer sans cesse le monde et pour l'arracher à toute dépendance ou oppression.

Soyons aux aguets pour déceler l'aventure de Marie vécue, en notre temps, par des femmes de chez nous, nos soeurs, nos grand-mères, nos filles, nos compagnes. Comme ces mères et grand-mères de la *Place de Mai*, en Argentine, qui veillent depuis des années, en attente de leurs fils ou petits-fils *"disparus"*, le plus souvent assassinés.

**Réjouis-toi, toi la gracieuse
aux yeux de ton Dieu!
Prie pour nous maintenant
et au moment de notre mort.**

Aimés comme ça s'peut pas !

Le don d'amour qui a comblé le coeur de Marie, Dieu le fait à chacun de nous aussi.

Voyez: le Père nous aime tellement qu'il nous appelle ses enfants. Et c'est vrai, nous sommes véritablement ses enfants, dès maintenant! A quoi cela nous conduira-t-il? Nous ne le savons pas pleinement encore. Ce que nous savons, c'est que, lorsque le Christ se manifestera en pleine lumière, nous deviendrons semblables à lui, parce que nous le verrons tel qu'il est. *1 Jn 3, 1-2*

A force de voir et de ressentir l'Amour, nous deviendrons amour. Les amoureux savent ça. On devient ce qu'on regarde avec les yeux du coeur. Gerry Boulet l'a bien chanté:

Aujourd'hui je vois la vie
avec les yeux du coeur.
J'suis plus sensible
à l'invisible,
à tout c'qu'il y a à l'intérieur.
                     (12)

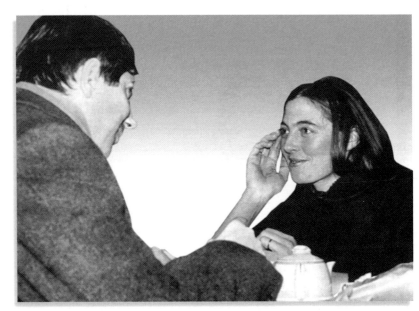

C'est ce qu'a vécu Jésus lui-même. Lui qui a entendu, à deux moments importants de sa vie: **"Tu es mon Fils, mon bien-aimé"** *Mc 1, 11; Mt 17, 5*, il est devenu *le vrai portrait de son père.* **"Celui qui me voit, voit le Père"** *Jn 14, 9*. Il nous a montré les traits du visage de Dieu: tendresse, compassion, justice, solidarité avec les rejetés.

C'est comme ça pour nous aussi. Notre aventure *spirituelle* commence le jour où nous arrivons à croire que nous sommes aimés, au-delà de tout ce qu'on peut imaginer ou espérer. Pas parce que nous l'avons mérité par nos efforts et notre bonne conduite. Simplement parce Dieu croit en nous.

Ce n'est pas nous qui avons aimé Dieu, c'est lui qui nous a aimés le premier. Il nous a tellement aimés qu'il a envoyé ce qu'il avait de plus précieux, son Fils, puis l'Esprit* de son Fils, qui nous fait crier Abba! Papa, Père ! Alors, avec son Fils, comment ne nous donnera-t-il pas tout, gratuitement? *1 Jn 4, 10; Ga 4, 6; Rm 8, 32.* *(Voir aussi Dt 7, 7-8)* **La preuve que Dieu nous aime, c'est que le Christ est mort pour nous alors même que nous étions pécheurs.** *Rm 5, 8*

63

Qu'est-ce que ça change, d'être aimés ainsi?

Puisque Dieu nous a tant aimés, nous devons nous aimer les uns les autres. *1 Jn 4, 11*

On se serait attendu à ce que Jean écrive: ".... nous devons l'aimer en retour". Mais non. Le chemin de retour de l'amour reçu de Dieu passe par notre *prochain*. (➡ pp. 152-157)

Si quelqu'un vit dans l'amour, il vit en Dieu et Dieu vit en lui, car Dieu est amour. *1 Jn 4, 16*

Que nous le sachions ou non, si nous aimons vraiment, nous respirons le même air et vivons du même Souffle* que Dieu lui-même.

Approchons-nous donc avec confiance du Dieu puissant d'amour. Auprès de lui nous trouverons amour, pardon et aide, au bon moment. *He 4, 16*

Plus de place pour la peur d'un Dieu qui guetterait nos faux pas et prendrait plaisir à punir. Il est *plus grand que notre coeur.*
1 Jn 3, 20

Je ne vous appelle plus de simples serviteurs, mais des amis, parce que je vous ai partagé tous les secrets de vie reçus de mon Père. *Jn 15, 15*

Jésus disait cela à ses *intimes*, mais aussi à tous les *petits* du Royaume, tous ceux qui ne prétendent pas se suffire à eux-mêmes. *Lc 10, 21* (➡ pp. 3 et 148)

L'apôtre Jean avait reconnu que, d'être aimé comme ça, c'était ce qu'il y avait de plus précieux pour lui. Il en était venu à se définir lui-même **"le disciple que Jésus aime"**. *Jn 13, 23-25* Non pas qu'il fut le seul a être aimé, ou même qu'il fut aimé plus que les autres. Mais pour lui, c'est ce qui comptait par-dessus tout. Et pour nous...?

y a une centaine d'année, une jeune femme
gile dans sa santé physique et dans son
uilibre émotif est devenue l'une des femmes
s plus solides dans son coeur. Elle s'appelait
érèse Martin, devenue Thérèse de l'Enfant-
sus. Dans le double enclos de son cloître de
rmélite et de la tuberculose qui l'a emportée
l'âge de 24 ans, elle progressa intensément
ns ce qu'elle appelait *la petite voie* vers
eu. L'Église l'a reconnue comme grande
issionnaire et maîtresse de vie spirituelle
ur l'humanité.

a sainteté n'est pas dans telle ou telle pratique.
le consiste en une disposition du coeur qui
us rend humbles et petits entre les bras de
eu, conscients de notre faiblesse et confiants
squ'à l'audace en sa bonté de Père. (13)

Est-ce que je m'arrête parfois, juste pour prendre conscience que je suis aimée? Que des personnes ont eu de l'affection, de l'attention pour moi? Que l'Auteur de la Vie m'a communiqué son souffle de vie et sa capacité d'aimer?

Quelle est la dernière fois que j'ai dit, à une personne proche de moi, que je l'aime? On passe parfois sa vie à prendre pour acquis que l'autre le sait, et on attend au salon funéraire pour dire toutes les belles choses qu'on a appréciées... Peut-être cette personne ne serait-elle pas morte si tôt ou si seule, si elle avait pu entendre l'affection qu'on lui portait.

Si jamais vous décidez, comme Louise Brissette, d'ouvrir votre maison à plusieurs enfants handicapés intellectuels, attendez-vous à des explosions de chaude affection, même sous la neige.

Le Seigneur est mon appui:
il m'a dégagé, m'a donné du large.
Il m'a libéré, car il m'aime. *Ps 18, 19-20*

Agissez gratuitement à votre tour

Jésus envoie ses disciples annoncer: **"Dieu est en train de créer parmi vous un monde nouveau!"** Il leur demande de donner des *signes** de ce Royaume* dans leurs actions: **"Guérissez, redonnez vie, délivrez des esprits mauvais"**. Dans leurs attitudes aussi: **"Donnez gratuitement, vous qui avez reçu gratuitement"**. *Mt 10, 7-8*

Si quelqu'un a le don d'encourager, qu'il encourage. Celui qui donne, qu'il donne sans compter. Que celui qui dirige la communauté le fasse avec zèle. Et quiconque se met au service des pauvres doit servir avec joie. *Rm 12, 8*

Que chacun donne selon ce qu'il a décidé dans son coeur. Sans tristesse. Sans se sentir forcé non plus. Car Dieu aime qui donne avec joie. *2 Co 9, 7*

L'appel ne coûte rien, mais suivre cet appel exige qu'on aille de l'avant sans regarder en arrière. *Lc 9, 62*

Donner généreusement aussi.

Celui qui sème peu de semence dans son champ a de maigres récoltes. Celui qui sème à pleine main récolte beaucoup. Dieu a la capacité de vous donner en abondance toutes sortes de biens. Vous aurez alors toujours le nécessaire et, en plus, de quoi partager avec les autres. *2 Co 9, 6, 8*

Ce partage généreux et gratuit ne va pas sans risque parfois.

Au temps du prophète* Élie, il y eut une grande sécheresse dans tout le pays. Au point que le torrent où il s'abreuvait devint sec. Il se rendit dans la région voisine et y rencontra une veuve vivant avec son fils. Il lui demanda de l'eau et du pain. — Je n'ai pas de pain cuit. J'ai seulement une poignée de farine et un peu d'huile. Je ramasse deux bouts de bois pour les faire cuire.

Puis nous mangerons et nous nous laisserons mourir. — N'aie pas peur. Fais ce que tu as dit. Mais commence par me préparer une petite galette. Ensuite, tu en feras pour toi et pour ton fils. Car voici ce que dit le Dieu d'Israël: Jarre de farine ne s'épuisera, vase d'huile ne se videra, jusqu'au jour où Yhvh* donnera la pluie pour arroser la terre". La femme alla faire comme Élie lui avait demandé. Et ils eurent de quoi manger pendant longtemps, le prophète, elle-même et son fils. *1 R 17, 7-15*

En France au 17e siècle, cinq enfants deviennent orphelins lorsque leurs parents sont brûlés vifs dans l'incendie de la demeure familiale. Saint Vincent de Paul réunit les gens du village, paysans et gens aisés. Il confie les enfants, non pas aux grandes Dames, mais à une famille qui a déjà neuf enfants... "parce qu'ici, on est déjà habitué à tout partager".

Dans la tradition chinoise circule aussi une histoire où le partage et le risque font toute la différence.

Un vieux sage visite, en rêve, l'enfer. Il se rend compte que les personnes y meurent de faim. Pourtant, ces gens ont devant eux une montagne de riz! Mais leurs baguettes sont si longues qu'ils n'arrivent pas à porter le riz à leur bouche, malgré leurs contorsions et leurs bousculades. Transporté au ciel, le sage retrouve la même abondance de riz, et les mêmes baguettes démesurées. Ici, par contre, les gens sont épanouis et heureux. C'est qu'avec ses baguettes, chaque personne donne joyeusement à manger à la personne assise en face d'elle, et se fie qu'à son tour l'autre fera de même. (14)

La mesure que vous aurez utilisée pour les autres, c'est celle-là qu'on utilisera pour vous aussi. *Lc 6, 38*

Dans notre monde où, souvent, tout est calculé et doit être rentable, c'est difficile d'être gratuit et généreux. Même les *bonnes oeuvres* sont parfois l'occasion de mesquineries. Et ceux qui partagent le plus sont souvent les gens de la rue eux-mêmes. Qui évangélise qui ?

Avec l'Église communauté d'Évangile, *évangéliser les pauvres*, leur apporter espoir et solidarité.
Avec les pauvres, évangéliser l'Église, structure religieuse en besoin de simplicité évangélique.

Certains soirs, dans les communautés de base Justice-Solidarité, on entend fredonner ce chant:

Elle vit au quotidien ses espoirs, ses chagrins, l'Église de la rue.
Elle est simplicité, un vent de liberté, l'Église de la rue.
Tu as froid, elle t'accueille, tu as faim, elle te cueille des fruits d'or et de joie.
Elle te donne la chance de chanter l'abondance qui vit au fond de toi.
Elle est lieu de partage, d'audace et de courage en ce monde aujourd'hui.
Elle m'a pris comme je suis, elle a touché ma vie, je l'en remercie. (15)

Tout ce que vous faites, faites-le de bon coeur. Pas pour une récompense humaine, mais pour rendre grâce à Dieu. *Col 3, 23*

As-tu dit merci ?

"C'est quoi le mot magique? — Merci. — Très bien, tu peux avoir...." Tôt, on apprend aux enfants à demander et à recevoir avec un merci. Parfois on exige même une caresse. Simple apprentissage de politesse? Manipulation pour obtenir davantage? Élargissement de leur conscience et de leur coeur?

Un jour, à l'entrée d'un village, dix lépreux viennent à la rencontre de Jésus. Encore loin de lui, ils se mettent à crier: "Jésus, maître, aie pitié de nous!"— Allez vous montrer aux prêtres (pour qu'ils cessent de vous exclure du Temple et de la communauté, comme des gens *impurs*). Pendant qu'ils y vont, ils sont guéris. Voyant cela, l'un d'eux revient sur ses pas et il s'écrie:

"Gloire à Dieu!" Se jetant aux pieds de Jésus, le front au sol, il le remercie. Or cet homme est un Samaritain*. "Tous les dix n'ont-ils pas été guéris? Les neuf autres alors, où sont-ils? Personne n'est revenu pour remercier, sauf cet étranger!" Puis il dit au Samaritain: "Relève-toi, va, ta foi t'a donné la pleine santé de l'âme, comme celle du corps." *Lc 17, 11-19*

Remercier, ce n'est pas nous diminuer devant l'autre. On n'a pas à craindre que Dieu en profite pour abuser de nous et qu'il nous tienne dans la dépendance. Chaque fois que Jésus guérit et libère, il ne retient pas les personnes pour lui. Il dit plutôt: **"Lève-toi debout"**. **"Va annoncer"**. **"Va te montrer aux responsables pour être réintégré dans la communauté"**. En nous invitant à reconnaître l'action de Dieu dans notre vie, Jésus veut faire de nous des personnes émerveillées, plutôt que de simples consommateurs de miracles.

La reconnaissance dilate le coeur et fait passer un courant d'air frais dans un groupe:

Dieu vous a choisis et il vous aime... Il vous appelle à la paix pour former un seul corps. *Dites-lui toujours merci.* **Que la parole du Christ habite parmi vous dans toute sa richesse...** *Remerciez* **Dieu de tout votre coeur, en chantant des psaumes, des hymnes et des cantiques qui viennent de l'Esprit Saint*. Tout ce que vous pouvez dire ou faire, faites-le au nom du Seigneur Jésus, en** *remerciant* **par lui Dieu le Père.** *Col 3, 12, 15-17*

Mille manières de dire merci. "Dites-le avec des fleurs", de la musique, une danse, un chant, un sourire, un fruit dégusté, une chaude accolade, une prière, un silence. Ou par ces humbles gestes au service de la vie *"pour former un seul corps"*. Merci à la Vie! Merci à la Terre! Merci au Créateur et Sauveur! *Meegwetch!* s'écrient les autochtones d'ici.

Jésus a fait de l'offrande de sa vie son OUI, son merci à son Père. Et depuis que Dieu l'a arraché à la mort pour qu'il soit à jamais Vivant, ses disciples refont le geste du dernier repas de Jésus "en mémoire de lui". Ils appellent ce geste une *action de grâces*, une *eucharistie**, sommet et source de tous leurs mercis. (➡ p. 164)

Notre société veut nous faire croire que tout s'achète avec de l'argent. On risque alors de tout prendre comme une marchandise à se payer un jour. L'Évangile nous place sur un autre registre: celui de la gratuité et de la gratitude. Prendre le temps de se regarder dans les yeux, de s'apprécier. "Tu as du prix à mes yeux et je t'aime". "Merci!"

La sagesse populaire fait dire à nos amis anglophones: "Count your blessings". "N'oublie aucun de ses bienfaits" s'exclame le psalmiste. Pourquoi ne pas écrire chaque soir son journal de mercis? Ou égrainer un *chapelet** de mercis en s'endormant. Essayez. Vous verrez comme ça guérit le coeur.

Bénis Yhvh*, ô mon âme,
n'oublie aucun de ses bienfaits!
Il arrache ta vie à la tombe
et te couvre de tendresse. *Ps 103, 2, 4*

69

Visite de nuit, rencontre de jour

Ce Dieu qui fait les premiers pas vers nous, ne craint pas de nous rencontrer au creux de nos doutes et de nos questionnements. Là où, sans le savoir parfois, nous sommes en recherche de lumière et d'amour vrai. Examinons en ce sens deux rencontres que Jésus a vécues. D'abord avec quelqu'un tout ce qu'il y a de plus *correct*. Puis avec quelqu'un de très *marginal*.

La première rencontre a lieu de nuit. Un chef réputé chez les Juifs vient visiter Jésus. Son nom: Nicodème. Il est intrigué par ce prophète nouveau genre, et veut en avoir le coeur net. Un dialogue serré s'entame:

— Maître, je reconnais que Dieu t'a envoyé pour nous éclairer: personne ne peut faire les signes* étonnants que tu fais si Dieu n'est pas avec lui. — Personne ne peut voir ces signes du Royaume* de Dieu à l'oeuvre dans le monde, s'il ne passe par une nouvelle naissance. — Comment! Est-ce qu'un vieux comme moi peut retourner dans le ventre de sa mère et naître à nouveau?
— Je te parle d'une naissance qui vient par le Souffle* de Dieu, et qui nous fait appartenir à l'Esprit Saint*. Autant que notre naissance d'un père et d'une mère nous a fait appartenir à la famille des humains. Ceux qui naissent de ce Souffle du Vivant sont libres comme le vent, qui souffle où il veut, sans qu'on sache d'où il vient ni où il va. — Comment cela peut-il se faire?
— Toi qui es un maître parmi ton peuple, tu ne sais pas cela?! Je suis venu de Dieu pour vous parler de cette vie divine en vous. Dieu a tellement aimé le monde qu'il a donné son Fils unique, afin que quiconque l'accueille ne se perde pas, loin de Dieu, mais qu'il aie la vie en lui pour toujours. Dieu ne m'a donc pas envoyé dans le monde pour le condamner, mais pour lui apporter la lumière, le salut*. Ceux qui font la volonté de Dieu vont vers la lumière. *Jn 3, 1-21*

Venu de nuit, Nicodème est invité à entrer dans la clarté du jour, en pénétrant dans son coeur où habite l'Esprit.

Un invitation à vivre à l'écoute de notre coeur

a deuxième rencontre a lieu en plein midi. Cette fois, il s'agit d'une femme, ont on ne connaît même pas le nom. On sait seulement qu'elle vit dans cette rovince séparée du reste de la Palestine, la Samarie. Que sa religion ne suit as les règles des Juifs de Jérusalem. Et qu'elle a vécu une vie sentimentale nouvementée. Trois choses qui auraient suffit, à tout autre que Jésus, pour viter de croiser son chemin. (Les Juifs, en effet, ne traversaient jamais la Sa- narie, en allant de la Galilée à la Judée. Ils évitaient d'avoir des rapports avec es Samaritains*. Pureté de la race et de la religion oblige!)

La scène se déroule sur la margelle d'un puits, là où les femmes du village de Sichar viennent puiser l'eau tôt le matin, avant qu'il ne fasse trop chaud.

Au beau milieu du jour, Jésus s'y re-trouve assis, fatigué d'avoir longue-ment marché. Survient une femme. Choisit-elle de ne pas venir en même temps que les autres femmes pour ne pas être la cible des commérages? Jésus entame la conversation.

— Donne-moi à boire. — Comment! toi qui es Juif, tu me demandes à boire, à moi une Samaritaine! — Si tu savais ce que Dieu veut te donner, et Qui est celui qui te demande de l'eau, c'est toi qui m'aurais demandé, et je t'aurais donné de l'eau vive. — Mais tu n'as pas de cruche et le puits est profond. Com-ment pourrais-tu puiser de l'eau fraîche? — Quiconque boit de cette eau du puits aura encore soif; alors que l'eau que moi je donne devient en chacun une source jaillissante de vie éternelle.— Monsieur, donne-moi de cette eau, pour que je n'aie plus soif et que je n'aie plus besoin de venir chaque jour au puits.

—Va, appelle ton mari et reviens ici. — Je n'ai pas de mari. — Tu dis vrai, car les cinq hommes avec qui tu as vécu n'ont pas été pour toi de vrais maris. — Oh! tu sais lire dans mon coeur, comme un prophète*... Alors, dis-moi: nos ancêtres Samaritains ont adoré Dieu sur la montagne tout près d'ici. Mais vous, les Juifs, vous dites que l'endroit où l'on doit adorer Dieu, c'est plutôt sur la montagne de Jérusalem. — Crois-moi, femme, le moment est venu où les vrais adorateurs de Dieu adoreront le Père en esprit et en vérité. Car Dieu est Esprit et Vérité. —Je sais que le Messie* va venir un jour. Et quand il viendra, il nous enseignera le vrai chemin. — Je le suis, ce Messie, moi qui te parle.

C'est la toute première fois que Jésus révèle son secret intime. Et il le fait à cette femme étrangère de tant de façons! Elle qui demandait dans quel temple aller pour rencontrer le vrai Dieu, elle se fait répon-dre que c'est Dieu qui vient à sa rencontre, sur son terrain intérieur.

Alors la femme laisse là sa cruche d'eau, et court à la ville où, sans aucune honte ni crainte maintenant, **elle dit aux gens:** **"Venez voir un homme qui m'a dit tout ce que j'ai fait. Ne serait-ce pas lui le Messie que nous attendons?"** *Jn 4, 5-29*

Dieu n'a pas fini de nous attendre sur le bord du puits, ou près d'une tasse de café. Pour nous aider à entendre, dans nos vies, son invitation et ses confidences, voici une transcription récente de ce même récit. Ça se passe dans un bar de chez nous, où une serveuse *sexy* accueille un nouveau venu.

— Salut. Qu'est-ce qu'on te sert? — Une bière, tout simplement. — C'est la première fois que tu viens? — Oui. Je fais juste passer. J'attends des amis. — Quelle sorte de bière veux-tu? — N'importe quelle sorte. A ton goût. — T'aimes ça, la bière? — Ça rafraîchit, mais c'est pas important. Je pourrais aussi bien me contenter de l'eau. — Ici, on sert pas d'eau, on vend de la bière. — Je sais. Je te dis juste que la bière, c'est pas important. Quand t'as bu une bière, t'as encore soif. Moi je t'offrirais une eau qui apaise toute soif. — Ce serait pas payant... — La personne qui boira de l'eau que j'apporte, n'aura plus jamais soif. Cette eau jaillira en elle comme une source pour la vie éternelle.

— C'est drôle, tu parles comme un curé. C'est pas une église ici. C'est un bar, où les serveuses dansent aux tables. C'est pas une place pour toi. — Je ne suis pas venu pour les bien-portants. Je suis venu pour les personnes en difficulté. — Je ne suis pas en difficulté! Je suis bien comme ça. Je fais de l'argent en masse. J'ai une auto. Je prends mes vacances en Floride. Je fais de mal à personne. Y a toujours eu des danseuses, y en aura toujours. Si c'est pas moi, ce sera une autre. — Mais tu changes de chum à tous les six mois. Et celui avec qui tu es, te bat. Tu bois plus qu'il ne faudrait, et il t'arrive souvent de te droguer. — Où est-ce qu'est le mal à ça? C'est ma vie à moi. Je fais ce que je veux avec mon corps, avec mon argent. Je ne fais de tort à personne.

— Si tu savais le don de Dieu, tu changerais de vie. — On voit bien que tu es un curé. Dis-moi donc, le Bon Dieu est-il à l'église catholique, ou dans les nouvelles sectes religieuses? Quand j'étais jeune, j'étais sûre que Dieu était à l'église catholique. Mais il y a plein de jeunes qui

...ont dans des sectes maintenant. Ils sont tout changés. C'est sérieux leur affaire.

— Dieu n'est jamais confiné à une bâtisse. Bien sûr, il faut un endroit pour prier et se rassembler. Mais il faut chercher Dieu au fond de son coeur et le trouver dans la vie de tous les jours. Les vrais chercheurs de Dieu n'ont jamais fini de le trouver. — J'aimerais bien le rencontrer. — Je le suis, moi qui te parle. — Voyons donc, t'es un homme comme tout le monde! — Tu penses encore que Dieu a une grande barbe et des ailes?

— Eh! tu bois pas ta bière? Va-t-en pas comme ça. — Je n'ai pas soif. C'est un autre breuvage que je cherche.

La serveuse nettoie la table, ramasse le pourboire. — Eh, les gars! Le type qui vient de partir m'a dit des choses étranges sur ma vie et sur Dieu. Peut-être que c'est un prophète*... (16)

Décidément, Jésus ne craint pas d'ouvrir des chemins nouveaux. Quel changement radical il propose dans la manière de communiquer avec Dieu et de lui plaire! Ce Pharisien savant et cette femme expérimentée et profondément blessée ne sont pas invités à *faire plus* pour Dieu, mais à *vivre autrement*. À laisser jaillir la Vie du fond d'eux-mêmes. À devenir quelqu'un de neuf, une nouvelle création. Redevenir comme l'enfant, qui pose des questions sur tout. *Pourquoi ceci? Pourquoi cela?* L'enfant ne se donne pas des allures de *j'savais tout ça.*

Jésus nous dit, à nous aussi, que c'est correct d'avoir, comme Nicodème, plus de questions que de réponses. Qu'il est même important de sortir de nos schèmes de réponses toutes faites, de nos certitudes blindées, de nos méfiances et de nos calculs. L'essentiel est d'être en route. Et de se donner la peine d'aller, avec un coeur sincère, rencontrer une femme ou un homme sage. Fût-ce à la cachette. De nuit.

(Lire en ce sens pp. 104-106 et 170-173).

Dieu, tu es mon Dieu, je te cherche.
Mon âme et ma chair ont soif de toi.
Ton amour vaut pour moi plus que tout.
Nuit et jour, je veux te bénir. *d'après Ps 63, 2-7*

L'Esprit Saint, force et torrent de vie

Jésus ne cesse de révéler aux personnes qu'il rencontre, la force intérieure qui les habite. "Cette force vous permet de changer vos manières de penser et de vivre".

Les gens qui cherchent vraiment Dieu accueillent ses paroles comme une libération. Par contre, ceux qui se préoccupent avant tout de *contrôler* comment on doit se comporter avec Dieu, se sentent menacés. Il arrive un temps où plusieurs d'entre eux cherchent à tuer cet homme, tenu pour un prophète* par le peuple, tellement il les dérange. (Mt 21, 43-45) Devant ces menaces de **mort**, Jésus sent monter en lui un bouillonnement de **vie**. Un jour il se met à crier d'une voix forte, dans le Temple*:

Si quelqu'un a soif de vie, qu'il vienne à moi et qu'il boive ! Celui qui me fait confiance, des fleuves d'eau couleront de son coeur. Cette eau donne la Vie, car c'est le Souffle* et l'Energie du Dieu Vivant! *Jn 7, 32, 37-39*

Dans le tout premier texte du Nouveau Testament*, écrit vers l'an 51, l'apôtre Paul fait écho à cette promesse:

La Bonne Nouvelle que je vous ai apportée, ce n'était pas seulement des mots. Elle était accompagnée de manifestations puissantes de l'Esprit Saint* et d'une ferme assurance. *1 Th 1, 5*

Les premières communautés chrétiennes en ont fait l'expérience:

Dieu agit en nous avec la même puissance extraordinaire que lorsqu'il a arraché Jésus à la mort. Et quand nous lui demandons quelque chose, il peut faire en nous infiniment plus que ce que nous demandons! Oui, sa puissance dépasse tout ce qu'on peut imaginer. *Ep 1,20 et 3, 20*

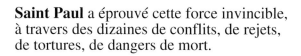

Saint Paul a éprouvé cette force invincible, à travers des dizaines de conflits, de rejets, de tortures, de dangers de mort.

Je travaille et je lutte avec la force du Christ qui agit en moi avec puissance. Je peux tout en Celui qui me rend fort ! *Col 1, 29; Ph 4,13*

Bien avant lui et avant Jésus, une femme d'Israël en avait fait l'expérience elle aussi. Elle s'appelait **Judith**. A elle seule, elle renversa toute une armée, en comptant sur la force de son Dieu. (Lire son histoire passionnante dans le livre de la Bible qui porte son nom, particulièrement aux ch. 7 à 13.)

À chaque époque, des jeunes trouvent en eux-mêmes et entre eux un courage et une endurance extraordinaires pour surmonter des obstacles et livrer un message qui leur tient à coeur.

Je vous écris, jeunes gens, parce que vous êtes forts. Vous êtes habités par la Parole de Dieu, qui vous donne de l'emporter sur les forces du Mal. *1 Jn 2, 14*

Certains jours, on se demande: "Où est-ce que j'ai pris la force pour faire ça? Comment telle personne a-t-elle pu traverser son deuil, sa maladie, sa perte d'emploi, sans s'effondrer, alors que tous les soutiens ont manqué dans son entourage?" Ça ne s'explique pas. Mais ça se sent. Par en-dedans. Une sorte de force sauvage, têtue. Qui jaillit comme une montée de sève. Qui éclate comme la débâcle sur la rivière au printemps. Celle qui a donné à Terry Fox le courage de courir à travers le pays, avec sa jambe artificielle, pour soutenir les personnes atteintes, comme lui, du cancer.

C'est souvent quand on est "pris aux tripes" qu'on prend conscience de ses soifs — de justice, de liberté, d'amour vrai. Et dans le cri qui nous monte à la gorge à ce moment-là jaillit *l'eau vive*, comme un torrent qui sort par la fissure d'un rocher. Une force, *au-delà de tout ce qu'on peut imaginer.* (voir aussi p. 160 comment cette force de l'Esprit Saint est affermie dans le partage en communauté).

Heureux les humains dont Tu es la force: des chemins neufs s'ouvrent dans leur coeur. Quand ils traversent une terre sans eau, ils la transforment en source étanchant toute soif. *Ps 84, 6-7* **75**

Chemin de vérité, source de fécondité

Est-ce vrai que Dieu nous guide? Qu'il nous souffle à l'oreille intérieure la direction à prendre? Qu'il s'exprime à travers le consensus auquel parvient un groupe après un temps d'écoute et de prière? Les chrétiens du début de l'Église* en avaient la conviction. L'évangéliste Luc a écrit un deuxième livre — les *Actes des Apôtres* — pour nous raconter cette présence agissante de l'Esprit* de Jésus. "L'esprit Saint et nous-mêmes avons décidé..." dit Pierre, lors de l'Assemblée de Jérusalem (➡ p.112). Paul, vers la fin de sa vie, exprime la même certitude:.

> **"Voici que je me rends à Jérusalem, comme l'Esprit Saint m'y dirige.**
> **J'ignore ce qui m'arrivera là-bas. Je sais seulement, à mesure que**
> **je vais d'une ville à l'autre, que *l'Esprit m'avertit* que la prison et**
> **des souffrances m'attendent."** *Ac 20, 22-23*

L'expérience se poursuit encore. Dans les moments de discernement* ou d'épreuve, des personnes croyantes se sentent *accompagnées* par une présence devenue **lumière sur leurs pas, guide pour la route.** *Ps 119, 105* Nous en avons des exemples éclatants dans la vie des pionnières et des fondateurs de la Nouvelle France: Marie de l'Incarnation, François de Laval, Jérôme de la Dauversière, Jeanne Mance, Marguerite Bourgeoys...

À une époque plus récente, le Concile* Vatican II nous a légué, parmi ses enseignements les plus précieux, celui du *primat de la conscience éclairée de chaque personne* (17). Il nous invite par là à passer d'une religion d'autorité et de dogmes à une foi vécue dans la recherche attentive et persévérante des moments où Dieu nous *fait signe*. La Loi et les enseignements demeurent importants pour baliser les chemins de nos choix. Mais en dernier ressort, c'est la décision prise en fidélité à soi et à son Dieu, et discernée avec l'aide d'autres personnes de foi, qui prévaut. Quitte à réviser ses positions lorsque de nouvelles lumières se font jour.

Un invitation à vivre à l'écoute de notre coeur

Tout cela était déjà promis, par les Prophètes*, puis par Jésus. Au temps de la Première Alliance*, Moïse avait présenté au peuple, gravé *sur des tables de pierre* (Ex 32, 15) ce qu'il avait saisi comme étant la volonté ou la Loi* de Dieu. C'est maintenant *dans la chair* des humains que Dieu veut exprimer ses voies.

Les jours viennent où je vais faire une alliance nouvelle avec mon peuple. Je mettrai mes lois *dans leur intelligence*, je les écrirai *dans leur coeur*. Je serai leur Dieu, et ils seront mon peuple. Personne n'aura plus à enseigner les autres, comme s'il s'agissait de choses étrangères. Tous me connaîtront, tous, du plus petit jusqu'au plus grand. *Jr 31, 31-34*

L'Esprit Saint* que le Père enverra en mon nom, pour vous venir en aide, vous enseignera tout ce qu'il vous est bon de savoir, et vous rappellera ce que je vous ai dit. Cet Esprit de vérité vous conduira vers la vérité tout entière, et vous annoncera ce qui doit arriver. *Jn 14, 26; 16, 13*

Celui qui t'instruit ne se cachera pas à tes yeux. Lorsqu'il te faudra prendre le chemin de droite ou de gauche, tu entendras au fond de toi retentir sa parole: "Voici le chemin, prends-le" *Is 30, 20-21*

Quand on vous traînera devant les autorités pour passer en procès, à cause de votre foi, ne soyez pas inquiets: "Que vais-je dire pour me défendre?" L'Esprit Saint vous inspirera, au moment même, ce que vous devez dire. *Lc 12, 11-12*

Quel souffle de liberté! "Dieu nous a risqués libres - il s'est embarqué avec nous dans une aventure où rien n'est décidé d'avance" (18). Dieu nous fait confiance infiniment plus que nous ne lui ferons jamais confiance...

Ce Guide intérieur ne nous donne pas de carte géographique, où les autoroutes et les sentiers sont tout tracés. Pour éclairer nos choix, il nous guide à la manière d'une boussole intérieure, qui indique toujours l'horizon qui a guidé Jésus: le Royaume*, où l'amour de Dieu et l'amour des personnes, spécialement celles en détresse, se nourrissent mutuellement.

La question à nous poser n'est pas: "Qu'est-ce que Jésus de Nazareth ferait s'il était ici?" mais plutôt: "Qu'est-ce que le Christ Vivant est en train de faire actuellement dans cette situation? En quel sens son Esprit nous indique-t-il d'aller, pour vivre le Royaume tout de suite?"

Si on y croyait à ce Guide intérieur! Si on se mettait vraiment à l'écoute, quels fruits en résulteraient?

◆ une fécondité nouvelle

Ce que l'Esprit produit en nous, c'est l'amour, la joie, la paix, la patience, la bonté, l'esprit de service, la confiance dans les autres, la douceur, la maîtrise de soi. Puisque l'Esprit nous fait ainsi vivre à plein, prenons le risque de le laisser conduire notre vie. *Ga 5, 22-23, 25*

Notre époque a besoin de personnes, de jeunes surtout, qui créent de la vie! Pas quelques consommateurs de plus, mais des gens qui font arriver des choses, ayant un impact sur l'atmosphère que nous respirons.

◆ une liberté plus grande

Vous qui avez été marqués de l'Esprit de Dieu, ne le contristez pas. Car c'est lui qui est votre meilleure garantie qu'un jour Dieu vous rendra complètement libres des forces du mal que vous avez laissées vous abîmer. *Ep 4, 30* On finit par s'habituer même à ses pires esclavages. La liberté est parfois plus menaçante à vivre que la dépendance ou l'encadrement rigide qui nous dispensent de prendre nos responsabilités. Il nous faut la poussée de l'Esprit pour décoller de nos routines et de nos peurs, et pour nous tenir debout sans *béquille*. **La vérité vous rendra libre**. *Jn 8,32* mais elle vous fera d'abord passer par le tordeur!

L'armée intérieure de nos désirs et penchants mauvais est en guerre avec les forces de l'Esprit de vie. Elle nous pousse à toutes sortes d'immoralités, d'impuretés, de dépendances; au culte des faux dieux, à la pratique de la magie noire et des sciences occultes. Les gens se mettent alors à se haïr les uns les autres, à se batailler... Mais ceux qui appartiennent au Christ ont cloué sur la croix les désirs malsains qui les entraînaient à leur perte. *Gal 5, 16-20, 24*

◆ une solidarité plus ferme

Chacun reçoit le don de montrer la puissance de l'Esprit Saint, pour le plus grand bien de tous. *1 Co 12, 7*

L'Esprit ne nous envoie pas convertir les autres à nos manières de voir la vie. Il nous envoie servir nos soeurs et nos frères, entrer en dialogue vrai avec eux. Le terrain de nos solidarités entre groupes de croyantEs, c'est le terrain du monde.

"Nos actions communes pour la justice nous permettent d'être solidaires avec les marginalisés de nos sociétés: c'est un fruit de l'Esprit. Les dialogues courageux entre nous, entre nos Eglises, nous permettent de nous comprendre mieux: c'est un fruit de l'Esprit. Notre prière ensemble, aujourd'hui, c'est un fruit de l'Esprit". (19)

Certains éducateurs ont le don de communiquer le goût d'apprendre, juste à la manière qu'ils nous écoutent. Est-ce que je crois que Dieu est intéressé, lui aussi, à nous accompagner et à nous guider? Qu'il nous souffle constamment au coeur ses désirs et sa Parole? On sait comment un poste de télévision émet des ondes de musique, des voix et des images, jour et nuit. Tout ce qu'il nous faut pour l'entendre, c'est de syntoniser au bon poste. En ce moment même où nous lisons ces lignes, des centaines de mélodies sillonnent l'espace qui nous entoure. Si nos récepteurs sont éteints, nous ne pouvons pas en jouir. De même, si notre vie est éteinte, repliée sur elle-même, sans antenne pour capter les messages qui montent de notre coeur et des appels du monde, nous restons dans le vide.

Acquérir l'habitude, chaque fois que nous avons une décision importante à prendre ou une relation difficile à vivre, d'arrêter 30 secondes. Respirer profondément (entendre et goûter notre souffle de vie). Nous rappeler la présence du Souffle* de Dieu qui nous habite et qui veut nous éclairer. Puis écouter longuement ce qui monte au-dedans de nous. Faire confiance aux intuitions qui viennent du profond. Prendre le temps de les vérifier auprès de quelque amiE de Dieu. Passer à l'action. Puis revenir souvent au puits intérieur, vérifier si l'eau vive coule toujours dans la même direction, ou si elle nous invite à rajuster notre itinéraire personnel ou de groupe.

N'empêchez pas l'Esprit d'agir en vous. *1 Th 5, 19*
Aujourd'hui, si vous entendez sa voix,
ne fermez pas votre coeur. *He 3,7 (Ps 95, 7)*

Quand désobéir devient fidélité

Faut-il toujours obéir aux ordres et aux lois? Cette question place des personnes ou des groupes devant un dilemme déchirant. Elle entraîne des débats bouillants et des accusations mutuelles: *"Bandes d'anarchistes!"* *"Espèces de constipés!"*

Le problème s'est posé dès le temps des premiers chrétiens et à toutes les époques de changements. Un enjeu important, si on veut comprendre jusqu'où va la liberté acquise par le Christ *"au prix de son sang".* Ap 1, 5 Essayons d'y voir clair.

◈ *Plusieurs sortes de lois:*

◆ D'abord *la loi du Créateur*, inscrite, de façon rudimentaire, dans l'instinct ou la conscience de tout être vivant:

> **Quand des étrangers, qui ne connaissent pas la Loi* religieuse juive, font comme naturellement ce que cette Loi commande, c'est comme s'ils la portaient au-dedans d'eux. Par là, ils nous montrent que les actes que la Loi demande sont écrits dans leur coeur. Leur conscience en est témoin. Parfois ils se sentent coupables; d'autres fois ils savent défendre leur point de vue. Ils seront jugés sur leurs motivations intimes.**
>
> *Rm 2, 14-16*

◆ Puis est venue *la Loi* donnée à Moïse*, le libérateur et fondateur du peuple d'Israël, sous la forme des dix commandements:

> **Ecoute, Israël, les lois et les coutumes que je prononce aujourd'hui. Yhvh* notre Dieu a conclu avec nous une Alliance*. "C'est moi qui t'ai arraché à l'esclavage en Egypte. Tu n'auras pas d'autres dieux que moi...".** *Lire Dt 5, 1-22*
>
> **Ceux qui connaissent la Loi de Moïse et la transgressent seront jugés par cette Loi.** *Rm 2, 12*

> Au cours des 1,500 ans qui ont suivi, cette loi pleine de sagesse et d'humanité s'alourdit de prescriptions étouffantes.

◆ La Loi de Moïse servait aux Juifs à la fois de code civil et religieux. Pour les autres nations, *les Autorités civiles ou militaires* établissaient leurs propres lois, puis les imposaient de force aux peuples conquis. C'était le cas des Romains, au temps de l'Empire.

◆ Nouveau Moïse, Jésus se réfère fréquemment à une autre *loi, intérieure* celle-là: la nécessité pour lui de **"faire la volonté du Père qui m'a envoyé. C'est pour cela que je suis venu sur la terre".** *Jn 6, 38*

Un invitation à vivre à l'écoute de notre coeur

◆ Enfin, Paul, le pharisien rigide qui persécutait les premiers chrétiens parce qu'ils ne vivaient plus selon toutes les prescriptions de la Loi juive, se dit maintenant serviteur d'une **alliance nouvelle,** d'un contrat nouveau entre Dieu et les humains. **Cette Alliance* ne dépend pas d'une loi écrite, mais de l'Esprit Saint*. La loi écrite mène à la mort, tandis que le Souffle de l'Esprit donne la vie** *2 Co 3, 6.* Ce qui l'amènera à être assassiné lui aussi, comme Jésus, son Maître de vie.

Plusieurs manières d'obéir:

Non seulement il y a plusieurs lois, mais aussi diverses façons de les observer.

◆ *Obéir pour sauver la face, ou obéir du fond du coeur:*

Pour être agréable à Dieu, il ne faut pas se contenter d'écouter la loi, mais il faut la mettre en pratique. Le vrai Juif, ce n'est pas celui qui se conduit extérieurement comme un Juif, et la vraie circoncision* ne consiste pas à avoir le prépuce coupé. Le vrai croyant juif, c'est celui qui est juif au-dedans, et la circoncision véritable, c'est celle du coeur. Elle est un don de l'Esprit de Dieu et non pas simplement un rite imposé par la loi écrite. *Rm 2, 13, 28-29*

◆ *Obéissance à la manière de Jésus, par amour et don de soi:*

J'obéis à ce que mon Père me demande de vivre, et par là je demeure dans son amour. De la même façon, si vous faites ce que je vous commande — avant toutes choses, vous aimer les uns les autres — mon amour deviendra pour vous votre demeure. *Jn 15, 10*

Tout Fils de Dieu qu'il était, Jésus a dû passer par les contrariétés et la souffrance pour apprendre à remettre sa volonté entre les mains du Père. Ainsi rendu pleinement humain, il est devenu la source d'un bonheur durable pour tous ceux qui, à leur tour, s'en remettent à lui. *He 5, 8-9*

◆ *Désobéissance aux Autorités, par fidélité à Dieu:*

Il arrive des occasions où, pour obéir à Dieu et à l'Esprit de Jésus, on a à désobéir carrément aux ordres que nous donnent les Autorités civiles, militaires, religieuses.

Ce fut le cas *pour Jésus lui-même*, qui a enfreint des lois et brisé des tabous sacrés, chaque fois que la dignité d'une personne était bafouée. **"Est-il permis, le jour du sabbat, de sauver une vie?"** dit-il devant la répugnance des hommes de Loi à le voir guérir un homme à la main paralysée. *Mc 3, 1-6.* (➡ p. 98) À cause de son obéissance profonde au Dieu de Vie, Jésus a pu s'opposer et désobéir aux traditions légalistes des humains.

Ce fut également le cas *pour les premiers disciples de Jésus*, lorsque le Grand Conseil* (le même qui avait condamné Jésus) les a menacés:

"Nous vous défendons de parler et d'enseigner au nom de Jésus". Pierre et Jean répondirent: "Qu'est-ce qui est juste aux yeux de Dieu: vous obéir à vous, ou obéir à Dieu? Jugez-en vous-mêmes! Quant à nous, nous ne pouvons pas nous taire sur ce que nous avons vu et entendu." *Ac 4, 18-20*

Lire la suite dans Ac 5, 12-42. Remarquer la solide affirmation de foi de Pierre, et la sagesse de Gamaliel, prévenant le Conseil: **"Si leur projet et leur action viennent de Dieu, vous ne pourrez pas les détruire. Prenez garde de vous placer du bord des ennemis de Dieu!"**

On retrouve des cas semblables *dans l'Ancienne Alliance*, par exemple la **désobéissance de trois jeunes à l'ordre du roi Nabuchodonosor d'adorer une statue. Jetés dans une fournaise de feu, ils en sont miraculeusement protégés.** *Livre de Daniel, ch. 3*

◈ *À l'intérieur de l'Église du Christ, y a-t-il place pour le désaccord et la dissension?*

L'Église a jailli du désir passionné de Jésus de nous dire l'amour du Père et notre liberté d'enfants de Dieu. Cette passion en lui l'a amené à dénoncer les autorités lorsqu'elles abusaient du petit peuple et lui masquaient le vrai visage de Dieu. L'Église n'est pas née dans une sacristie, ni dans un club select, mais **sur la croix**, dans un cri de douleur. Et dans un **vent violent**, au jour de la Pentecôte.

Ça fait donc partie de sa mission que de résister à toute *crocherie*, par attachement au Dieu libre et vrai. De dénoncer en aimant, et d'aimer assez pour donner jusqu'à son propre sang. Et lorsqu'il arrive, comme il faut s'y attendre (20), que l'Église elle-même vive des infidélités et de la domination dans ses propres membres et chefs, les disciples de Jésus doivent aimer assez cette Église pour exprimer leur désaccord. Comme le firent les prophètes* de l'Ancienne Alliance* lorsqu'ils reprochaient aux Chefs religieux leur complicité avec le pouvoir civil.

Pas étonnant alors que ce soit arrivé dès les premières heures de la communauté chrétienne. **Paul résiste en face à Pierre** (l'apôtre désigné par Jésus lui-même comme chef!), lorsque celui-ci joue double jeu. Lire cet épisode dans Ga 2, 11-14.

Certaines désobéissances ont amené des divisions douloureuses dans l'Église au cours des siècles. Comme lorsque le moine Martin Luther s'opposa au régime calculateur des indulgences, et à d'autres prescriptions qui faussaient le don gratuit de la grâce de Dieu. Même dans ces cas, l'Église Catholique a reconnu, longtemps après, que ces dissensions avaient contribué à la ramener à la vérité de l'Évangile.

❖ *Comment vivre ces tensions de manière féconde?*

De tels désaccords peuvent faire éclore du neuf dans la communauté des disciples de Jésus à condition de:

© Bob Fitch Photo

- ◆ nous assurer d'un attachement à Jésus, d'une docilité intérieure à l'Esprit, d'une passion pour le projet du Père. **Nous sommes témoins du Christ vivant, nous et l'Esprit Saint que Dieu donne à ceux qui lui obéissent.**
  Ac 5, 32

- ◆ vérifier s'il n'y a pas **une poutre dans notre oeil, alors que nous dénonçons la paille dans l'oeil du voisin.**
  Mt 7,3

- ◆ conformer notre vie à l'Évangile que nous voulons défendre, **pour ne pas être nous-mêmes disqualifiés.**
  1 Co 9, 27

- maintenir le dialogue ouvert, sans démission, avec réelle humilité, dans une recherche ensemble de la vérité.

- savoir patienter, sachant que le bien met souvent beaucoup de temps à faire son chemin: **Laissez pousser ensemble l'ivraie et le bon grain jusqu'à la moisson.** *Mt 13, 30*

- être prêts à souffrir incompréhension, isolement, dénonciation, persécution, comme Jésus: **Le disciple n'est pas plus privilégié que son maître. Ils m'ont persécuté, ils vous persécuteront aussi.** *Jn 15, 20*

- risquer, avec d'autres, des interventions pacifiques et fermes.

- continuer à trouver notre joie et notre paix dans la fidélité du Seigneur (**et moi, je suis avec vous jusqu'à la fin.** *Mt 28, 20*) et dans la solidarité avec les personnes et les groupes qui passent par l'épreuve.

◈ *C'est à ce prix qu'est la véritable liberté*

Si vous restez fidèles à mes paroles annonçant le projet de justice et
d'amour du Père pour tous les humains, **vous serez vraiment mes disciples.**
Alors, vous connaîtrez la vérité, et la vérité vous rendra libres. *Jn 8, 31-32*

Travailler à la promotion de la dignité de chaque personne humaine nous amène à *constater* des injustices, à *dénoncer* des exploitations, à *refuser* de faire le jeu de ceux qui manipulent, à *rompre* avec ces systèmes qui écrasent comme un rouleau compresseur. Ça devient un devoir de conscience de *résister* à l'Empire, quand il se met à asservir et à massacrer des populations entières et à détruire l'équilibre de la création. C'est à quoi se consacrent des organismes tels:

l'Association des Chrétiens pour l'Abolition de la Torture (ACAT); *Amnistie Internationale* (libération de prisonniers politiques); *Greenpeace* (protection de l'environnement); les *Marches des Noirs* aux É.U. et des *Autochtones* au Mexique; les Mouvements Ouvriers (syndicats, *Mouvement des Travailleuses et des Travailleurs Chrétiens, Jeunesse Ouvrière Chrétienne*); *Opération SALAMI* (opposition aux accords d'investissements faits au-dessus des contrôles gouvernementaux): la *Marche mondiale des femmes; le Mouvement International de Réconciliation; Les Brigades Internationales de la Paix; Christian Peacemakers Teams; Pax Christi; Aide à Toute Détresse (ATD) Quart-Monde; les Centres d'Aide et de Lutte contre les Agressions Sexuelles (CALAS); les Centres d'Aide aux Victimes d'Actes Criminels (CAVAC); Association des Rencontres Culturelles Avec les Détenus (ARCAD);* et tant d'autres.

Des militantes et militants ont donné leur vie et parfois versé leur sang pour affirmer leur foi en l'humanité et en un Dieu libérateur:

- ◆ des évêques tels que Oscar Romero, Adolphe Proulx, Juan Gerardi, Desmond Tutu (ci-contre), Helder Camara...
- ◆ des laïques engagés tels Raoul Légère (un gars du Nouveau-Brunswick tué au Guatemala), Léa Roback (militante de la cause ouvrière au Québec), Nelson Mendela (➡ p.100), Philippe Duhamel (photo à gauche en page précédente), Dorothy Day (que l'on voit en page 83, elle qui se décrivait comme *une fille de l'Église obéissante et en colère*).

Combien de ces organismes et de ces personnes est-ce que je connais? Est-ce que je me sens concernéE par leur combat? Quels gestes concrets vais-je risquer pour que ça passe dans ma pratique de vie?

Le Seigneur est avec moi, il m'aide en tout temps.
Je n'ai peur de rien: que peuvent me faire les humains? *Ps 118, 6-7* **85**

Rentrer chez Dieu

Pour vivre à l'écoute de l'Esprit* en notre coeur, nous avons parfois besoin d'arrêter le moteur qui ronronne à longueur de journée. Pénétrer dans le silence. Puis, selon la belle expression d'un poète de chez nous, *" rentrer chez Dieu, comme on rentre chez soi"* (Robert Lebel). Alors peut éclore un moment d'intimité, de contemplation, de prière.

Comment s'habiller le coeur ?

- **De présence**

  Ce peuple m'honore du bout des lèvres, mais son coeur est loin de moi. *Isaïe 29, 13 (Mt 15, 8)*

- **D'authenticité**

  Nul besoin d'être à notre meilleur. "Aime-moi comme tu es".

  Ce que j'ai fait de mal à tes yeux, je le reconnais.
  Mais toi tu veux la vérité au fond de mon être.
  Un esprit brisé, voilà ce que j'apporte comme offrande;
  D'un coeur brisé, broyé, tu n'as pas de mépris. *Ps 51, 5, 8, 19*

- **D'humble reconnaissance**

  Jésus a inventé une de ses histoires-choc, à l'intention de ceux qui se croyaient *les plus fins du monde* avec Dieu, et qui méprisaient tous les autres.

  Deux hommes vont au Temple* pour prier. L'un est un homme de réputation sans tache, un Pharisien*. L'autre travaille pour le gouvernement romain, comme percepteur d'impôts.

  Le Pharisien se place bien en vue. Dans sa tête, il se dit: "Mon Dieu, je te remercie de ce que je ne suis pas comme les autres hommes. Ils sont voleurs, injustes, ils trompent leur femme. Merci surtout de ce que je ne sois pas comme cet employé des impôts là-bas. Moi, je jeûne deux fois par semaine, et je te donne le dixième de tout ce que je gagne."

  Le fonctionnaire, lui, n'ose même pas lever les yeux vers le ciel. Il se frappe la poitrine pour demander pardon, disant: "Mon Dieu, aie pitié de moi! Je suis un homme pécheur."

  Jésus d'ajouter: "Je vous le dis, l'employé rentre chez lui avec l'amitié de Dieu dans son coeur, mais pas le Pharisien. Car celui qui se pense au-dessus des autres reçoit la dernière place. Alors que celui qui prend la dernière place est le plus proche du coeur de Dieu." *Lc 18, 9-14*

◈ Un compagnon et un maître de prière

Les disciples avaient vu Jésus passer de longues heures en silence, le plus souvent de nuit et à l'écart. C'est comme s'il rentrait chez lui, dans l'intimité avec son Dieu. Intrigués et désireux de l'imiter, ils lui demandent un jour:

Apprends-nous à prier. "Lorsque vous priez, dites simplement: Notre Père qui es aux cieux, que chaque être vivant reconnaisse que tu es le Dieu saint. Fais advenir ton Règne. Fais que nous obéissions à ta volonté sur la terre, comme cela se vit dans le ciel. Donne-nous aujourd'hui le pain dont nous avons besoin pour ce jour. Pardonne-nous le mal que nous avons fait, comme nous pardonnons, nous aussi, à ceux qui nous ont fait du mal. Et ne permets pas que nous soyons tentés au-dessus de nos forces. Mais libère-nous de l'emprise du Malin*." *Mt 6, 9-13*

Depuis lors, des disciples de Jésus ont exprimé cette prière en des termes qui rejoignent leur expérience de Dieu, au creux de leur vie et de leurs luttes pour la dignité de tous les enfants de Dieu. Ainsi, cette version inédite, élaborée par une communauté chrétienne nouvelle:

Notre Père et notre Mère, qui es ailleurs, qui es ici. Que ton nom retentisse si fort sur notre terre que nous reconnaissions ta présence parmi nous. Que ton règne d'amour et de joie vienne dynamiser ton Eglise, pour déloger du monde l'angoisse, la souffrance, le rejet. Que ta volonté, qui s'est manifestée dans le Christ mort et ressuscité, se fasse aussi à travers nos efforts de justice, de partage et de paix.

Donne-nous aujourd'hui notre pain, notre part d'affection et de force, pour vivre la libération que tu apportes et en répandre la Bonne Nouvelle. Pardonne-nous nos fautes, comme nous nous engageons aussi à pardonner leurs fautes aux personnes qui nous blessent, nous ignorent, ou ne savent pas aimer. Ne nous laisse pas tomber dans le piège de la passivité, de la facilité, de l'évasion. Mais délivre-nous du mal qui sévit dans le monde et en nous-mêmes.

Toute vraie prière nourrit notre coeur, le guérit. Elle jaillit
à la croisée de deux grands amours qui se cherchent.

**Voici que je me tiens à la porte et je frappe.
Si quelqu'un entend ma voix et ouvre la porte,
j'entrerai chez lui, je mangerai avec lui et lui
avec moi. Alors le Père et moi, nous ferons chez
lui notre demeure.** *Ap 3, 20; Jn 14, 23*

Comment entrer en prière? Est-ce si difficile? On peut s'aider de sa respiration.
Certaines personnes trouvent là une avenue pour "arrêter le moteur" et se mettre à
écouter. Laisser le souffle me pénétrer, me nourrir d'oxygène, me purifier. Avec
l'expiration, relâcher ce qui m'encombre à l'intérieur. Aspirer de nouveau, en
accueillant l'Esprit Vivant. Puis expirer, en répandant sur le monde les fruits de l'Esprit.

On peut également se servir de l'un ou l'autre texte d'Écriture présenté au bas de
chaque thème de ce livre. Ruminer ces textes, ou d'autres, à la manière d'un *mantra*,
d'une *oraison jaculatoire* (une prière qui *jaillit* de source).

Ou si ça nous convient mieux, lire un poème, écouter une musique inspirante. Réciter
son chapelet* d'*Avés* ou d'invocations à Allah. Rester en silence, contempler une
icône ou un beau paysage. Participer à une liturgie, à un rassemblement de prière. Ou
se retirer dans le silence d'un ermitage. Prendre une position du corps favorable.
Parler librement à Dieu. Prier les yeux grands ouverts sur le monde autour de soi, en
cherchant à voir les personnes comme Dieu les voit. Prier *avec ses pieds* en se joignant
à une marche du pardon ou de la paix, pour témoigner que son règne de justice et
d'amour est déja en mouvement parmi nous.

Les chemins de la prière sont multiples. Les guides ne manquent pas. L'important est
de suivre le *Guide intérieur*, qui nous aide à savourer une Parole entendue à l'intime
de soi et qui nous donne un regard neuf sur la vie et sur le monde. Il existe en nous un
espace que Dieu seul peut combler et auquel nous avons accès dans les moments de
silence et d'adoration.

**Goûtez et voyez come est bon le Seigneur!
Heureux qui trouve en lui sa demeure.** *Ps 34, 9*

Un passionné de Vie

Jésus de Nazareth possède certainement des dons exceptionnels de guérisseur. Non pas des pouvoirs *magiques*: il n'aime pas qu'on lui demande des *prodiges* et des *miracles*, surtout quand c'est **pour lui tendre un piège** *Mt 16, 1*. En rendant la santé à une personne, il donne un *signe** de cette Vie qu'il est venu apporter en surabondance de la part de Dieu.

Un jour, il est en train de causer avec des gens à l'intérieur d'une maison. Assis à ses côtés, des chefs religieux venus de plusieurs villages des deux provinces, et même de la capitale, Jérusalem. La puissance de Dieu agit en lui, l'incitant à guérir des malades. A ce moment-là arrivent des hommes, portant sur une natte un paralysé. Cherchant à faire entrer l'infirme dans la maison, ils n'y arrivent pas, à cause de la foule. Ils le font alors descendre par le toit.

Voyant leur foi et leur ténacité, Jésus dit à l'infirme: "Tes péchés* te sont pardonnés". Les Experts* de la Loi et les Pharisiens* regimbent aussitôt: "Il se prend pour qui, lui! Il insulte Dieu! Personne ne peut pardonner les péchés, sinon Dieu lui-même." Jésus sait ce qui se passe dans leurs têtes. "Pourquoi ces pensées? Qu'est-ce qui est le plus facile: dire 'Tes péchés sont pardonnés', ou bien 'Lève-toi et marche'? Eh bien, sachez que l'envoyé de Dieu a le pouvoir de pardonner les péchés sur la terre". S'adressant au paralysé: "Lève-toi, prends ta natte, et rentre chez toi!" Ce qu'il fait, en remerciant Dieu.

Tous les gens sont stupéfaits. Ils s'exclament: "Gloire à Dieu! Ce que nous venons de voir est formidable!" *Lc 5, 17-26*

Alors que les chefs défendent leurs bastions religieux, Jésus est préoccupé de libérer la vie. **Moi, je suis venu pour que les gens aient la vie. Qu'ils soient débordants de vie!** *Jn 10, 10*

C'est ce qui faisait dire à un évêque, au 2e siècle:
La gloire de Dieu, c'est l'être humain pleinement vivant!
Et la vie de l'être humain, c'est de voir Dieu! Saint Irénée (21)

Jésus a éveillé des forces de vie chez les gens qu'il croisait. Il leur donnait tout son *jus*, comme disent des jeunes. **Il passa en faisant le bien**, note l'apôtre Pierre. *Ac 10, 38.* **C'est un bon vivant, qui aime bien manger; il n'a pas l'allure sévère de Jean Baptiste.** *Mt 11, 18-19.* Il rayonne d'une telle vitalité que **tout le village se rassemble à la porte de chez Simon Pierre, pour être guéri de maladies et d'infirmités.** *Mt 8,16* C'est vrai qu'il frémit de tout son être chaque fois qu'il voit la vie emprisonnée dans un corps ou dans un esprit malade (qu'on pensait alors *"possédé"* *Mc 1,32*). Voir aussi p.128.

Parfois, ce frémissement est si fort qu'il suscite à nouveau la vie chez des personnes déjà entrées dans la mort. (➡ p. 40-41) Pas étonnant alors que la mort n'aie pu le retenir captif au tombeau: **par sa Résurrection*, il a détruit la mort et fait resplendir la vie.** *2Tm 1, 10*

Un Dieu *qui nous veut en pleine santé.* Qu'on est loin du Dieu *"punisseur"*, semeur de maladies et de mort! D'un Dieu qui aurait peur que ses créatures jouissent trop de la vie... Jésus avait une envie folle de redonner aux humains le Dieu de vie, puis de retourner à Dieu des humains pleinement vivants. La première tâche des disciples de ce Jésus: donner le goût de vivre! Créer de la vie sous diverses formes. La soutenir quand elle est le plus fragile. Devenir des *communautés de guérison*, pour tant de blessés de la vie.

Mgr Helder Camara, du Brésil, fut un de ces passionnés. "Quand j'aide les pauvres de mon pays, on m'appelle un saint. Quand je dis pourquoi ils sont pauvres et dépossédés, on me traite de communiste...!"

Quelle partie de moi a besoin de guérison aujourd'hui, pour que je sois cet être rayonnant de santé totale dont Dieu rêve? Qu'est-ce que j'apporte à ma famille, à mon milieu de vie ou de travail, qui créera, avec d'autres, une atmosphère saine et tonifiante où il fait bon vivre?

Toute l'eau de l'univers ne pourrait éteindre l'amour, ni les fleuves le submerger. *Ct 8,7*

Pourquoi alors tant de souffrances?

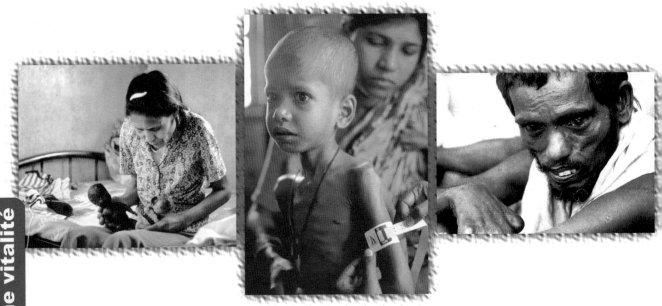

Si Dieu nous veut tellement en vie et en santé, alors pourquoi tant de souffrances sur la terre? Pourquoi ces longues années de paralysie? Pourquoi des enfants innocents mutilés, infirmes, déficients intellectuels? Pourquoi ces vieillards qui n'en finissent plus d'étirer leur pénible vie? Pourquoi ces déchirures dans des coeurs qui croyaient pourtant s'aimer? Si Dieu existe, le Bon Dieu, *comment peut-il laisser tout ça arriver?*

C'est souvent avec de pareilles questions, lorsqu'une épreuve nous tombe dessus, que nous décrochons et passons le reste de notre vie dans la rage et la révolte. Ou simplement déçuEs, désabuséEs. Dieu a-t-il vraiment une Parole qui nous serve de lumière pour pénétrer dans ce monde de noirceur?

La souffrance existe, sous bien des formes

Ce n'est pas d'hier qu'elle existe. On se souvient comment les Anciens ont voulu rendre compte de cette souffrance universelle en racontant les débuts de l'humanité sous forme d'histoires de tromperies et de conflits. Ainsi **Adam et Eve**, honteux de ce qu'ils viennent de vivre, se cachent devant Dieu et doivent quitter le paradis. *Gn 3, 8-10, 23-24* Puis l'aventure de leurs fils, **Caïn et Abel**, finit par un meurtre, le meurtre d'un frère. *Gn 4, 8* Ce qui nous donne à comprendre que chaque fois qu'un humain tue un autre humain, c'est toujours un *frère* qu'il tue...

De siècles en siècles, l'histoire de l'**humanité** comporte une longue succession de malheurs: des corps déchiquetés par la guerre, des coeurs déchirés par la haine. Quand **Jésus** se présente, il est entouré de personnes souffrantes, et il subit lui-même de terribles épreuves. Ça n'a pas cessé depuis... à la grandeur de la planète. (➡ pp. 174-175)

Souffrance inévitable?

Deux disciples faisant route vers Emmaüs, le soir de Pâques, sentent soudain une présence mystérieuse qui les accompagne dans leur découragement et qui leur révèle: **Il fallait que le Messie souffre de la sorte.** *Lc 24, 26*

Quelque temps avant de passer lui-même par la mort, Jésus avait proclamé à la foule, venue l'écouter: **Si quelqu'un veut être mon disciple il doit apprendre à porter ce qui le crucifie et le fait mourir, et s'engager à ma suite sur ce chemin difficile.** *Mc 8, 34*

D'où ça provient, toute cette souffrance?

Au temps de Jésus (et parfois encore aujourd'hui), des gens croyaient qu'une infirmité ou un désastre, comme une tornade, était le signe évident d'une punition de Dieu pour des fautes commises par cette personne ou par ce groupe.

Devant un aveugle de naissance rencontré en chemin, les disciples demandent: "Maître, qui a péché pour qu'il soit ainsi aveugle? Lui, ou ses parents?" La réponse est nette: "Ni lui, ni ses parents. Mais sa cécité sera l'occasion d'une manifestation claire de l'amour de Dieu pour lui, alors qu'il sera guéri." *Jn 9, 1-3*

Le vieux réflexe *"à qui la faute"* a la vie dure! *"Qu'est-ce que j'ai fait au bon Dieu pour que ce malheur m'arrive?"* On n'a qu'à se rappeler la réaction spontanée, au début, à l'égard des personnes atteintes du virus du Sida.

Il y a certes des souffrances causées par la malice volontaire et organisée. **Le monde est tombé sous le pouvoir de forces sans aucune conscience.** *Rm 8, 20* Cela, il faut le voir lucidement, et intervenir avec cran. (➡ p. 174)

◈ *Mais y a-t-il un sens à la souffrance?*

Pourquoi ça m'arrive à moi? Pour quoi faire? A quoi ça sert? A quoi ça mène?
À certaines heures, ces questions nous vrillent l'esprit comme un perceuse électrique. Laissant des grands trous vides, et un froid atroce dans l'âme.

Ne forçons pas la réponse, ni pour nous-mêmes, encore moins pour les autres. Ecoutons seulement, en nous, et dans ces quelques textes, ce qui peut apaiser notre angoisse. Peu à peu.

Amis très chers, vous êtes dans le feu de la souffrance. Ne soyez pas surpris, comme s'il vous arrivait quelque chose d'anormal. *I Pi 4, 12*

Je suis heureux de souffrir pour vous. Car, dans ma chair, je prolonge les souffrances du Christ pour son Corps que nous formons comme communauté Église. *Col 1, 24*

Les difficultés variées qui vous rendent tristes pour un peu de temps, serviront à montrer la vitalité de votre foi. C'est ainsi d'ailleurs qu'on vérifie la qualité de l'or: en le passant au feu. Or, votre foi est un trésor encore plus précieux que l'or. *I Pi 1, 6-7*

Comment vivre avec?

Si, dans notre condition humaine, la souffrance est inévitable, peut-on du moins arriver à vivre en paix avec cette compagne non désirée? Deux attitudes clés:

PATIENCE

Paul, le lutteur fougueux et empressé, l'a expérimentée. **Je vis avec une blessure que m'infligent constamment les forces du Mal*. Par trois fois, j'ai supplié Dieu de me délivrer de cette épreuve. Il m'a répondu: "Je t'aime, et cela te suffit. Car c'est quand tu es faible que je peux agir en toi avec le plus de puissance d'amour".** *2 Co 12, 7-9*

Les prophètes ont eu beaucoup à souffrir, en transmettant au peuple les messages de Yhvh*. Ils l'ont fait avec patience. De même, le saint homme Job, dépouillé de tout, patient, cherchant à comprendre. *Jc 5, 10-11*

Jésus, durant sa passion, n'a pas insulté ceux qui l'insultaient... Il nous a montré le chemin, pour que nous suivions ses traces. *1 Pi 2, 23, 21* (➡ p. 138)

JOIE

Oui, joie! *"C'est-i' possible de parler de même?! Faut être masochiste, courir après son malheur..."* Eh non. Certaines personnes arrivent à cet état de paix intérieure et de bonheur, au creux même de leurs souffrances. Pas seulement après, quand elles sont guéries. Pendant.

Si on vous insulte parce que vous êtes disciples de Jésus, quel bonheur pour vous! La force et la lumière de l'Esprit de Dieu vous habitent. Surtout, n'ayez pas honte d'être chrétiens. Plutôt, remerciez Dieu de pouvoir porter le nom du Christ. Car si vraiment vous participez à ses souffrances, vous serez pleinement heureux quand vous le verrez radieux de lumière. *1 Pi 4, 14, 16, 13*

Quel espoir de guérison? de fécondité nouvelle?

Les guérisons miraculeuses font courir le monde, mais elles, elles ne courent pas les rues. Même Jésus a guéri relativement peu de personnes. Parfois, la situation pénible ne change pas: 33 ans de sclérose en plaques ou de dystrophie musculaire; familles qui restent à revenu insuffisant; générations de jeunes auxquels la guerre a volé leur enfance et qui continuent à s'entretuer... Comment parler alors de guérison? de fécondité de la souffrance? Y a-t-il là une école de vie qu'il vaille la peine de fréquenter?

95

Approchons-nous des personnes souffrantes avec humilité et immense respect. Donnons-leur la parole. Entendons leurs questions, sans les bousculer avec nos réponses rapides. Voici quelques témoignages tirés du Grand Livre de la Parole vivante.

La blessure dans ma chair (on ne saura jamais de quoi il s'agissait) **m'a** *guéri de ma suffisance et de mon orgueil* de **Pharisien***, et **m'a empêché de me vanter des visions extraordinaires que Dieu m'a accordées.**

saint Paul   2 Co 12, 7

Quand on a partagé nos déceptions avec l'étranger venu nous rejoindre **sur la route d'Emmaüs, il nous a aidés à comprendre ce que les prophètes* avaient écrit à son sujet** des siècles auparavant. A mesure qu'il pénétrait dans la noirceur qui nous habitait, *notre coeur est devenu brûlant.* D'abord repliés sur nous-mêmes, nous nous sommes ouverts à lui, et **nous l'avons invité chez nous. C'est là, dans le partage du pain, que nous l'avons reconnu.**   *les deux disciples d'Emmaüs   Lc 24, 13-32*

Sur l'arbre de la croix, Jésus a porté nos lourdeurs et nos péchés* dans son corps. *Ses blessures nous ont guéris!* **Cessons de vivre dans le mensonge et l'irresponsabilité; nous pouvons alors mener une vie qui réjouit le coeur de Dieu.**   *l'apôtre Pierre   1 Pi 2, 24*

Les difficultés de toutes sortes que vous rencontrez *rendent votre foi plus solide,* **plus résistante.**   *l'apôtre Jacques   Jc 1, 2-3*

Rappelez-vous que vos frères, dans le monde entier, passent aussi par la souffrance. Vous aurez à souffrir encore un certain temps. Mais Dieu, qui vous aime tant, vous rendra solides et forts, unis à Jésus. *Votre maison sera établie sur des fondations solides.* **Nul ne pourra la faire tomber.**

l'apôtre Pierre   1 Pi 5, 9-10

Les besoins des communautés plus pauvres *ont déclenché en vous générosité et solidarité,* **à cause de votre fidélité à l'Évangile.**   *saint Paul   1 Co 9, 13*

Ces exemples font voir que toute guérison est avant tout spirituelle
    - dans sa source: la force de vie et d'amour qui est en nous vient de Dieu;
    - dans ses effets les plus marquants: un nouvel élan de vie intérieure.
L'eau vive jaillit par la brèche de nos blessures. (➡ p. 74)

Un homme fut tour à tour travailleur manuel, prisonnier des Nazis, missionnaire en quartier populaire à Montréal puis au Brésil. Cet homme a crié tout le temps, avec sa vie, pour faire entendre le gémissement des plus déshérités. Frédy Kunz, fils de la Charité, nous a laissé ce témoignage:

"Le Christ n'est pas venu expliquer la souffrance. Il l'a remplie de sa présence. Et quand, par amour, tu es présent à la souffrance d'un malade, d'un prisonnier, d'une victime de viol ou de prostitution, d'un affamé, tu deviens un signe qu'il est aimé de Dieu. Un signe d'espérance, qui fait sentir que la résurrection est à l'oeuvre aujourd'hui." (22)

La souffrance et la mort ne portent pas en elles-mêmes leur sens: le sens est toujours dans la Vie. Chaque personne doit trouver ce sens pour elle-même. En s'éclairant de l'expérience et de la sagesse des personnes qui sont passées par semblable chemin, d'accord; mais, d'une certaine façon, chaque être est toujours seul à se débattre et à attendre que jaillisse une lumière au fond de soi.

La foi, serait-ce cela? Une semence qui éclate dans un lieu obscur et qui, d'instinct, se tend vers la lumière pour germer, former une tige, une fleur, puis un fruit mûr? On ne sait ce qu'il y a dans la semence que lorsqu'elle a passé par cet éclatement et ces transformations.

Comment est-ce que je réagis aux coups durs qui m'arrivent, ou à ceux qui frappent mon entourage? J'encaisse sans broncher? Je m'écrase ou m'enferme dans le mutisme? Je blâme les autres, le système, la religion, la police, la fatalité *(il fallait bien que ça m'arrive...)*, encore les autres? Je cherche le trésor enfoui dans tout événement? J'en parle avec d'autres? J'écoute en-dedans, dans un long silence fécond?

Tu as vu, Toi, le mal et la souffrance.
Tu regardes, et tu les prends dans ta main. *Ps 10,14*

Qu'est-ce que je fais avec ma colère?

Dans les cultures et les sous-cultures où dominent l'exploitation, la haine et la peur, la colère prend vite le visage de la violence et des scènes d'horreur. Y a-t-il du bon à tirer de nos colères? Qu'en dit la Parole?

Les récits contenus dans la première partie de la Bible nous présentent parfois un Dieu en colère, vengeur. En y regardant de près, on découvre que Yhvh* ne se venge pas tellement contre ceux qui l'ont offensé, lui, mais qu'il ne peut pas endurer qu'on abîme un seul de ses *petits*. Il prend alors leur défense pour rétablir leur dignité d'enfants de Dieu. Il n'est donc pas un Dieu assoiffé de sang humain, mais un Dieu qui veut que le sang innocent cesse de couler.

Malheur aux bergers* d'Israël qui prennent davantage soin d'eux-mêmes que du troupeau qui leur a été confié!... Les brebis se sont dispersées, faute de berger. Elles sont devenues la proie des bêtes sauvages... Contre ces bergers, je vais sévir en arrachant le troupeau de leurs mains. J'en prendrai soin moi-même... en le menant dans un bon pâturage. *Ez 34, 1-16*

Qu'en est-il de Jésus? Les évangélistes nous parlent très peu de ses émotions. À quelques reprises pourtant, ils nous signalent qu'il a éprouvé de la colère.

Dans une synagogue*, un jour de sabbat*, un homme se présente à lui avec une main paralysée. Tous les regards se tournent vers Jésus, pour voir s'il va le guérir. Si oui, on pourra l'accuser d'enfreindre la loi du repos total durant ce jour sacré. Jésus fait venir l'homme: "Lève-toi, et mets-toi au beau milieu de l'assemblée." Ensuite, il demande à ces gens qui le regardent avec des pistolets dans les yeux: "Le jour consacré à Dieu, qu'est-ce qu'on a le droit de faire? Du bien, ou du mal? Remettre quelqu'un en santé, ou le laisser décrépir?" Eux n'osent pas répondre. Alors Jésus les regarde tous avec *indignation et colère*. Il est triste aussi, parce qu'ils sont sans compassion. Il dit à l'homme: "Étends ta main, montre-la bien à tout le monde". L'homme l'étend. Voilà qu'elle est guérie. Les Pharisiens sortent de la maison de prière *furieux* à leur tour. Ils vont trouver les partisans d'Hérode, (celui qui a décapité Jean-Baptiste) pour voir comment faire mourir Jésus. *Mc 3, 1-6*

Une invitation à vivre **en pleine vitalité**

L'autre scène se passe à Jérusalem, où Jésus vient d'entrer, acclamé par la foule en délire. (➡ p. 43). Il se rend au Temple*, où il a l'habitude d'aller prier et enseigner. **Il est frappé par le commerce auquel se livrent les vendeurs d'oiseaux et d'animaux, ainsi que les échangeurs de monnaies. Sa passion pour son Père et pour la Maison de Dieu fait monter son** *indignation.* **Se faisant alors un fouet avec des cordes, il se met à chasser tous ces commerçants et à renverser leur tables et leurs chaises. Et il crie: "Dieu a décrété que sa maison serait une maison de prière. Mais vous, vous en avez fait un abri pour les voleurs".**

Des aveugles et des boiteux viennent alors à Jésus, et il les guérit. Les enfants s'attroupent autour de lui et crient: "Fantastique! tu agis comme David, ton ancêtre!" La chose vient aux oreilles des grands-prêtres et des experts de la Loi. Pleins *d'indignation et de rage,* ils lui lancent à la figure: "Tu entends ce qu'ils disent?"— "Parfaitement. Et vous, vous ne vous rappelez pas ce texte du Psaume: De la bouche des tout-petits sortira la louange". Puis il les plante là et part pour Béthanie, chez ses amis. *Mt 21, 12-17*

Dans ces deux situations, les deux antagonistes (Jésus et les chefs religieux) vivent tous de la colère. Celle de Jésus a pour source et pour fruit la vie, la santé, la libération, la passion pour Dieu (**Le zèle pour ta Maison me dévore**, se rappellera Jean, *2, 17*). La colère des chefs, elle, surgit de leur attachement rigide à la Loi et de leur intérêt financier: la vente d'animaux pour les sacrifices rituels et l'échange de devises étrangères entre voyageurs de divers pays de l'Empire, rapportaient beaucoup d'argent aux fonctionnaires du Temple.

Tout juste après ce récit, Matthieu et Marc racontent **la condamnation, par Jésus, d'un figuier devenu sec et stérile.** Image saisissante d'une religion ou d'une société, quelle qu'elle soit, dont les chefs sont aveuglés par le légalisme et l'ambition, et qui ne donne plus de fruits de vie et de compassion.

La Bible ne nous demande donc pas de ne jamais ressentir de colère. Pas plus qu'elle ne nous demande de ne pas avoir d'ennemi, mais de *vouloir du bien à nos ennemis,* et de vivre notre colère *en la faisant tourner au bien de tous.* Ça veut dire quoi?

- ◆ Pas de spirale de violence: **de la colère au mépris ('imbécile'), à l'insulte, aux coups, puis au meurtre. Arrêter l'escalade à sa racine.** *Mt 5, 21-22*

- ◆ **Ne pas s'endormir le soir avec des conflits non réglés. Que votre colère s'apaise avant le coucher du soleil.** *Ep 4, 26*

- ◆ Nous parler franchement. **Rejetez le mensonge. Que chacun dise la vérité à son prochain, car nous sommes tous membres d'un même corps.** *Ep 4, 25*

- ◆ Ne pas garder rancune. **Chassez loin de vous tout sentiment amer. Ne partez pas en peur, avec des cris et des insultes, des coups méchants.** *Ep 4, 31*

- ◆ Pardonner. **Soyez bons et pleins d'affection les uns pour les autres. Pardonnez-vous réciproquement, comme Dieu vous a pardonné par le Christ.** *Ep 4, 32*

- ◆ Vaincre le mal. **Ne te laisse pas vaincre par le mal. Sois au contraire vainqueur du mal qu'on te fait par le bien que tu fais.** *Rm 12, 21*

On retrouve cet enseignement dans les livres sacrés d'autres religions. Ainsi, chez les Musulmans, le **Coran** affirme (3:134): *"Les justes sont ceux qui, lorsqu'ils éprouvent de la colère, s'empressent de pardonner".* Et la **Bhagavad Gita** (2:62-64) met les Hindous en garde contre *la recherche de sensualités qui engendrent un attachement, puis un désir sans frein, puis la colère dès qu'on est déçu.* (Autres exemples ➡ pp.138-141)

Dans une ville d'Allemagne, Cologne, des milliers de gens ont formé une chaîne humaine de 9 kilomètres de long, en juin 1999, pour protester contre l'exploitation des pays du Tiers-monde et s'opposer au fardeau des dettes que nous leur imposons (2,500 milliards de dollars US).

Que faire de ma colère? En prendre soin, pour savoir la maîtriser et la canaliser dans la direction de l'amour. Elle est une énergie sacrée qui aide à vaincre les obstacles. Énergie dangereuse sans doute, si on essaie de la contenir dans une marmite à "pression-vapeur" surchauffée. Mais précieuse aussi, parce qu'elle est une sorte d'indicateur rouge (rouge de colère!) qui s'allume quand quelque chose ne va pas — comme devant le fait que 5% de la population d'un pays possède près de 95% des ressources disponibles! Ou qu'un homme tire à bout portant sur quatorze femmes étudiantes, parce qu'elles sont femmes!

Si rien dans la vie ne me choque, si je ne suis jamais profondément *indigné* devant de graves injustices commises contre les sans-pouvoir, je ne trouverai jamais en moi la motivation ni l'énergie pour me porter à leur défense et lutter à leur côté.

Pour juger si nos colères sont *saines* et *saintes*, examinons ce qui les motivent:

- est-ce la peur de perdre des privilèges, des contrôles, des profits illimités ?
- ou est-ce la contestation des conditions de vie sous-humaines d'une personne
  ou de larges portions de populations ?

Quelles sont mes indignations, présentement? Avec qui est-ce que je les partage? Comment est-ce que je les convertis en énergie créatrice, plutôt que de les tourner contre moi ou contre quelqu'un? Quelle ouverture est-ce que je fais au pardon, à la compassion, lorsque *l'autre* donne des signes de vrai changement? Est-ce que je transforme mon écoeurement et mon sentiment d'impuissance en solidarité, pour changer des choses en m'unissant à d'autres?

Le héros véritable est celui qui vainc sa colère.
Il vaut mieux être maître de soi que conquérir une ville. *Pr 16, 32*

101

C'est du dedans qu'on s'embellit ou qu'on s'enlaidit

Malheur à vous, Spécialistes de la Loi* et Pharisiens*! Vous êtes des hommes faux! Vous ressemblez à des tombes blanchies à la chaux. A l'extérieur, elles ont belle apparence. Mais à l'intérieur, elles sont remplies d'ossements de morts et de toutes sortes de pourritures. Ainsi, vous donnez l'impression que vous êtes fidèles à Dieu, mais dans votre coeur, vous êtes pleins d'hypocrisie et de mensonge. *Mt 23, 27-28*

Pas très gentil, le prophète de Galilée! Il n'aurait pas fait vieux os s'il avait vécu de nos jours en des coins du monde soumis à des dictatures militaires ou religieuses. Et si vous pensez que cette apostrophe des *faux saints* lui a simplement échappé, parce qu'il avait mal dormi ou mal digéré ce jour-là, lisez Matthieu 21, 31-46, et tout le ch. 23, 1-36, de même que Luc 11, 37 à 12, 3.

Ce qui fatigue Jésus, c'est l'insistance sur les comportements extérieurs, la façade à garder reluisante, sans se soucier des attitudes empoisonnantes qu'on entretient dans son coeur. Soigner ses masques!

Un jour, des Pharisiens et des Experts de la Loi viennent trouver Jésus: "Pourquoi tes disciples désobéissent-ils aux règles de notre tradition? Ils ne se lavent pas les mains avant de manger. C'est pourtant la coutume, non?" Jésus appelle la foule: "Ecoutez et tâchez de comprendre. *Ce n'est pas ce qui entre dans la bouche de quelqu'un qui le rend impur, mais plutôt ce qui en sort...* Ce qui entre passe dans son ventre et sort de son corps. Mais ce qui sort de la bouche vient du cœur et peut engendrer des pensées mauvaises, qui nous entraînent dans des actions malfaisantes. Alors que manger sans se laver les mains n'a jamais rendu quelqu'un impur dans son coeur." *Mt 15, 1-2, 10-11, 17-20*

Ce qui, au départ, avait été des mesures élémentaires d'hygiène, était devenu des prescriptions *sacrées*, intouchables, plus importantes que les dispositions intérieures qu'elles symbolisaient et voulaient favoriser.

Jésus affirme que la beauté et la limpidité, c'est une question de regard, à partir du coeur. Il nous apprend ainsi à *contempler*, à regarder avec les yeux du coeur et de la foi.

- ◆ À reconnaître comme plus beau encore le visage ravagé par la lèpre du père Damien sur l'île de Molokaï, que celui de ses jeunes années de missionnaire.

- ◆ À voir la fraîcheur des traits d'un visage vieilli mais rayonnant de joie. Autant que celle des mannequins de la dernière mode.

- ◆ À voir plein de clarté dans le taudis misérable d'un sidéen du Ghana, entouré de l'affection de sa famille. Autant que sous les projecteurs géants d'un spectacle de grandes stars du showbiz.

102

Avez-vous déjà fait cette expérience? Prenez entre vos doigts une bague à diamant (pas nécessaire d'aller dans les grandes bijouteries!). Dans l'autre main, tenez une petite bougie allumée. Exposez les deux au soleil. La flamme de la chandelle est à peine visible. Le diamant, lui, jubile, éclate de lumière, reflète les rayons du soleil en toutes directions. Transportez-vous maintenant dans un placard sombre. Tournez le diamant en tous sens pour le faire miroiter: peine perdue! Heureusement qu'il y a la lueur de la bougie à côté. Une lueur qui prend de plus en plus de densité, à mesure que la pupille de vos yeux se dilate dans la noirceur. Une lueur qui apaise, qui rassure, qui permet même au gros diamant éteint d'exister.

Quel temps et quelle énergie est-ce que je mets à soigner mon apparence, à étaler mes diplômes, grossir ma musculature, ou surveiller ma taille amincie de diète en diète? Est-ce que je prends le temps de cultiver aussi mon coeur et mon esprit, comme on cultive un jardin?

J'ai le choix. Juger les personnes sur leur apparence extérieure, leur taille ou leurs diplômes. Ou bien apprendre à reconnaître la valeur réelle des gens et des choses. Savoir rejoindre, derrière les traits durs du chef de gang ou du gardien de prison, ou sous le visage maquillé de la *top modèle*, l'être sensible et fragile qui me crie sa solitude.

**Plus que sur toute autre chose, veille sur ton coeur:
c'est de lui que jaillissent les sources de la vie.** *Pr 4, 23*

103

On n'a jamais fini de mûrir

Vous connaissez des personnes qui veulent la maturité tout de suite? Celle des autres surtout... La maturité, sans la période de croissance auparavant. Qu'on en fait des pirouettes spirituelles (suivies de culbutes, évidemment) quand on part *à la conquête de la perfection, de l'idéal absolu!* Comme si Dieu exigeait de nous d'être des *sur-hommes* et des *femmes bioniques...* L'invitation de l'apôtre Paul est plus réaliste:

> **Avec le plus de sagesse possible, nous cherchons à conseiller et à enseigner, pour aider chacun à *devenir adulte* dans le Christ.** *Col 1, 28*

Devenir adulte, mûrir à la manière de Jésus, c'est dans le quotidien que ça se passe. Dans les gestes ordinaires de nos mains où s'élargissent les horizons de notre esprit et les capacités de service et de partage de notre coeur.

Quand l'Evangile nous parle de grandir, il ne nous donne pas un ruban à mesurer pour calculer la longueur de nos erreurs et de nos bêtises. Ça, ça n'intéresse pas Dieu, mais pas du tout! Quelles images nous sont données, dans l'Ecriture, pour parler de notre croissance vers plus de maturité?

La semence tombe en des terrains divers. *Mc 4, 3-20*
La semence et l'ivraie, il faut les laisser pousser jusqu'à la moisson. *Mt 13, 24-30*
Les fruits prennent du temps à mûrir. *Lc 13, 6-9*
Le petit grain de moutarde finit par abriter des voiliers d'oiseaux. *Mt 13, 31-32*
Le vigneron émonde la vigne pour qu'elle donne plus de fruits. *Jn 15, 1-10*
Le levain (un tout petit peu...) fait lever toute la pâte. *Mt 13, 33*
Un combat intérieur, entre des désirs qui tirent en tous sens. *Jc 1, 13-15*
Une tempête apaisée, après un temps d'angoisse. *Mc 6, 47-51*
Les enfants, nos maîtres en humanité. *Mt 18, 3*

En prenant ses comparaisons dans la nature et dans les gestes les plus humbles, Jésus nous ramène aux rythmes de la Vie, plutôt qu'à des programmes mécaniques ou électroniques tout tracés d'avance et qui progressent à la vitesse de la lumière. Voici un de ces récits liés au travail de la terre:

Ecoutez! Un semeur va au champ pour semer. Pendant qu'il jette la semence à pleines mains, une partie des graines tombe au bord du chemin. Les oiseaux viennent et mangent tout. Une autre partie tombe parmi les pierres, là où le sol n'est pas profond. A peine poussées, elles sont brûlées par le soleil et sèchent, parce qu'elles n'ont pas de racine. Une autre partie des graines tombe au milieu des plantes épineuses, qui ont vite fait de les étouffer. Heureusement, une dernière partie tombe dans une bonne terre. Les tiges poussent, se développent, et produisent des épis: les uns donnent 30 grains pour un, d'autres 60, d'autres encore 100 pour un!

Il en va ainsi de la Parole semée dans les coeurs. Le bord du chemin réfère aux gens qui entendent la Parole sans chercher à comprendre. L'esprit du Mal* arrive derrière et arrache la Parole semée dans leur coeur. Le sol pierreux, ce sont les gens qui reçoivent la Parole avec joie, sans qu'elle pousse de racine: changeant facilement d'idée, ils abandonnent dès qu'on les contredit dans leur foi. Le sol couvert de plantes épineuses, c'est quand on se laisse prendre par des préoccupations mondaines, l'attrait des richesses et d'autres désirs. La Parole est alors étouffée et ne produit rien. La bonne terre, c'est quand on entend la Parole et qu'on prend le temps de l'accueillir. Alors on donne des fruits: 30, 60, 100 pour un! *Mc 4, 3-8, 15-20*

Quel optimisme! Les cultivateurs savent qu'une récolte est estimée excellente si elle rapporte dix patates pour un "oeil de patate" planté en terre; une douzaine de tomates sur un plant. Jésus promet du 30, 60, 100! Il suffit de présenter au Créateur un tout petit coin de *bonne terre* pour que sa Semence de vie, en nous, fasse des merveilles.

Il ne nous est pas demandé d'être de la "terre noire" à 100%. D'être toujours fort. C'es correct de nous sentir fragile. Jésus lui-même a eu des temps de fatigue *Jn 4,* d'impatience *Mc 8, 11-13*, de **"cris et de larmes"** *He 5, 7*. Il n'a pas tout compris du premie coup, même en des domaines aussi importants que l'étendue de sa mission (➡ p.55 **"Il grandissait en sagesse et devenait de plus en plus gracieux"** *Lc 2, 52* à douze ans et. jusqu'à sa mort. C'est rassurant pour nous, n'est-ce pas?

De quoi mon Créateur est-il fier en me regardant? Quelles transformations ai-je vécue récemment, pour le mieux? Est-ce que je m'impose des exigences épuisantes, superflues Qu'il est beau d'entendre nos chansonniers reconnaître que *La vie est si fragile* (Lu de la Rochelière), et *Qu'il est difficile d'aimer!* (Gilles Vigneault). Le prophète Jérémie lui, s'émerveillait de la patience et de la créativité du **"potier qui travaille et retravail sans cesse l'argile entre ses mains. Ainsi êtes-vous entre les mains de Yhvh*.** *Jr 18, 1-10*

Comme l'argile dans les mains du potier qui la façonne avec plaisir, ainsi les humains dans la main du Créateu

Si 33, 13

Qui ne risque rien n'est rien

'Un billet de Loto, Madame? Prenez-vous l'Extra, avec ça?"

Les loteries et les casinos font fureur de nos jours. Acheter un billet, c'est acheter un peu d'espoir, surtout quand la vie et le travail quotidiens ne nous en laissent pas beaucoup. Même si les chances de gagner sont extrêmement minces, on risque un petit deux, et parfois beaucoup plus: tout l'argent prévu pour le logement, l'épicerie, et plus encore. Car c'est bien connu: *qui ne risque rien n'A rien!*

Jésus a le don de tourner les affaires à l'envers. (➡ pp. 36, 133, 136, 153, 178). Il nous propose de prendre des risques, lui aussi. Pas pour décrocher le million d'un coup de chance mais pour *ÊTRE* plus. Devenir une personne plus libre. Plus aimante. Plus capable d'engager fidèlement sa vie. Finalement, plus heureuse!

Voici comment Jésus propose ce risque à quelqu'un qui l'aborde un jour, **tout feu tout flamme, en courant et en se mettant à genoux devant lui.**

— Bon Maître, que dois-je faire pour recevoir la vie avec Dieu pour toujours?
— Tu connais les commandements: ne tue personne; ne trompe pas ta femme ou ton mari; ne vole pas; ne témoigne pas faussement contre quelqu'un; ne fais aucun mal aux autres; respecte tes parents.
— Tout cela, je le fais depuis que je suis jeune.
Jésus alors porte sur lui un regard plein d'affection, et lui dit:
— Une seule chose te manque: va, vends ce que tu possèdes, et donne l'argent aux pauvres. Alors tu auras un véritable trésor spirituel dans ton coeur et dans le coeur de Dieu. Ensuite, viens et suis-moi.

Quand l'homme entend cela, il devient triste et s'en va, parce qu'il possède beaucoup de biens. Jésus regarde les disciples autour de lui et dit:
— Pour ceux qui ont des richesses, c'est vraiment difficile d'entrer dans la manière de vivre selon le projet de Dieu! Un chameau peut passer plus facilement par le trou d'une aiguille, qu'une personne encombrée de richesses ne peut entrer dans ce monde de partage qu'est le Royaume* de Dieu sur terre.
— Qui va pouvoir vivre cela? se demandent entre eux les disciples.
— Pour les humains laissés à eux-mêmes, c'est vrai, ce n'est pas possible. Mais pas pour Dieu. Tout devient possible avec la force de Dieu. *Mc 10, 17-27*

Vous avez remarqué? Avant de proposer au jeune homme de changer de style de vie, Jésus commence par l'aimer. Il le lui manifeste dans son regard. Et ce regard ne cherche pas à humilier le jeune riche, mais à lui donner envie de se libérer des biens dont il est devenu l'esclave. L'invitation est directe, mais elle le laisse libre d'avancer ou non sur ce chemin.

Saint Paul est un bon exemple de quelqu'un
qui a su prendre des risques. Des risques qui
ont changé sa manière d'être et d'agir.

Le plus important pour moi, c'est d'être en relation étroite avec le Christ Jésus, mon Sauveur*. Tout le reste n'est rien à côté de cette intimité-là. Pour gagner le Christ et lui être uni, je considère tous les autres gains que je pourrais faire comme bons à mettre à la poubelle. Je veux à tout prix expérimenter en moi la puissance de Vie qui l'a arraché à la mort. Pour cela, je suis prêt à souffrir avec lui et à passer par la mort comme lui, afin de pouvoir, à mon tour, être relevé de la mort. Je continue à courir pour saisir le prix, parce que le Christ Jésus m'a lui-même saisi. Oubliant le bout de chemin déjà parcouru, je suis tendu en avant de tout mon être vers cette rencontre avec Dieu, dans l'amour du Christ Jésus. *Ph 3, 8-14*

Il se réfère alors à une expérience bien connue
dans ce temps-là comme aujourd'hui:

Tous les sportifs s'entraînent, en se soumettant à un régime sévère. Eux, ils le font pour gagner une récompense passagère. Nous, c'est pour une récompense qui dure. C'est pourquoi je cours les yeux fixés sur le but. *1 Co 9, 25-26*

Le grand poète du Bengale, Tagore, raconte qu'un jour, un mendiant voit venir vers lui le carrosse d'or d'un Prince éblouissant. "La chance me sourit enfin!" se dit-il. Quelle n'est pas sa surprise lorsque le prince lui tend la main: "Qu'as-tu à me donner, mendiant?" Confus et perplexe, celui-ci tire de son sac un tout petit grain de blé. À la fin du jour, nouvelle surprise: vidant son sac par terre, il y trouve, parmi le tas de pauvres grains, un tout petit grain d'or! Pleurant amèrement, il se dit: "Que n'ai-je eu le coeur de tout donner!" (23)

À l'époque où tout le monde, ou à peu près, était chrétien dans nos pays, c'était assez confortable d'être croyant et pratiquant. Aujourd'hui, on est plutôt pointé du doigt et ridiculisé si on affiche publiquement ses convictions religieuses. Faut-il le regretter ou s'en réjouir? La *religion* a perdu des *pratiquants du dimanche*; mais peut-être bien que la *foi* s'est approfondie dans toutes ces *pratiques du lundi matin*, à la maison, au travail, dans les chantiers sociaux.

Des risques, il ne s'en prend pas que dans les "sports extrêmes". Elever neuf enfants à soi, dont une handicapée profonde, c'est du sport aussi! Et quand on y ajoute huit autres enfants handicapés, une fois les enfants de la maison partis — comme c'est le cas dans la famille Bergeron ci-dessus — ça devient du véritable sport extrême. "C'est à vous faire croire aux anges..." commentait un journaliste. (24)

Est-ce que ma vie et ma foi actuelles exigent de moi de prendre des risques? De fait, si des gens me dénonçaient aujourd'hui comme chrétienNE devant un tribunal qui met à mort les disciples du Christ, est-ce qu'ils trouveraient assez de preuves pour me faire condamner?

Je poursuis ma course pour tâcher de saisir le Christ, comme j'ai été moi-même saisi par lui. *Ph 3, 13*

Libres parce qu'enracinés

Comment mener notre vie sans être charriés de tous bords tous côtés? Comment rester libre devant les pressions de l'entourage et solide dans nos décisions? Comment demeurer fidèle quand passe la bourrasque?

L'apôtre Pierre se croyait solide comme un chêne lorsqu'il suivait Jésus, alors que celui-ci était "populaire". **Même si tous les autres t'abandonnent, moi je ne t'abandonnerai jamais.** *Mc 14, 29* On sait ce qui s'est produit par la suite...(➡ p.45) Il a flanché, parce que sa con-fiance s'appuyait sur ses forces à lui et sur son épée. *Jn 18, 10* Voulant le rendre vraiment solide et lui confier la conduite de son Eglise, Jésus remue le fond de son coeur, comme on remue une bonne terre au printemps. Ça se passe un matin, après la résurrection* de Jésus. Pierre et ses compagnons ont pêché toute la nuit sans rien prendre. Jésus leur fait sentir sa présence: ils reviennent avec des barques chargées de poissons. **Après le repas sur la grève, Jésus demande à Pierre: "Simon, fils de Jean, est-ce que tu m'aimes plus que tous les autres, comme tu le disais?" Pierre répond:** (non pas *je sais, moi,* mais) ***"tu sais* combien je t'aime".** **— Prends soin de mes agneaux*. Jésus répète sa question par deux fois** (comme pour arracher, jusqu'à la racine, le triple reniement de Pierre). **Celui-ci est bouleversé: "Seigneur, tu sais tout, tu sais bien que je t'aime!" —Prends soin de mes brebis.** *Jn 21, 15-17*

Maintenant que la confiance de Pierre est greffée sur l'amour de son Maître pour lui, ça change tout. Il est prêt à surmonter ses angoisses, à démontrer publiquement son attachement, quoi qu'il arrive. Jusqu'à mourir à son tour sur une croix. L'arbre géant est solidement enraciné. Simon, devenu Pierre, vit à fond son nom nouveau: Roc solide.

Si on doit caractériser l'Homme de Nazareth d'un seul trait, c'est celui-là: Jésus, homme libre! Tellement enraciné dans l'amour de Dieu, qu'il peut subir toute la haine déchaînée contre lui: il sort victorieux de la mort, et entraîne une multitude avec lui dans cet élan de liberté.

Tous ceux que le Souffle* de Dieu conduit, sont enfants de Dieu. Ce Souffle ne fait pas d'eux des esclaves qui ont peur, mais des êtres capables de crier vers Dieu: "Abba, Papa, Père!" *Rm 8, 14-15*

Notre liberté intérieure, comme disciples de Jésus, dépend de notre enracinement solide dans sa personne et dans son projet. Serait-ce là le sens et l'engagement du baptême reçu à l'âge adulte, ou quand des parents convaincus y plongent leur enfant?

Saint Paul reconnaissait la portée de cette transmission de la foi d'une génération à l'autre lorsqu'il écrivait à son disciple Timothée: **"Je rends grace pour ta foi sincère. Cette foi a résidé d'abord dans le coeur de ta grand-mère Lois et dans celui de ta mère Eunice."**
2 TM 1, 5

Quelles sont mes racines, à moi? Qu'est-ce que je connais de *mon histoire sainte:* des personnes qui m'ont précédé dans la foi (musulmane, juive, hindoue, chrétienne, ...) ou dans ma vision du monde (bouddhiste, humaniste, socialiste...)? Qui sont mes modèles de vie, mes maîtres à penser, mes compagnes et compagnons de route, ma *caravane* pour la traversée du désert? Une vie féconde, ça ne se vit pas dans l'isolement. Ça suppose une vie branchée sur un réseau d'amitié et de solidarité. C'est comme être *branché* sur l'Internet, mais en plus fort, car ça permet un dialogue en chair et en os au bout du fil. Et sans annonces commerciales...

Plusieurs fois dans l'histoire, des populations entières nous ont donné le témoignage d'une foi aux racines profondes, qui a su résister à des régimes écrasants. Chez nous, c'est le cas du peuple Acadien déchiqueté par le conquérant britannique. Ailleurs, la résistance de pays tels que la Pologne ou l'Ukraine sous les bottes d'Hitler ou de Staline.

Où est-ce que je puise mon dynamisme, ma sève, ma force intérieure...?

Je vis, mais ce n'est plus moi qui vis, c'est le Christ qui vit en moi. Ma vie humaine, je la vis en faisant confiance au Fils de Dieu, qui m'a aimé et qui a donné sa vie pour moi. *Ga 2, 19-20*

Pas esclave des conventions ni des rites

Il arrive souvent d'entendre: "Jésus, je veux bien. Mais l'Eglise* avec ses règlements et tout son *bazar*, est-ce bien nécessaire?" Pour les premiers chrétiens, la question s'est posée en regard des prescriptions de la religion juive d'où la plupart d'entre eux étaient issus. "Que faire avec les traditions et les rites du passé"? Ce ne fut pas évident du premier coup. Surtout quand il s'est agi de la *circoncision**: chez les garçons, ce rite était la marque d'appartenance *au peuple mis à part par Dieu*.

Pendant que Paul et Barnabé prêchaient dans la ville grecque d'Antioche, des croyants venus de Judée vinrent enseigner aux nouveaux convertis: "Vous ne pouvez pas être sauvés si vous ne vous faites pas circoncire." Il s'ensuivit une violente discussion. On décida d'envoyer les deux apôtres* à Jérusalem, vérifier ce qu'en pensaient les autres responsables de l'Eglise. *Ac 15, 1-2*

Ce fut alors la *grande Assemblée* de Jérusalem, convoquée pour tirer au clair cette question. Après un temps d'écoute mutuelle et de prière, la décision: **le Saint Esprit* et nous-mêmes jugeons que la circoncision n'est plus requise.** *Ac 15, 4-29* (➡ p. 54)

Paul a dû se montrer ferme par la suite pour faire accepter cet enseignement capital.

Quand, après quatorze ans de prédication dans les régions païennes, je me suis rendu rencontrer les Apôtres* à Jérusalem une seconde fois, j'avais avec moi mon compagnon, Tite, un grec. Evidemment il n'avait pas été circoncis à sa naissance. Les Apôtres ne l'ont pas exigé, même si des *faux frères* le réclamaient. Ces gens s'étaient glissés dans notre groupe comme des espions, pour nous ravir la liberté précieuse qui nous vient de Jésus Christ. Ils voulaient nous ramener à l'esclavage de la Loi. Nous ne leur avons pas cédé un seul instant, afin de préserver l'intégrité de la Bonne Nouvelle. *Gal 2, 3-5*

Car si vous vous faites circoncire, le Christ ne vous sert plus à rien; vous retombez dans l'obligation de suivre toute l'ancienne Loi. Et Paul ajoute, avec un certain sourire: **Que ceux qui vous fatiguent avec cette prescription aillent donc se castrer complètement!** *Gal 5, 3, 12*

Cette liberté par rapport à un élément considéré primordial dans la religion judaïque a entraîné, chez les disciples de Jésus, une attitude semblable dans d'autres domaines: lavement des mains (➡ p.102), accueil des étrangers (➡ p.130), choix des aliments. Cette fois, c'est Pierre qui fait l'expérience bouleversante.

"Debout, tue et mange ces animaux." — Oh non, Seigneur! Je n'ai jamais mangé de nourriture interdite ou impure. — Ne considère pas comme impur ce que Dieu a déclaré pur. *Ac 10, 10-16* (*Voir aussi Rm 14, 17, 20*)

Une invitation à vivre debout, dans la liberté

...reille libération est vécue par une femme, dans un domaine encore plus intime: celui de son cycle ...enstruel. **Cette femme, affligée de pertes de sang depuis douze ans, a beaucoup souffert aux mains de ...mbreux médecins. Elle a dépensé tout son argent, sans succès; au contraire, son état empire. Ayant ...tendu parler de Jésus, elle vient dans la foule derrière lui et touche son vêtement, en se disant: "Si je ...uche au moins ses vêtements, je serai guérie". De fait, sa perte de sang s'arrête aussitôt et elle s'en rend ...mpte. Jésus sent alors qu'une force est sortie de lui. Se retournant, il demande: "Qui a touché mes ...tements?" — La foule est très serrée autour de toi et tu demandes: 'Qui m'a touché?', disent les disci-...es. Mais Jésus cherche à voir qui a fait cela,** sentant bien que ce toucher est chargé d'une grande attente. ...onsciente d'avoir enfreint la Loi qui lui interdit d'approcher un homme alors qu'elle est menstruée, ... **femme tremble de peur. Elle vient aux pieds de Jésus et lui avoue son geste. Jésus lui dit: "Courage! ... foi t'a sauvée. Va en paix, délivrée de ta maladie.** *Mc 5,25-34; Mt 9, 22*

...e désir de vivre a été plus fort en elle que les tabous religieux. En transgressant les prescriptions mo-...les, elle a pris le risque d'être rejetée et punie, ou accueillie et guérie. Elle qui se croyait exclue de ...amour de Dieu à cause de sa *"maladie honteuse"* est reconnue par Jésus comme femme de foi.

fais aux
autres
e que tu aimerais
que l'on te fasse

C'est rafraîchissant d'entendre ces paroles d'affranchissement. Les institutions de tous genres retombent si vite dans l'imposition de carcans! C'est grande sagesse que de modifier ou de supprimer les règles imposées, dès qu'elles ne servent plus l'intuition qui les a fait naître au service du bien commun.

Notre époque ressemble en cela à celle de l'Église primitive. Des choix importants ont été faits pour ramener la pratique chrétienne à l'essentiel de l'Évangile. Récemment, le Dalaï Lama lançait le même appel aux bouddhistes tibétains. En suivant le modèle de *discernement** vécu par l'Assemblée de Jérusalem, chaque communauté est appelée à aller toujours plus loin dans la simplicité authentique et le retrait des règles qui bloquent l'accès de toute personne à Dieu.

A noter qu'il ne suffit pas de devenir libres DE quelque chose: contraintes, préjugés, coutumes étouffantes. Il nous faut devenir libres EN VUE DE quelque chose: pouvoir aimer mieux, réaliser un rêve, grandir à sa pleine taille, vivre une vraie rencontre avec son Créateur et avec son prochain. C'est cela qui donne vie aux rites eux-mêmes. Car l'être humain a besoin de symboles et de rituels pour exprimer sa foi dans la vie. Mais jamais de gestes vides et bâclés.

 **Le Christ nous a libérés
pour que nous soyons vraiment libres** *Gal 5, 1*

Libres, mais sans perdre le nord

Quand la liberté ne sert plus au bonheur de tous, elle se met, en un rien de temps, à créer de nouveaux esclavages. Les témoignages entendus dans les soirées de thérapies et les fin de semaine de croissance ou de *Cursillos* en racontent long.

Vous avez été appelés à la liberté. Mais que cette liberté ne serve pas d'excuse pour vous laisser aller à vos impulsions égoïstes! Au contraire, mettez-vous au service les uns des autres avec amour. Car si vous vous mordez et vous vous blessez les uns les autres, vous allez vous détruire. Laissez l'Esprit Saint* conduire votre vie. Entre lui et vos penchants au mal, c'est la guerre, de sorte que vous n'arrivez pas à faire ce que vous voulez vraiment. Nos bas instincts nous poussent à une vie de débauche, au culte des idoles de toutes sortes (idoles de bronze, idoles de chair et de muscles, ou idoles du profit à tout prix).

Une invitation à vivre debout, dans la liberté

◈ *D'où viennent ces poussées vers le mal ?*

Quand quelqu'un a envie de faire le mal, il ne doit pas dire: "C'est Dieu qui m'y pousse." Chacun est tenté ainsi par ses propres désirs et impulsions, qui l'attirent et l'entraînent. Et quand on laisse agir ces désirs aveugles en nous, sans prendre la peine de les éclairer, **ils donnent naissance à un comportement fautif. Si on ne redresse pas cet état de mensonge, le péché s'installe en nous et nous conduit vers la mort des forces spirituelles.** *Jc 1, 13-15*

Malheur à l'homme qui s'appuie sur un être fragile, alors que son coeur se détourne de Yhvh*. Car le coeur de l'homme est souvent compliqué et malade. Je le sais, moi qui pénètre les coeurs et scrute les reins. *Jr 17, 5, 9-10*

...x pratiques occultes. **Sous leur influence, les gens en viennent à se détester, se batailler. Ils sont dominés par la jalousie, la colère, les rivalités, l'esprit de division, l'envie d'avoir plus que le voisin. Ils ne sont plus capables de s'arrêter de consommer boissons et nourritures et se livrent à tous les désordres imaginables.** *Ga 5, 13-21*

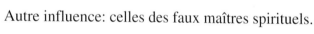

Autre influence: celles des faux maîtres spirituels.

Un temps viendra où, plutôt que d'écouter un enseignement bien fondé, certains suivront uniquement leurs fantaisies. Ils iront consulter une foule de voyants, qui leur diront ce qu'ils ont envie d'entendre. *2 Tm 4, 3*

A chaque époque, de faux prophètes* apparaissent dans le peuple, porteurs de doctrines qui s'avèrent un désastre pour eux-mêmes et pour ceux qui les suivent. Ils forment des sectes* fermées. Habiles à exploiter les gens, ils leur soutirent de l'argent par des discours gonflés à bloc mais vides de sens. Ils vont jusqu'à exploiter charnellement les personnes encore fragiles à cause de leurs expériences passées. Ils leur promettent la liberté, mais ils sont eux-mêmes esclaves d'habitudes corrompues.
2 Pi 2, 1-3; 18-19. (Voir aussi 1 Jn 4, 1-2)

◈ *Comment retrouver la liberté véritable?*

◆ Au dire de Jean le Baptiseur:
Changez de comportement. Donnez un signe de votre repentir en venant vous plonger dans l'eau. Dieu vous pardonnera vos péchés. *Mc, 1, 4*

◆ Au dire de Jésus:
Convertissez-vous. Car le Royaume* de Dieu s'est approché de vous. *Mt 4, 17*
A mesure que vous connaîtrez la vérité, la vérité vous rendra libres. *Jn 8, 32*

◆ Au dire de Pierre:
Changez votre vie. Recevez en vous la vie de Jésus le Christ, en étant plongés dans sa mort. Dieu alors vous pardonnera et vous donnera l'Esprit Saint. *Ac 2, 38*

◆ Au dire de la communauté de Jérusalem:
Ceux qui ne sont pas Juifs peuvent, eux aussi, changer de comportement et recevoir la vraie vie, puisque Dieu leur fait le même don qu'à nous. *Ac 11, 17*

◆ Au dire de Jacques, premier évêque de Jérusalem:
Parlez et vivez comme des gens qui vont être jugés par une loi qui vous garde libres. *Jc 2, 12*

◆ Au dire de Paul:
N'oubliez pas que votre corps fait partie du corps ressuscité du Christ. L'Esprit de Jésus l'habite maintenant comme sa demeure, son Temple. Vous n'appartenez pas au mal ni à vous-mêmes: Dieu a beaucoup donné pour nous rendre libres. Donnez alors à Dieu d'être fier de vous jusque dans votre corps. *1 Co 6, 15, 19-20*

◆ Au dire de l'Eglise d'aujourd'hui:
*Jeunes pèlerins, le Christ a besoin de vous pour éclairer le monde et lui montrer
le chemin de vie. N'ayez pas peur. L'issue de la bataille pour la Vie est déjà as-
suré:* **" Le Christ a triomphé de la mort".** *L'Église a besoin de vos énergies,
de votre enthousiasme, de vos élans de jeunesse. Aujourd'hui plus que jamais,
les humains ont besoin de la spiritualité fraîche et vitale de l'Évangile. N'ayez
pas peur d'aller dans les rues et les places publiques comme les premiers Apôtres*.
Ce n'est pas le moment d'avoir honte de l'Évangile. Partagez la liberté que vous
avez trouvée dans le Christ. Puissiez-vous ne pas lui faire défaut.* Jean-Paul II (25)

Dans toute l'histoire humaine, on n'a jamais parlé autant qu'aujourd'hui de liberté, de chemins de croissance, de guérison de son passé. On est plus conscient que jamais des *blocages* personnels et des *systèmes dysfonctionnels* étouffants. Groupes de thérapie, de deuil, de support anonyme foisonnent. Fort heureusement, car ils offrent de réelles pistes de *salut**: sauvés de la honte, de l'isolement, du sentiment d'échec sans remède possible, de la désespérance. Quand on a *perdu les pédales*, comme on dit, on a besoin d'aide pour réapprendre à conduire son véhicule. Et d'une bonne dose d'humilité pour reconnaître que seul un **plus grand que notre coeur** *1 Jn 3, 20* — *"tel que je le conçois"* — peut nous remettre sur le chemin d'une vie pleine.

Est-ce que j'ai, dans ma vie, une personne, un petit groupe avec qui je peux partager mes questions, mes doutes, mes combats, mes victoires? Sans masque. En vérité. Si j'ai à réapprendre la sobriété (en rapport avec les drogues, le sexe, les jeux de hazard, la dépendance affective, la violence sous toutes ses formes...) est-ce que je me satisfais de ne plus poser tel ou tel geste compulsif, ou est-ce que j'ai découvert que la sobriété, ça doit imbiber toute ma vie? Que c'est une manière de vivre dans la vérité?

Si on a *perdu le nord* pendant un temps, il n'y a rien comme une étoile dans les yeux pétillants d'un enfant ou d'un vieillard pour nous faire retrouver le chemin du coeur et de la Vie. De la liberté. La vraie. (➡ p. 168)

**Mon peuple m'a abandonné,
moi, la Source d'eau vive,
pour se creuser des citernes
qui ne tiennent même pas l'eau !** *Jr 2, 13*

Une seule manière de monter: descendre

"Plus l'homme s'élève, plus il atteint les vraies valeurs: pouvoir, contrôle, luxe, puissance. Cadillac. À chacun ses valeurs." Ce message publicitaire à la télé est clair: si vous n'avez pas encore votre Cadillac, vous ne valez pas cher.

Même pour les premiers disciples de Jésus, la tentation *d'être quelqu'un, et quelqu'un plus fin que les autres,* refaisait surface à tout bout de champ.

Un jour où il voyage avec ses disciples, Jésus leur demande: "De quoi discutiez-vous en chemin?" Ils ne veulent pas répondre, car ils ont discuté entre eux pour savoir lequel est le plus important. Jésus leur dit: "Si quelqu'un veut être le premier, qu'il se place au dernier rang de tous, et qu'il se fasse le serviteur de tous". Mc 9, 33-35

Une autre fois, prenant comparaison avec les Pharisiens qui aiment se faire remarquer, avoir les places d'honneur, recevoir des salutations révérencieuses, il leur dit: "Quant à vous, ne vous laissez pas donner des titres d'honneur, comme maître, père, ou chef. Le plus grand parmi vous se fera votre serviteur. Car celui qui s'élève sera abaissé. Mais celui qui s'abaisse sera élevé". Mt 23, 5-12

Maintes fois, Jésus a donné lui-même l'exemple du *serviteur* de tous, se laissant déranger à toute heure, mettant ses dons au service des blessés de la vie. La veille de sa mort, il livre aux disciples un témoignage frappant de ce que ça veut dire, prendre le rôle d'un esclave: il se met dans la peau de celui qui n'est pas un *invité* au repas mais simplement un *serveur*, un laveur de pieds sales. (➡ p. 164)

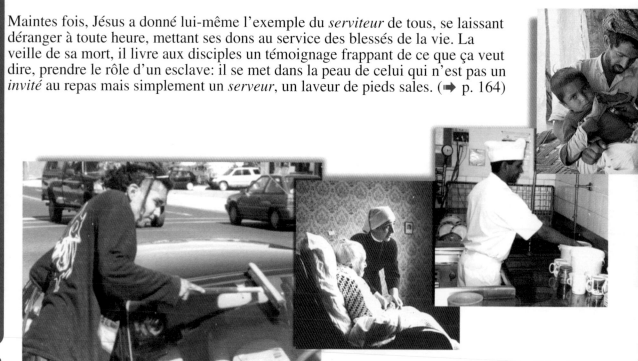

Les disciples ont été lents à intégrer ce message. Très lents. Ils se sont laissés prendre par l'ambition du pouvoir même pendant leur dernier moment d'intimité avec Jésus, durant le repas pascal. **Ne faites pas comme les rois des nations qui dominent sur elles. Que le plus grand parmi vous prenne la place du serviteur.** *Lc 22, 24-27.*

Après le départ de Jésus, son Esprit* ouvrira leur coeur à ce message:

Ne faites rien par esprit de rivalité ou par recherche inutile de bien paraître. Soyez plutôt portés à considérer les autres comme meilleurs que vous, dans une véritable humilité. Cultivez en vous les mêmes sentiments que Jésus a manifestés: Lui qui venait de Dieu et était Dieu, il ne s'est pas accroché à ses privilèges divins. Au contraire, il s'est vidé de son prestige d'égal de Dieu, et a revêtu la condition de serviteur, en devenant un humain parmi les humains. Il est allé plus loin encore dans l'abaissement: il s'est soumis à la torture et à la mort. La mort sur une croix à la manière des esclaves! A cause de cela, Dieu l'a relevé...

Ph 2, 3-9

Ne soyons pas trop vite scandalisés de ces lenteurs des premiers Apôtres* à entrer dans des moeurs nouvelles. Ne tombons-nous pas nous-mêmes dans le même piège du pouvoir?

Toute notre société nous pousse dans le dos pour grimper les barreaux de l'échelle sociale. *"Si tu ne joues pas du coude, tu n'auras pas d'avancement."* Jésus, lui, nous rappelle que grandir en humanité demande de descendre de notre piédestal, de rejoindre les personnes du bas de l'é-chelle. Les seuls vrais *dignitaires* dans le Royaume* sont les personnes qui vivent à plein leur *dignité* d'enfants de Dieu, et travaillent à promouvoir celle de tous les autres. (➡ p.148-150).

Une femme a vécu cela au milieu du siècle dernier, dans un quartier ouvrier communiste.

"Il y a des gens que Dieu laisse dans la masse, qu'il ne "retire pas du monde". Des gens qui font un travail ordinaire, ont des maladies ordinaires, des deuils ordinaires, des vêtements ordinaires... Nous autres, gens de la rue, croyons de toutes nos forces que cette rue, que ce monde où Dieu nous a mis, est pour nous le lieu de notre sainteté."

Madeleine Delbrel (26)

(➡ p. 125, le témoignage de Yolande Duval).

Conduisez-vous donc comme des gens libres. Pas en manipulant les autres, mais en vous mettant *au service* **de Dieu.** *1 Pi 2, 16*

119

Rongés par l'inquiétude et par la peur

Ne vous faites pas de souci pour votre vie: "Qu'est-ce que nous allons manger? Avec quoi nous habiller?" Regardez les oiseaux du ciel et les fleurs des champs. Votre Père les nourrit et les habille magnifiquement. Et vous, vous valez beaucoup plus! *Mt 6, 25-26*

Certains jours, la dure réalité de la vie nous frappe en plein visage. Les petits oiseaux et les fleurs bleues, on les enverrait bien promener! —*J'sais pas comment on va faire pour passer à travers ce mois-ci. On doit un gros montant à l'Hydro. Le téléviseur vient de 'sauter'. Le réfrigérateur est vide. Et pour comble, mon copain vient d'perdre son emploi! — Moi, j'ne fais plus confiance à personne. C'est pourri partout. J'me fais avoir à tous coups.* Y a-t-il une *bonne nouvelle* pour des moments comme ceux-là?

Ce que l'Evangile nous demande d'éviter, c'est de nous laisser *tourmenter* par les soucis au point de ne penser qu'à ça. **Les gens qui ne reconnaissent pas Dieu cherchent tout cela sans arrêt.** *Mt 6, 32*

Ainsi, Jésus invite un jour une de ses bonnes amies, Marthe, à ne pas *s'énerver*, ni en faire tant pour le recevoir chez elle: **Tu t'inquiètes et tu t'agites pour beaucoup de choses, alors qu'une seule est nécessaire.** *Lc 10, 41-42*

À nous aujourd'hui, que dit l'Evangile? Arrêtez de faire de la consommation votre raison de vivre: gagner de plus en plus d'argent pour pouvoir acheter de plus en plus de biens.

Vous valez plus que ça! Dieu, comme un bon père, prendra soin de vous. Il agira *pour* votre bien, mais pas *à votre place*. Cherchez d'abord le Royaume* de Dieu et sa justice, et tout le reste vous sera donné en plus. *Mt 6, 32-33*

Ce *Royaume*, c'est une manière de vivre le quotidien *en agissant comme Dieu*: respect, partage, compassion. Voilà qui donne du goût à la vie. Les besoins matériels n'ont plus alors la même importance, et le partage assure le nécessaire. Il s'agit de NE PAS CÉDER À NOS *ANGOISSES*. Apprendre à faire confiance à ses sources intérieures et aux forces d'entraide dans la communauté.

Une invitation à vivre **en totale confiance**

De même aussi, NE PAS LAISSER LA *PEUR* NOUS PARALYSER.

◆ peur de rencontrer un Dieu sévère, au jour du Jugement:

**Si nous avons vécu notre vie dans le sillage de celle de Jésus, nulle crainte à avoir.
On a peur quand on s'attend à une punition. L'amour solide chasse la peur.** *1 Jn 4, 17-18*

Bien distinguer la *peur* du Dieu Juge, de la *crainte de Dieu*, fruit de l'Esprit d'amour. La première disparaît à mesure que Dieu devient pour nous un être d'une infinie tendresse. La seconde grandit à mesure qu'on désire ardemment n'être jamais séparé de lui.

◆ ou peur des humains:

Luttez d'un même coeur pour garder la foi. Vos adversaires ne pourront alors vous effrayer en rien. *Ph 1, 27-28*

Quand l'épreuve est occasion de solidarité et d'union au Christ souffrant, la peur est évacuée. La mort elle-même perd son absurdité. **Car nous savons que, dans le Seigneur, on n'a pas travaillé pour rien.** *1 Co 15, 58.*

Cette sécurité que donne la foi, les apôtres* en font l'apprentissage un soir de tempête sur le lac.

Le vent souffle si fort que les vagues remplissent la barque. Jésus, à l'arrière, dort. Ses disciples le réveillent: "Seigneur, nous allons périr! Cela ne te fait rien?" "Pourquoi avez-vous peur? Vous n'avez donc pas confiance?" Puis il commande aux vents et aux flots : "Silence!" Tout devient très calme. Les disciples n'en reviennent pas: "Qui donc est cet homme? Même le vent et la mer lui obéissent !" *Mt 8, 23-27*

Suis-je une personne optimiste? Sur quoi est basée ma confiance: ma bonne santé? mes habiletés? mon compte en banque? mes contacts avec du monde influent? ma bonne réputation? Et si tout cela s'écroulait demain matin... Quelle place occupent, pour vrai, l'amour et le pardon de Dieu à mon égard? Est-ce que j'agis comme *si c'était vrai* ... que Dieu m'aime à plein et que *l'amour est le plus fort?*

Suis-je plutôt portéE à m'en faire, à trouver que *"ça va donc mal"*? D'où vient ce sentiment, dans mon histoire à moi? Qu'est-ce qui apaise mes tempêtes? Une vraie paix, ou une évasion seulement? Ai-je le réflexe de regarder plus large que moi, de remercier pour une fleur, un coup de main donné chaleureusement?

**Déchargez-vous sur Dieu de vos soucis,
car Dieu veut prendre soin de vous.** *1 Pi 5, 7*

Frapper à la bonne porte?

Demandez et on vous donnera, cherchez et vous trouverez, frappez à la porte et on vous ouvrira. Si votre enfant vous demande un morceau de pain, qui parmi vous lui donnera une pierre? S'il demande un poisson, allez-vous lui donner un serpent? Vous savez donner du bon à vos enfants, même si vous n'êtes pas parfaits. Alors combien plus votre Père du ciel donnera-t-il de bonnes choses à ses enfants qui les lui demandent. *Mt 7, 7-11*

— Alors, comment se fait-il que mes prières à moi ne sont jamais exaucées? Avec Dieu, c'est comme avec le reste du monde: quand je parle moi, ça ne compte pas! — Et moi, ça fait des mois que je lui demande de me trouver un emploi, et de me débarrasser de mes obsessions. Rien n'a changé.

Y a-t-il des conditions pour que nos prières soient exaucées?

♦ *Une prière gratuite, laissant place à toute la gratuité de Dieu*

Pas une *prière magique*, qui veut mettre Dieu à mon service, en chialant après lui jusqu'à ce qu'il fasse *ma* volonté. Ou en portant au cou ou à l'oreille une petite croix en or, simplement *pour que ça me porte chance*.

On met pas Yhvh* au pied du mur, comme on le fait parfois avec un humain. *Jdt 8, 16*

♦ *Une prière ouverte sur plus grand que notre plaisir immédiat*

Quelle différence de prier devant une fenêtre, ou de prier devant un miroir! (➡ p.137).

Vous demandez à Dieu et ne recevez rien? C'est que vous êtes prêts à tout gaspiller pour satisfaire vos désirs égoïstes. *Jc 4, 3*

♦ *Une prière qui sait faire des choix profonds*

Si quelqu'un manque de sagesse, qu'il la demande à Dieu... avec foi, sans rester dans l'hésitation. Celui qui doute tout le temps ressemble aux vagues de la mer soulevées par le vent. Il ne peut recevoir ce que Dieu veut lui donner, ne fixant pas son choix: toute son existence est instable. *Jc 1, 5-8*

À la foule qui branlait dans le manche, hésitant entre suivre son Dieu ou les dieux étrangers, le prophète Elie lança: "Combien de temps plierez-vous le genou des deux côtés? Si c'est Yhvh* qui est Dieu, suivez Yhvh. Si c'est Baal, suivez Baal." *1 R 18, 21*

Une invitation à vivre **en totale confiance**

◆ *Une prière qui ne lâche pas aux premières difficultés*

À la sortie de la ville de Jéricho, l'aveugle Bartimée, assis au bord du chemin, en train de mendier. Apprenant que Jésus passe par là, il se met à crier: "Jésus, fils de David, aie pitié de moi!" Des gens le rabrouent et lui disent de se taire. Lui n'en crie que plus fort: "Fils de David, aie pitié de moi!" Jésus s'arrête: "Faites-le venir". "Courage! Lève-toi, il t'appelle!" Jetant son manteau derrière lui, Bartimée se lève d'un bond et va vers Jésus. "Que veux-tu que je fasse pour toi?" — Maître, fais que je voie! —Va! Ta foi a rendu la santé à tes yeux et à ton coeur, elle t'a sauvé!" Aussitôt il voit, et se met à suivre Jésus sur le chemin. *Mc 10, 46-52*

Lire, dans le même sens, Lc 11, 5-9: l'ami qui frappe, la nuit.

On dit que l'aigle sait qu'un orage approche longtemps avant que celui-ci n'éclate. Le sentant venir, il vole jusqu'à un sommet élevé. Lorsque frappe la tempête, il étend ses ailes de manière à ce que le vent l'emporte au-dessus de la bourrasque. Alors que la tempête fait rage au sol, l'aigle s'élance vers le ciel. Il ne fuit pas l'orage: il l'utilise pour monter plus haut, en voguant sur les vents. Le prophète Isaie disait: **Les jeunes gens se fatiguent et chancellent. Ceux qui mettent en Yhvh* leur espoir voient leur force renouvelée. Ils s'élancent comme des aigles aux ailes déployées.** *40, 30-31*

Frapper à la *bonne* porte au ciel? Ne s'agit-il pas plutôt de frapper les bonnes cordes sur l'instrument de notre coeur — les cordes d'un amour gratuit, généreux, cohérent avec le reste de notre vie. Jésus a dû bien prier, lui qui y consacrait des nuits entières... Et pourtant, plusieurs de ses prières les plus intenses n'ont pas encore été exaucées. Prenez, par exemple, sa prière pour l'Unité de tous ses disciples *Jn 17, 20-23*: on est encore loin de sa réalisation!

Serait-ce alors que le meilleur de la prière ne se mesure pas aux résultats extérieurs qu'on peut vérifier, mais plutôt au *travail* que l'Esprit* opère en nous. Comme dans une femme "e̶n̶ travail": enceinte de grands désirs, de vie neuve, de force transformante. La prière e̶s̶t̶ une forme de présence à soi et aux autres, et à ce Dieu à la fois intime et *plus gran̶d̶ q̶u̶e̶ n̶o̶t̶r̶e̶ coeur.* La prière toute simple des groupes *Anonymes* en est une heureuse exp̶r̶e̶s̶s̶i̶o̶n̶

Mon Dieu, donne-moi la **sérénité̶** *d'accepter les choses que je̶* le **courage** *de changer l̶*
et la **sagesse** *d'en̶*

Une foi qui passe aux actes

Ce ne sont pas ceux qui se contentent de crier "Seigneur, Seigneur" qui font preuve d'un changement de vie selon les moeurs du Royaume* de Dieu, mais plutôt ceux qui font passer ça dans leur quotidien, en faisant la volonté du Père. *Mt 7, 21*

La prière et la louange de Dieu ne sont pas là pour nous dispenser d'agir. *"Agis comme si tout dépendait de toi. Prie comme si tout dépendait de Dieu"*, enseignait Ignace de Loyola, vers 1550.

La tentation de se contenter de *réciter* des prières a dû être forte chez une partie des premiers chrétiens, à Jérusalem, pour que l'évêque de cet endroit, Jacques, insiste tellement dans sa lettre sur la nécessité de *passer de la parole aux actes*.

Dieu a planté en vous sa Parole. Elle peut vous sauver la vie. Ne vous contentez pas de l'écouter, mais faites ce qu'elle dit. Sinon, vous vous trompez vous-mêmes. *Jc 1, 21-22*

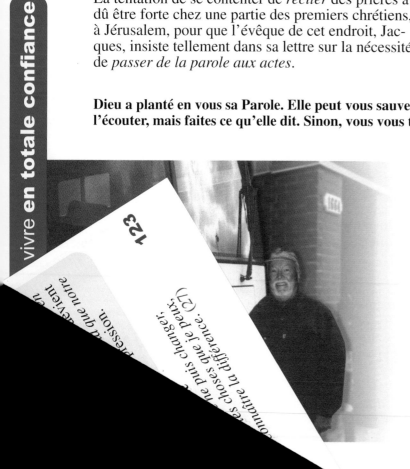

Un frère ou une soeur n'ont ni vêtement ni nourriture quotidienne. Si vous leur dites: "Allez en paix! Habillez-vous, bon appétit", ces paroles servent à quoi, si vous ne leur donnez pas de quoi vivre? Pour la foi, c'est la même chose. Si tu crois en Dieu mais que tu ne fasses rien, ta foi est complètement morte. De même que, sans le souffle, le corps est mort, sans les actes, la foi est morte. *Jc 2, 15-17, 26* Lire aussi *1 Jn 3, 17-18*

La foi qui habite nos *pensées* pénètre notre *coeur* et active nos *mains* et nos *pieds*. Sinon, on élabore des croyances et des structures dont Dieu est absent: elles ne servent plus la Vie.

Ne croyez pas tous ceux qui disent: "Nous avons l'Esprit Saint* avec nous". Examinez ce qu'ils font, pour voir s'ils vivent vraiment du Souffle de Dieu... en reconnaissant Jésus venu dans la chair. *1 Jn 4, 1-2*

Déja Jérémie mettait le peuple en garde: Quoi! voler, tuer, commettre l'adultère, se parjurer, suivre des dieux étrangers, puis venir se présenter au Temple et dire "Nous voilà en sécurité"! Pour vous, est-ce une caverne de voleurs ce Temple qui porte mon nom? *Jr 7, 9-11* (➡ Isaïe 58 p. 129)

De la sagesse hindoue du 17e siècle nous viens ce texte: *"Tu fais des prières à ton Dieu, et survient un homme qui frappe à ta porte. Si tu ignores ce pauvre, ta prière est une impiété. Tu fermes ta maison à l'hôte inattendu, et tu offres un repas rituel à ton Dieu! Si tu distingues entre l'hôte et ton Dieu, dit Toukâ, ta liturgie, du crachat !"*

Certaines personnes sont d'une bonté et d'une *humanité* à vous faire croire en Dieu!

◆ Une dame qui s'affichait ouvertement athée, se trouva un jour sur un panel avec l'Abbé Pierre, fondateur des Chiffonniers d'Emmaüs. (➡ p. 145) A la fin de l'émission elle lui dit: *"Si Dieu existe, c'est ce que vous faites."*

◆ Des centaines de jeunes de la rue rendent le même témoignage à celui qu'ils appellent familièrement *Pops*, le père Emmett John et son *Bon Dieu dans la rue.*

◆ Une militante ouvrière du Québec: *Je ne suis plus intéressée à entendre parler de l'Évangile si ça n'a aucun rapport avec ma vie de la semaine... Pour moi, l'engagement et la foi, c'est inséparable. Avoir foi en Jésus Christ, c'est avoir foi en son message et c'est m'engager dans la lutte pour la justice, au Mouvement des Travailleurs Chrétiens, à la Table-Ronde, ou au Centre pour femmes violentées. Même chose dans ma cuisine, lorsque je reçois des personnes qui viennent me voir, jusqu'à deux heures du matin, parce qu'elles trouvent en moi quelqu'un avec qui elles peuvent parler, qui les écoute sans juger, qui va les soutenir dans leurs efforts pour s'en sortir.* Yolande Duval (28)

◆ Les jeunes du projet *Solidarité Jeunesse*, en train de construire un dispensaire en République Dominicaine, font l'apprentissage de cette sorte de foi à l'oeuvre.

 Ne nous contentons pas d'aimer avec de beaux discours seulement, mais aimons en acte et dans la vérité. *1 Jn 3, 18*

Artisans d'un monde nouveau

un monde de justice et de libération

un monde de communion

un monde ouvert sur l'espérance

Une nouvelle façon de faire justice

On connaît la façon des bandes criminalisées de *se faire justice*: une descente dans un bar, une fusillade à bout portant, et vlan! les adversaires sont éliminés. Il y a aussi la manière des Compagnies multinationales de *préserver l'ordre établi*: on ferme les usines non-rentables. On dicte aux gouvernements en place des lois qui enlèvent tout ce qui nuit aux profits. S'il y a des résistances, on appelle l'escouade anti-émeute, on sort le poivre de cayenne, les boyaux d'arrosage, et les chiens mordants. Tout ça pour protéger ses privilèges, parce qu'on a le gros bout du bâton. Même les Chefs religieux peuvent agir de la sorte, en multipliant les prescriptions et les défenses de manière à exclure bien des gens du projet gratuit du salut*.

Ce n'est pas cette justice-là qui intéresse l'homme de Nazareth. Se plaçant nettement dans la lignée des prophètes*, il réclame *justice pour les exclus* de la table de famille. Il veut rétablir le droit des pauvres à jouir de toute la dignité et de toute la liberté de personnes que Dieu aime comme ses enfants.

Sa lutte pour la justice est, en fait, une histoire d'amour, à cause d'une Alliance* entre Dieu et les humains. Venu mettre du sang neuf (son propre sang) dans ce vieux projet d'Alliance, Jésus s'acharne à faire reculer le mal qui abîme et tient captifs *"des filles et des fils d'Abraham"*. Ce patriarche est le premier à qui Dieu a promis qu'il marcherait avec sa descendance.

Un jour de sabbat*, Jésus est en train d'enseigner dans une synagogue*. Survient une femme toute courbée par la maladie. C'est un esprit mauvais qui la tient ainsi, depuis 18 années. Dès qu'il la voit, Jésus l'appelle. Posant sa main sur elle, il lui déclare: "Femme, tu es guérie de ton infirmité". À l'instant même, la femme se redresse et s'exclame: "Gloire à Dieu!" Indigné de ce que Jésus ait guéri quelqu'un le jour du sabbat, le chef de la maison de prière dit aux gens rassemblés: "Il y a six jours où on a le droit le travailler. Venez donc vous faire guérir ces jours-là et non le jour du repos sacré". Jésus réplique: "Esprit tordu! Vous détachez bien vos animaux le jour du sabbat pour les mener boire. Et cette femme, de la famille d'Abraham, que Satan tenait captive depuis de longues années, ne fallait-il pas la délivrer aussi de son fardeau, surtout en ce jour de saint repos?" La foule se réjouit des merveilles que fait Jésus, ce qui remplit de honte ses adversaires.

Lc 13, 10-17 Voir aussi p.90

Un engagement de justice à cause d'une passion d'amour: voilà une des clés importantes pour comprendre les actions et les enseignements de ce passionné de Dieu et des dépossédés de toutes sortes. Il pose des gestes de libération, sans même attendre qu'on le lui demande ou qu'on lui en donne la permission. C'est urgent! Il fait reculer le mal, arrache à l'emprise du Malin*, démasque le Menteur. Il donne ainsi des signes* palpables que Dieu est fidèle à son engagement d'Alliance.

Artisans d'un monde de justice - libération

Qu'on est loin de la justice légaliste qui cherche simplement à être quitte avec la loi! La justice de l'Evangile nous embarque sur le chemin d'un amour total des plus blessés. Sans quoi nos piétés et nos sacrifices sont absolument inutiles.

Mon peuple désire connaître mes chemins de justice. Il désire que je me fasse proche. Or les jours où vous jeûnez, vous opprimez vos ouvriers et frappez le pauvre à coups de poing. Le jeûne qui me plaît, c'est rompre les chaînes injustes, renvoyer libres les opprimés, briser tous les jougs. Partage ton pain avec l'affamé. Donne un gîte aux sans-abri. Vêtis celui que tu vois nu, au lieu de te sauver loin de lui: car il fait partie de la famille humaine comme toi. Alors ta lumière se lèvera comme l'aurore et tu guériras de tes blessures. Alors si tu cries vers moi, je répondrai: "Me voici". *Is 58, 2-9*

Comment reconnaître aujourd'hui les fardeaux qui tiennent les personnes et les peuples courbés? Quel redressement leur apporter? Deux cultures s'affrontent sous nos yeux:

♦ *culture de violence et de mort*, qui engendre:

-corruption, fraude, abris fiscaux
-régimes totalitaires, militarisme
-emprisonnements politiques, torture, assassinats
-chômage, exploitation des femmes et des enfants
-exclusions, racisme, violations de droits, viols
-appauvrissement des sols et des populations
-capitalisme, le profit avant les besoins sociaux
-globalisation économique, dettes internationales

♦ *culture de vie et de paix,* qui favorise:

-respect de la vie à son origine et à sa fin
-dignité égale des personnes et des nations
-écologie, développement durable
-participation, démocratie réelle
-coopération, réalisations communautaires
-authenticité, honnêteté, transparence
-reconnaissance que Dieu donne vie
 à tous les êtres
-abolition de la peine de mort.

Où se situent mes choix et mes actions là-dedans? Quel impact est-ce que j'ai pour que des choses changent dans mon milieu, de façon humble et têtue?

Tous les êtres humains naissent libres et égaux en dignité et en droit.
Ils doivent agir les uns envers les autres dans un esprit de fraternité.

Déclaration universelle des droits de l'homme, article 1.

Tout ce qui t'est demandé, ô homme:
accomplir la justice, aimer avec tendresse,
et marcher humblement avec ton Dieu. *Mi 6, 8*

129

Un monde sans clôture ni mur de division

Comment faire un monde neuf où chaque personne trouve sa place et se sente valorisée, si à tout bout de champ on se cogne le nez sur des barrières et des affiches: *Défense de passer. Club privé. Whites only. Tenue de gala requise.*

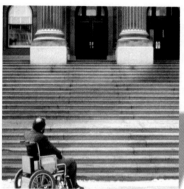

Dans les rencontres qu'il vit et dans les histoires qu'il raconte, Jésus fait exprès pour valoriser le *différent*: **la Samaritaine au bord du puits** (➡ p. 71); **le bon Samaritain sur la route de Jéricho** (➡ p. 155) ; **le seul lépreux reconnaissant parmi dix lépreux guéris: or c'était un Samaritain** (➡ p. 68). A d'autres moments, ce sont des **soldats romains, qui manifestent plus de foi que les fils d'Israël** (voir Lc 7, 9 et Lc 23, 47). Agaçant, lui, avec ses histoires d'étrangers!

Ses gestes et paroles manifestent un Dieu accessible à toute personne qui le cherche avec un coeur droit. Même le **lépreux** et la **femme aux menstruations incessantes,** *"intouchables"* sous peine de *"se souiller",* entrent en contact avec lui (➡ p. 31). Même les **païens***:

Dieu connaît le coeur des gens. Il ne fait pas de différence entre Juifs et gens d'autres religions. En effet, il leur donne l'Esprit Saint* tout comme à nous. Nous sommes sauvés par l'amour du Seigneur Jésus, exactement comme eux. *Ac 11, 17-18; 15, 8-11. Voir Ac 10, 28, 44-47 et 15, 8-9.*

Dieu m'a ouvert les yeux pour me révéler son secret inconnu des générations précédentes: les personnes n'appartenant pas au peuple Juif sont appelées au même héritage que les membres du peuple élu, en s'ouvrant au message de la Bonne Nouvelle de l'amour de Dieu. *Ep 3, 3-6*

Une fois cette barricade tombée entre Juifs et non-Juifs, toutes les autres tombent aussi. Et cette fois, c'est à coup de dynamite!

Maintenant, à cause de l'amour du Christ pour tous, il n'y a plus de différence ni d'opposition entre Juifs et non-Juifs, entre personnes libres et esclaves, entre hommes et femmes (➡ p. 33). **Le Christ est tout** (il vaut plus que tout) **et il est en tous. Alors vous les maîtres, mettez de côté les menaces. Car vous et vos esclaves avez le même Maître, et ce Maître ne fait pas de différence entre les gens.** *Gal 3,28; Col 3,11; Ep 6,9*

Vous entendez ça?! Plus de domination entre races, entre classes sociales, entre sexes! Les grands propriétaires et les chefs de l'Empire romain ont vite saisi la portée révolutionnaire de cet enseignement. *"Si ces petites communautés, qui pratiquent cette égalité sociale et rejettent nos dieux, réussissent à se répandre, le système économique, politique et religieux de l'Empire est menacé...!"* C'est pour cette raison surtout que les premiers chrétiens ont été accusés d'être des *"faiseurs de trouble"*, qu'ils ont été torturés et mis à mort à Rome, capitale de l'Empire.

> *Lorsqu'il devint Gouverneur Général du Canada, Roméo LeBlanc raconta comment il avait grandi dans un petit village catholique et francophone, situé entre deux villages anglophones et protestants, au Nouveau-Brunswick. Peu de communication entre villageois, sauf quand le feu ravageait une maison ou une grange, et que de tous côtés venait l'aide pour reconstruire. Heureux incendies qui réchauffent ainsi les coeurs et brûlent les barricades!*

Comme on est habile à ériger des barrières, des systèmes de privilèges, des champs d'exclusion entre nous! Ça s'appelle *apartheid* en Afrique du Sud, *Ku Klux Klan* aux É.U., *nazisme* en Allemagne, ou simplement la *bande qui fait peur* dans la cour d'école, les tables de *V.I.P. (Very Important Person)* au Casino, les querelles de prestige chez les vedettes du *show-biz* et de la politique. Et que dire des chicanes entre traditions chrétiennes — pourtant toutes "fidèles" au même Jésus Christ!

Est-ce ainsi dans mes jugements? Dans notre groupe ou communauté? Dans mon quartier? Y a-t-il du racisme à démanteler? De qui pourrais-je me rapprocher pour me rendre compte que **"Dieu lui a donné largement l'Esprit Saint"**, le même Souffle de Vie que celui qui m'habite? Et comment ne pas prier pour mon groupe religieux (si je fais partie d'une Eglise, d'un mouvement, d'une religion nouvelle) pour qu'il affirme son identité non pas dans une série de défenses et d'exclusions, mais dans une qualité d'accueil, de dialogue, de valorisation des différences? (➡ pp.160-163).

"Nous avons cherché à empêcher quelqu'un d'utiliser ton nom pour chasser des esprits mauvais", dit un jour l'apôtre Jean. **"Ne l'empêchez pas, répond Jésus: car personne ne peut faire du bien en mon nom et aussitôt après parler mal de moi."** *Mc 9, 38-39.* Cherchez l'unité davantage dans les pratiques que dans les discours...

Qu'il est précieux ton amour, ô mon Dieu!
Sous tes ailes, tu abrites tous les humains. *Ps 36, 8*

Les préférés de Dieu auxquels Jésus s'est identifié

En plus de faire tomber les barrières entre nous, la foi en Jésus conditionne nos choix en nous donnant *un faible* pour les malmenés de la vie.

Supposons que, dans une de vos réunions, arrivent en même temps une personne très bien habillée, portant plusieurs bagues en or, et une autre, aux vêtements sales. Vous vous tournez vers celle qui porte des vêtements splendides et vous lui dites: "Venez prendre ce fauteuil, je vous prie. Installez-vous bien". Et à celle qui est pauvre: "Toi, reste debout", ou bien "Assieds-toi là, par terre, à mes pieds". Agir de la sorte, n'est-ce pas faire des différences entre vous, et juger selon de fausses valeurs? Ecoutez bien, mes bien-aimés: Dieu, lui, ne choisit-il pas ceux qui ne comptent pas aux yeux du monde? Il les a faits riches en foi, héritiers de ce Royaume qu'il promet à quiconque a de l'amour pour lui. Jc 2, 2-5

Il s'appelle Bill. Cheveux en brousse, gilet troué, pieds nus. Brillant à part ça, un peu excentrique. En face du campus où il étudie, une église où se rassemblent des gens bien, désireux de démarrer une pastorale auprès des jeunes, mais ne sachant pas comment s'y prendre.

Un dimanche, Bill décide d'aller voir ce qui se passe dans cette assemblée. Pieds nus, gilet troué, cheveux en brousse, il descend l'allée centrale, cherchant une place où s'asseoir. Pas de place. Les gens le fixent du regard, visiblement contrariés. Bill s'écrase en avant de la première banquette — du jamais vu en cette vénérable église! Les fidèles sont crispés.

Dérangé dans son sermon, le pasteur voit venir, du fond de l'église, un paroissien fort respecté. Vêtu d'un complet trois pièces, cheveux argentés, quatre-vingts ans. Un homme de Dieu à n'en pas douter. S'appuyant sur sa canne, il marche vers le jeune homme. "On ne le blâme pas pour ce qu'il va faire. Comment attendre d'un homme de son âge et de son rang qu'il accepte les manières d'agir d'un tel échevelé?" Retenant leur souffle, tous le suivent des yeux. Voilà que le vieillard laisse tomber sa canne. Avec grande difficulté, il se penche et s'asseoit à côté de Bill, pour qu'il ne soit pas seul dans sa prière.

L'émotion prend chacun à la gorge. Lorsque le pasteur reprend son aplomb, il dit: "Ce que je vais prêcher aujourd'hui, vous ne vous en souviendrez plus demain. Ce que vous venez de voir, vous ne l'oublierai jamais.

Prenons garde à nos manières d'agir. Peut-être serons-nous la seule Parole de Dieu que bien des gens liront.

...as surprenant d'entendre Jésus nous décrire comment ça va se passer à *l'examen final*, à la fin de notre vie, alors qu'il nous dira:

Venez, vous que mon Père entoure d'affection. Entrez dans ce Royaume* qu'il vous a préparé depuis la création du monde. Car j'ai eu faim, et vous m'avez donné à manger. Soif, et vous m'avez donné à boire. J'étais un étranger et vous m'avez accueilli. J'étais nu et vous m'avez vêtu. Quand j'étais malade, vous m'avez visité. Quand j'étais en prison, vous êtes venu me voir. Dans notre étonnement, nous lui dirons: Mais quand est-ce, Seigneur, que nous avons fait cela pour toi?— Chaque fois que vous l'avez fait à l'une de ces personnes brisées et mal-aimées qui sont pour moi des soeurs et des frères, c'est moi que vous l'avez fait. *Mt 25, 31-40*

Quelques années plus tard, un pharisien* du nom de Saul a entendu le même message. Alors qu'il se rendait jeter des chrétiens en prison, une voix lui crie: **"Je suis Jésus de Nazareth. C'est moi que tu fais souffrir."**

Ac 22, 8

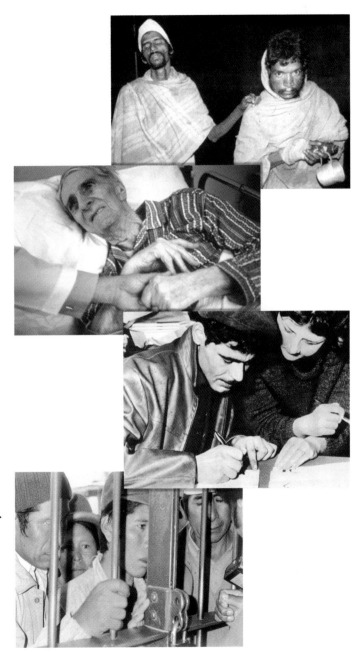

Cette parole a secoué l'esprit de Paul et changé son coeur. Devant les choix étonnants de Dieu, il écrira un jour aux membres d'une communauté chrétienne:

Vous que Dieu a appelés à la foi, regardez-vous: parmi vous, il n'y a pas beaucoup de gens importants, puissants, ou sages aux yeux des humains. Dieu a choisi ce qui semble fou dans le monde pour couvrir de honte ceux qui se pensent trop fins. Ce qui apparaît faible, méprisé, rien du tout, Dieu l'a choisi pour renverser ce qui paraît fort et important. Pourquoi? Pour que personne ne s'enferme dans sa suffisance. C'est en Jésus que nous puisons la vraie sagesse de vie et la libération de notre orgueil.

I Co 1,26-31

La Bible est jalonnée de récits racontant comment Dieu se plaît à choisir et à rendre fécondes des personnes qui ont été mises de côté par leur entourage.

Ainsi **David**, le gardien de moutons consacré roi. Quand le prophète* Samuel se rend chez Jessé pour choisir un nouveau roi, il croit d'abord que l'aîné de la famille est l'élu de Dieu. Mais le Seigneur lui dit: **Ne considère pas son apparence ni la hauteur de sa taille. Les vues de Dieu ne sont pas comme les vues humaines: l'homme regarde à l'apparence; Dieu regarde au coeur.** Dieu ne choisit aucun des six autres fils de Jessé, mais plutôt le petit dernier, celui qui ne compte pas parce qu'il vit dans la montagne, à garder les troupeaux — un métier méprisé. **"C'est lui! fais-en un roi pour son peuple."** Et l'Esprit du **Seigneur pénètre le coeur de David et devient sa force.** *1 Sm 16, 1-13*

Des femmes, humiliées et exclues parce que stériles, deviennent mères:

Sara, dans sa vieillesse, enfante le "fils de la promesse" faite à Abraham. **"Y a-t-il rien de trop merveilleux pour le Seigneur?"**

Gn 16,1 à 18,15

Anne pleure dans le Sanctuaire* de Yhvh*: **"Si tu veux te souvenir de moi, Seigneur, et me donner un petit d'homme, je te le donnerai pour toute sa vie.** Naît alors Samuel, qui apprend à reconnaître les appels de Dieu. *1 Sm 11, 20*

Elisabeth, cousine de Marie, s'émerveille devant la naissance de Jean(Baptiste): **Le Seigneur a enlevé ce qui causait ma honte.**

Lc 1, 25

Lire aussi l'attitude de Jésus face aux lépreux qu'il ose toucher *(Lc 5,12-13),* ou face aux percepteurs de taxes (➡ p. 26) et aux femmes ayant mauvaise réputation. (➡ pp. 36, 71, 152)

Que d'histoires racontées, au cours des siècles, pour illustrer le sort de tous ces damnés de la terre. Victor Hugo a su livrer puissamment leur cri dans son personnage de Quasimodo, le bossu de *Notre-Dame de Paris*, ou dans celui de Jean Valjean, condamné injustement aux galères, dans *Les Misérables*. De nos jours encore se continuent des formes "légales" d'esclavage, comme le travail des coupeurs de canne à sucre Haïtiens en République Dominicaine.

Chaque société a son lot de gens rejetés, ridiculisés, mal jugés. Les personnes vivant avec un handicap intellectuel sont souvent de celles-là. Jusqu'au jour où quelqu'un comme Jean Vanier et les autres membres des communautés de l'Arche les voient avec un regard différent et partagent leur vie au quotidien.

Qui sont les gens rejetés dans mon entourage? Quelles sont mes réactions, celles des autres? M'arrive-t-il de prendre le risque de sentir du rejet, moi aussi, si je prends ouvertement parti pour ces personnes? *Chaque fois que vous l'avez fait... c'est à moi que vous l'avez fait.*

Pour devenir vraie communauté des disciples de Jésus, l'Église doit être l'Eglise des exclus et non de l'exclusion. La bonne nouvelle aux pauvres qu'elle porte comme un trésor précieux la relance sans cesse en avant et l'interpelle elle-même, tout à la fois.

La pierre rejetée par les bâtisseurs est devenue la pierre solide servant de fondation au nouveau peuple de Dieu. *Ac 4, 11*

135

Désarmés - Dépouillés

La tâche immense de faire triompher la justice nous demande de combattre l'injustice, la corruption, l'oppression. Comment s'équiper pour un tel combat? Devons-nous disposer de beaucoup de moyens? Jésus renverse la question: de quoi devons-nous nous *départir* pour ne pas être encombrées en menant cette lutte de géants? Comme toujours, **les vues de Dieu ne sont pas celles des humains.** *Is 55, 8*

Pour votre mission, n'emportez ni or, ni argent, ni monnaie de poche. Ne prenez pas de sac pour le voyage. Ni sandales ou bâton de route. Emportez un seul vêtement. Apprenez à recevoir à mesure ce dont vous avez besoin. *Mt 10, 9-10*

Ne cherchez pas à avoir toujours plus de choses! La qualité de vie de quelqu'un ne se mesure pas à ce qu'il possède, même s'il est très riche. Voir ce qui arrive au propriétaire de récoltes qui a-grandit ses greniers et décide qu'il peut maintenant jouir de la vie... *Lc 12, 15-21*

Faites votre choix: ou bien accumuler le plus de profit possible (ce qui est servir le dieu Argent), ou bien vous mettre au service du projet de Dieu. Vous ne pouvez servir à la fois deux maîtres: vous serez constamment déchirés entre haine et fidélité. *Lc 16, 13*

Par cette invitation à ne pas devenir esclaves de nos désirs de posséder et des pressions à consommer, *l'Evangile pousse encore plus loin la libération des pauvres.* Il ne s'agit pas d'en faire simplement des nouveaux riches, repus et dominateurs à leur tour. Mais plutôt de découvrir ensemble l'étonnante puissance qu'il y a à être libres et solidaires, avec une espérance solidement ancrée en Dieu. **"Puisez votre force dans la vigueur de sa puissance".** *Ep 6, 10*

◆ La Bible rapporte plusieurs exemples de ce renversement de puissance.

David adolescent **terrasse le géant Goliath avec sa fronde, plutôt qu'avec l'armure encombrante de Saül.** *1 Sm 17, 1-54*

Zachée, transformé par l'étonnante visite de Jésus chez lui: **"Je donne la moitié de mes richesses aux pauvres. Et si j'ai pris trop d'argent à quelqu'un en collectant les impôts, je vais lui rendre quatre fois plus!"** *Lc 19, 8*

Paul: "Je sais vivre dans la pauvreté comme dans l'abondance. J'ai appris aussi bien à être rassasié qu'à avoir faim. Je suis capable de tout cela, grâce à l'Esprit* du Christ qui me rend fort." *Ph 4, 11-13* (➡ p. 95)

Artisans d'un monde de **justice - libération**

Dans la **tradition chrétienne:**

Le *petit pauvre* d'Assise: **François** se défait des habits d'étoffe riche, fabriqués par les ouvrières de son père, et part nu pour suivre son appel. Plus tard, il enjoint à sa communauté de ne rien posséder, pour ne pas avoir à défendre leurs biens en recourant aux pouvoirs policiers et militaires.

Dans la **tradition rabbinique:**

À un riche devenu malheureux et endurci, un **Rabbin** propose de regarder par une fenêtre et de décrire ce qu'il voit. "Je vois des personnes dans la rue." — Regarde maintenant dans ce miroir. Que vois-tu? — Je ne vois que moi-même. — Pourtant, la fenêtre et le miroir sont faits du même matériau: le verre. Le miroir, lui, a été recouvert d'une couche d'argent; alors tu ne vois plus les autres comme à travers la vitre transparente. Quand tu étais pauvre, tu voyais les personnes, avec compassion. Devenu couvert d'argent, tu ne vois que toi-même, et ton coeur a perdu sa joie. (29)

La **tradition bouddhiste** nous enseigne également cette sagesse:

Au moment où il cherche un emploi chez un homme d'affaire, **Siddharta** (le jeune Bouddha) décrit ses compétences en ces termes: *Je sais jeûner, je sais attendre, je sais méditer.* Ce qui s'avère, de fait, très utile à sa réussite dans l'entreprise.

> Mieux vaut beaucoup d'amour sans argent que beaucoup d'argent sans amour. L'accumulation des richesses accapare temps et énergie, éloignant souvent de l'essentiel. Le dépouillement *volontaire* par amour allège et rend libre (30). Les personnes mieux fortunées sont appelées à entrer dans ce même Royaume*, dans l'ouverture au partage et la juste répartition des richesses entre tous les humains.
>
> Quelle expérience ai-je faite de cette liberté? de cette puissance extraordinaire des moyens faibles? Tout un contraste avec les gros engins de guerre que développent les soi-disant *superpuissances* internationales pour anéantir leurs ennemis! Mille milliards de dollars US consacrés à la guerre chaque année par les nations du monde!!!
>
> "*Vivez* simplement, *pour que tous puissent simplement* vivre..." Elizabeth Seton. Qu'est-ce que je décide de faire *pour simplifier ma vie?*

Cherchez d'abord le Royaume de Dieu et sa justice et tout le reste vous sera donné par surcroît ! *Mt 6, 33*

La force inouïe de l'amour nonviolent

Jésus nous envoie au combat désarmés, pour détruire le mal plutôt que détruire les gens qui agissent mal. Il ne fait pas de nous, pour autant, des *poules mouillées*, des espèces de *pâtes molles*. Il nous veut pleins d'énergie, audacieux, astucieux même. Il déplore que, souvent, **les fils des ténèbres sont plus habiles que les fils de la lumière.** *Lc 16, 8* **Pour vous, soyez rusés comme des serpents, et simples comme des colombes.** *Mt 10, 16* A la fois serpents et colombes. Est-ce possible?

◈ Déjà, **la Bible** enseignait aux anciens: **Oeil pour oeil, dent pour dent, plaie pour plaie.** *Ex 21, 24-25* Ce qui peut nous paraître barbare, à nous, était déjà un progrès pour le temps (et souvent pour le nôtre encore!): ne fais pas aux autres plus de dommage qu'ils ne t'en ont fait. N'arrache pas un bras, si on t'a coupé un doigt.

◈ **Jésus** est plus radical encore:

Si quelqu'un t'a fait du mal, ne te venge pas. S'il te réclame ta chemise, laisse-lui aussi ton manteau. S'il te force à faire un kilomètre à pied, va au-delà et marches-en deux avec lui. Et quand on te réclame quelque chose, donne-le. *Mt 5, 38-42*

Si ton ennemi a faim, donne-lui à manger... Ne te laisse pas vaincre par le mal, mais sois vainqueur du mal par le bien que tu fais. *Rm 12, 20-21* (➡ p.166)

Comportement de *perdant*? Ou démarche de qui veut rester *gagnant*, en gardant l'initiative de ses actions? Cette approche, nous le verrons, fait appel à toutes les ressources de dialogue, de négociation, de solidarité.

◈ Les **premiers chrétiens** ont été confrontés très tôt à cette question. Ils furent dénoncés et rejetés par des membres de leur famille, tel que Jésus l'avait prédit: **"Vous serez livrés par un frère, un fils, un père. Tout le monde vous haïra à cause de moi. Tenez bon jusqu'à la fin, pour ne pas être vaincus par cette haine.** *Mc 13, 12-13*

◈ Les **Apôtres** diront alors aux communautés naissantes comment vivre au milieu des oppositions et des persécutions:

Si vous avez à souffrir après avoir bien agi et que vous le supportiez avec patience, c'est grand aux yeux de Dieu... Le Christ vous a laissé un exemple, pour que vous suiviez ses traces... Quand on l'a fait souffrir, il n'a pas menacé en retour, mais il a remis son sort entre les mains de Dieu, qui sait juger avec justice... C'est par ses blessures que vous avez été guéris. *1 Pi 2, 20-24*

Artisans d'un monde de justice - libération

138

sus n'est pas venu nous apprendre comment tuer nos ennemis, mais comment tuer la haine
l'injustice. Au risque d'y perdre nos aises, notre réseau d'influence, notre vie elle-même.
imer jusque là! *Si c'était vrai...* que c'est là notre appel, en même temps que le cadeau
Dieu? *Si l'Amour était vraiment le plus fort,* plus fort que la haine et plus fort
ie la mort?

e que Jésus et les prophètes
us inspirent, pour stopper la
iolence des soi-disant *puissan-
s économiques et militaires,
t d'une *puissance* tellement
lus grande: LA RÉSISTANCE
CTIVE NONVIOLENTE,
AR AMOUR, AU NOM DE
ÉVANGILE. Une force inté-
eure et une discipline de vie
ui transforment la colère et la
eur en compassion pour tout
re humain, en qui on en vient
reconnaître une soeur, un frère.

quelqu'un agit mal, **coupez les contacts avec lui, sans pour autant le traiter comme un *ennemi*. Aver-
ssez-le comme un *frère*.** *2 Th 3, 14-15* Voilà la réalité de fond: l'autre est-il perçu comme un *ennemi à
battre* (ce qui rend légitime de le tuer), ou comme un *frère à ramener* à un comportement plus humain
s'adressant coûte que coûte à sa conscience et à son coeur ?

y a certes des situations où on ne peut laisser un
nvahisseur nous arracher nos terres et nos récoltes,
tuant paysans et familles entières. Que faire si on
ent à nous avec des machettes, des fusils, des gre-
ades et du napalm? Si on nous opprime à longueur
années ou de siècles? Si je vis en Colombie, où il
a un massacre par jour et 3,000 assassinats poli-
ques par année...! N'est-ce pas *logique*, vertueux
ême de sortir les épées et les fusées incendiaires,

de fabriquer des bombes capables d'éliminer des
populations entières? *Logique*, oui. Dans la logique de la vengeance, de la destruction massive,
sans considération des personnes, innocentes ou
non. Dans la logique des droits absolus du plus fort,
et de l'élimination de quiconque ne pense pas comme nous, surtout s'il possède des gisements d'or, de
diamant, de pétrole dont on veut s'emparer. Est-ce
là la logique de la sagesse et de l'Évangile?

"Si on prend les armes, on va être écrasé", prévient Gandh.
Choisir la nonviolence, c'est faire le pari qu'il y a moyen
d'organiser une défense civile sans arme. L'histoire démon-
tre qu'il y a eu, de fait, des luttes nonviolentes réussies par
le coude à coude de populations entières. La libération des
noirs aux É.U. en est un exemple convaincant. (➡ p.167

Lire le récit de **ce que fit David, dans la caverne et au cam-
pement, au moment où il pouvait facilement tuer Saül, qui
le poursuivait avec 3,000 hommes.** *1 Sm 24, 1-23 et 26,1-25*

Et le rêve d'Isaie: **De leurs épées, ils forgeront des socs de
charrue, et de leurs lances des faucilles pour la moisson.
Et plus jamais on ne s'exercera à la guerre!** *2, 4.*

Tout au long des siècles, des disciples de Jésus ont pris ce chemin. Non pas
par faiblesse et lâcheté, mais avec courage et lucidité. En voici un exemple:

*En l'année 1219, la population musulmane de Damietta, près de la mer Méditerra-
née, est assiégée par l'armée des chrétiens. Ces "Croisés" qu'on appelle (parce
qu'ils peignent des croix sur leurs boucliers de guerre) sont prêts à verser le sang
des ennemis et le leur pour reprendre les Lieux Saints à Jérusalem.. Une guerre
"sainte", où chacun des deux côtés est sûr que Dieu (Allah ou la Trinité)
combat de son bord!*

*François d'Assise se rend sur les lieux. Sans aucune tenue de guerre ou de
grandeur, il traverse les deux armées. Il parle longuement à son "frère" le
Sultan Melek-al-Kamil. Avec dignité et respect. Comme il savait parler à frère
Soleil et soeur Lune, à frère Feu et à soeur la Mort. Comme il avait, autrefois,
apprivoisé le Loup qui épeurait tout un village en étranglant des brebis la nuit.
Il parle, sans chercher à convertir. Il écoute. Il aime. A son départ, le Sultan lui
dit: "Prie pour moi, que Dieu me révèle la foi qui lui plaît le plus".*

*Puis François s'adresse aux Chrétiens, les exhortant à ne pas entreprendre de
massacre. On le ridiculise, on refuse de l'entendre. Le 5 novembre, Damietta
tombe aux mains des chrétiens. De ses 80,000 habitants, 51,000 sont tués.*

Qui s'est montré le plus fort? Qui a remporté la véritable victoire?

"Cette approche nonviolente, c'est bon pour Jésus et pour François. Mais pour nous, les gens ordinaires, est-ce possible?" Cherchez. Il y a des centaines d'histoires de ce genre. Des personnes et parfois des villages entiers (p. 9) ont pris ce chemin de l'amour inconditionnel. Ces gens ont risqué leur vie pour sauver des vies, pour arrêter la folie de l'escalade de la violence, de la misère, de l'exclusion. Véritables *prophètes* * de notre temps, comme Rigoberta Menchu en Amérique Centrale, le père Joseph Wresinski à Paris (mouvement Aide à toute Détresse — Quart Monde), et Léonard Desroches à Toronto (militant de la pratique et de la spiritualité de la nonviolence).

Si on prenait, pour faire advenir la paix, la moitié des risques pris et des énergies dépensées à faire la guerre, imaginez quel monde différent serait le nôtre! D'autant plus que cette option de nonviolence est vécue par d'autres que des chrétiens. Non seulement chez les Hindous, comme en témoigne éloquemment le Mahatma Gandhi, mais aussi chez les Musulmans Sikhs, chez les moines Tibétains, etc. Si les croyants s'opposaient carrément et massivement aux déchaînements de violence, aucun tyran ne pourrait réussir à s'imposer longuement.

◆ Avec qui vais-je me solidariser pour expérimenter la force extraordinaire d'une résistance active et nonviolente aux injustices qui écrasent des gens de mon milieu?

◆ Je porte attention et j'apporte mon appui aux luttes des groupes populaires et des organismes communautaires de mon quartier ou de ma région.

◆ Je prends le temps de signer une pétition, d'écrire à un prisonnier politique, de distribuer des tracts provenant d'organismes tels que ceux mentionnés en p. 85. Récemment, 215,000 personnes et plus de 1,500 organismes ont signé une requête à l'Assemblée Nationale du Québec, en vue d'une loi pour éliminer la pauvreté, si souvent occasion de violence.

◆ Est-ce que je crois au pouvoir de la prière, du jeûne, de la solidarité? Assez pour aller vivre cela sur les lieux mêmes de conflits, comme le font certaines équipes?

Ils ont compté sur la lance et le bouclier, sur l'arc et la fronde. Ils n'ont pas reconnu en toi le Seigneur briseur de guerres. Ta force ne réside pas dans le nombre, ni ton autorité dans les violents. Tu es le Dieu des humbles, le secours des opprimés, le soutien des faibles, l'abri des délaissés, le sauveur des désespérés. *Jd 9, 7, 11*

141

L'amour, ça passe avant tout

Venu nous révéler un Dieu-Amour, Jésus s'est évertué à montrer que l'amour de Dieu, du prochain, de sa famille, c'est plus grand que tout.

◆ ça passe même avant le sabbat* et les sacrifices rituels

**Un expert en Loi* religieuse demande un jour à Jésus:
"Quel est le plus important de tous les commandements?"**

S'attendait-il à ce que Jésus réponde: "observer rigoureusement le Sabbat*"? Ce septième jour était, de fait, ce qu'il y avait de plus sacré dans la religion juive. Les récits de la Création soulignent l'importance d'un **temps sacré**, d'un espace de repos et de contemplation. **Yhvh* bénit le septième jour et le consacre. Il se repose ce jour-là de toute son oeuvre.** *Gn 2, 3* Le Sabbat est alors intouchable. Pas étonnant que la Loi* qui le régit comporte le plus grand nombre de prescriptions: 329 sur 613 au total dans la Torah. Manquer au repos du sabbat peut même être puni de mort. *Ex 31, 14* (31)

Pourtant, en réponse au scribe*, Jésus réfère à la première parole rapportée par Moïse au moment où il reçoit les Commandements: **Voici ce qui t'est demandé avant tout: "Ecoute, Israël! TU AIMERAS Yhvh ton Dieu de tout ton coeur, de toute ta force, de toute ton intelligence et par toute ta vie. Car Yhvh ton Dieu est le seul Seigneur." Et voici le second commandement, semblable au premier: "TU AIMERAS ton prochain comme toi-même." Il n'y a pas de commandement plus important que ces deux-là.**

Quand l'homme de Loi reconnaît que Jésus a bien parlé, celui-ci ajoute: **"Toi, tu n'es pas loin du Royaume* de Dieu.** Mets cela en pratique et tu entreras dans ce monde nouveau". *Mc 12, 28-34*

Un autre jour où des Pharisiens* s'offusquent de ce que Jésus fréquente des gens de mauvaise réputation: **"Allez apprendre le sens de cette parole de l'Écriture: 'Ce que je désire, c'est la bonté de coeur, la miséricorde, et non les tueries sacrées d'animaux'."** *Mt 9, 13*

ça passe avant les contributions au Temple*

Dieu, par Moïse, a dit: "Respecte ton père et ta mère et prends soin d'eux". Mais vous, vous enseignez: "Tu peux dire à ton père ou à ta mère: je voudrais bien te donner quelque chose pour t'aider, mais j'ai promis que je le donnerais au Temple comme offrande sacrée". En faisant cela, vous annulez ce qu'exige la Parole de Dieu, en le tournant à votre profit. *Mc 7, 9-13*

avant l'offrande à l'autel

Même chez la personne venue offrir un don à Dieu en toute bonne intention, ses dispositions de coeur à l'égard du prochain passent avant son geste religieux. **Supposons qu'un jour tu viennes présenter une offrande à l'autel, et qu'à ce moment-là, tu te souviennes qu'une personne a quelque chose contre toi. Laisse ton offrande là, devant l'autel. Va d'abord faire la paix avec ce frère ou cette soeur. Ensuite, reviens et présente ton offrande à Dieu.** *Mt 5, 23*

avant le savoir, les habiletés de communication, le pouvoir religieux, la générosité, les souffrances du martyre.

J'aurais beau parler les langues de divers pays et même celles des anges, *si je ne sais pas aimer*, mes discours ne sont rien de plus qu'un tambour qui fait du bruit ou une cloche qui résonne.

J'aurais beau avoir le don de transmettre des messages reçus de Dieu, ou être connaissant sur tout et comprendre tous les secrets, ou encore avoir une foi assez forte pour déplacer les montagnes, *si je ne sais pas aimer*, je ne suis rien.

Je pourrais distribuer tous mes biens aux pauvres et même livrer mon corps à la torture, *si je n'aime pas vraiment*, cela ne me sert de rien. *1 Co 13, 1-3*

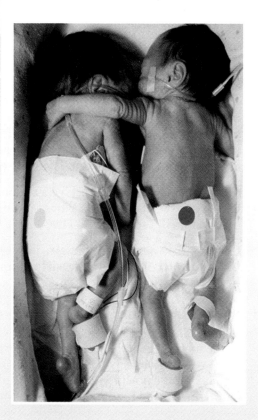

Lorsqu'une jumelle prématurée risque de mourir seule dans son incubateur, une infirmière a l'heureuse idée de la déposer auprès de sa jumelle plus gaillarde. Celle-ci s'empresse d'étendre son bras sur la malade et la réchappe par ce geste de tendresse. (32)

Ne craignons pas de trop manifester la tendresse qui jaillit d'une réelle amitié !

C'est quoi alors, au concret, AIMER pour vrai ?

Quand j'aime vraiment, l'amour me rend patient et me donne d'agir avec bonté. L'amour m'aide à vivre sans envier les autres, sans me vanter tout le temps, sans me penser au-dessus des autres.

Quand j'aime vraiment, je ne fais rien dont j'aurais honte ensuite, je n'agis pas par égoïsme ou sous la poussée de la colère ou de la rancune. L'amour fait que je ne me réjouis pas du mal qui arrive aux autres, mais plutôt que je trouve ma joie dans ce qui est vrai.

Quand j'aime vraiment, j'arrive à supporter les pires épreuves avec, dans mon coeur, la force que me donnent la foi et l'espérance en Dieu.

Cet amour-là ne mourra jamais. Tous les autres dons disparaîtront. Mais pas cette sorte d'amour. *1 Co 13, 4-13*

Pas étonnant que le même Paul aie cette prière pour les chrétiens d'Éphèse, à qui il souhaite de devenir des disciples solides:

Je me mets à genoux devant Dieu le Père, de qui vient tout amour fécond. Qu'il vous rende forts par son Esprit. Que le Christ remplisse vos coeurs de foi. Comme une plante vigoureuse, *plongez vos racines dans l'amour.* **Qu'il devienne la fondation solide de votre maison intérieure.** *Ep 3, 14-17*

Dans ses agirs, Jésus est débordant de cette tendresse et de cette miséricorde *qui passe avant tout*. (➡ pp. 36-39, 152-157, 164-165...). C'est peut-être avec Pierre que cette force d'amour éclate de façon la plus émouvante. À Pierre, son compagnon **"qui a tout quitté pour le suivre".** *Mc 10, 28* À Pierre pour qui il était tout: **"à qui d'autre irions-nous".** *Jn 6, 68* À Pierre qui dira pourtant jusqu'à trois fois: **"je ne connais pas cet homme...!"** *Mc 14, 71* À Pierre, Jésus demande, par trois fois aussi: **"m'aimes-tu? as-tu plus d'amour pour moi que ceux-ci? est-ce que tu m'aimes vraiment?"** *Jn 21, 15-17* En ne s'appuyant plus sur lui-même mais sur l'amour de Jésus pour lui, Pierre peut surmonter ses angoisses et démontrer publiquement son attachement devenu solide. Jusqu'au don de sa vie. (➡ p. 110)

L'amour nous rend capables d'aller loin. Très loin... C'est lui qui fait dire à la jeune fille portant un enfant sur son dos, sur une longue route: *"Non, il n'est pas pesant: c'est mon frère."*

EMMAÜS
LINGE ET MEUBLES USAGÉS
OEUVRE DE L'ABBÉ PIERRE

"La vie, c'est l'espace de temps qui nous est donné pour apprendre à aimer", dit l'Abbé Pierre. Reconnaissons qu'il a bien occupé sa vie, lui qui a inspiré des milliers de clochards et de bien-portants à former des équipes d'entraide, en divers coins du monde. "Les Chiffonniers d'Emmaüs" qu'on les appelle, depuis qu'ils se sont mis à recueillir ce que d'aucuns mettent aux rebuts, pour le transformer en utilités pour d'autres. Du même coup, ils ont transformé des existences jugées *inutiles* en vies fécondes, productives de solidarité.

Vous savez comment ç'a commencé cette histoire? *Sur un pont, à Paris, un soir d'hiver. Un homme veut s'enlever la vie en se jetant en bas. L'Abbé Pierre l'interpelle: "Cette nuit même, il y en a des dizaines qui veulent faire comme toi. Je ne suis pas capable de leur porter secours tout seul. Viens m'aider"*. L'aventure est lancée. Elle dure depuis plus de cinquante ans. Preuve vivante que ce qui rend Dieu visible et palpable, ce n'est pas seulement le culte qu'on lui rend, à lui, mais d'abord l'attention et l'amour qu'on prodigue à une personne humaine. Après, on a de quoi louer Dieu surabondamment!

Tant d'autres l'ont compris et vécu, au fil des nuits et des jours. Soit dans des gestes de bienfaisance auprès de personnes blessées. Soit dans des actions collectives de relèvement social auprès de portions entières de population qui apprennent à se prendre en main. L'une et l'autre intervention requièrent une forte dose de don de soi, de confiance dans la personne humaine. Ai-je déjà *goûté* ça?

Il n'est pas de plus grand amour
que de ~~PRÉSERVER~~ **sa vie**
~~DÉFENDRE~~ **sa vie**
~~SAUVER~~ **sa vie**
DONNER sa vie pour ceux qu'on aime! *Jn 15, 13*

L'amour qu'on vit entre amis

Quand un de ses amis meurt, Jésus se met à pleurer. En public. Lui, un homme, dans la trentaine. C'est étonnant — surtout au temps de Jésus. Tellement surprenant et beau à la fois que son entourage n'hésite pas à s'écrier: **Voyez comme il l'aimait!** *Jn 11, 36* **La scène se passe à Béthanie, chez ses amis Lazare, Marthe et Marie.** Une maisonnée où Jésus vient se reposer le coeur, entre ses longs et lourds voyages. (➡ pp. 40 et 31-32).

La *marque de commerce* de Jésus et de ses disciples, ce n'est pas: Voyez comme ils sont bien organisés et efficaces! mais: Voyez comme ils s'aiment!

C'est à l'amour que vous aurez les uns pour les autres que tous vous reconnaî-tront pour mes disciples. *Jn 13,35*

Mettez-vous d'accord entre vous. Recher-chez ce qui est simple, sans vous penser supérieurs. *Rm 12,16* **Supportez-vous les uns les autres avec amour. Cherchez à rester unis par l'Esprit Saint*: c'est lui qui crée en vous la paix qui vous lie ensemble... Obéissez les uns aux autres, à cause de votre amour pour le Christ.** *Ep 4, 2-3; 5, 21*

Mettez-vous d'accord. Obéissez les uns aux autres. Nous sommes sur le terrain du dialogue, du discernement* ensemble, de l'égalité devant Dieu. Sans domination d'une personne sur l'autre. Ni dépendance infantile. Dans le respect et l'estime mutuels.

Les cellules de mouvements de jeunes ou d'adultes, les petites communautés et les groupes de support servent, aujourd'hui, de lieu d'apprentissage de relations frater-nelles. Les amitiés qui s'y développent font dire souvent aux participants: *"C'est devenu pour moi une famille!"* Parfois même: *"C'est ma première vraie famille"*. Lieu de naissance nouvelle, qui sert de tremplin pour s'engager plus avant.

Lorsqu'une attirance sexuelle naît entre des personnes qui partagent de telles valeurs et cherchent toutes deux à grandir, un feu intérieur éclaire leur affection et dynamise leur vie. Ce n'est pas d'abord la beauté physique et le plaisir charnel qui les tiennent ensemble, mais la joie d'aimer et de se sentir voulu et accueilli comme on est, avec ses différences et ses fragilités. La joie aussi de pouvoir faire des projets de vie.

Le récit symbolique de la création, dans les premières pages de la Bible, évoque cette complémentarité de deux êtres sexués et égaux. **Yhvh* dit: Il n'est pas bon que l'homme soit seul. Je vais lui faire une compagne semblable à lui.** *Gn 2, 18* Et dans l'immensité des galaxies de l'univers, le Créateur est particulièrement fier de cet être infiniment petit, capable de connaissance, de liberté et d'amour. **Dieu vit tout ce qu'il avait fait: voilà que c'était *très* bon!** *Gn 1, 31*

C'est spécial, vivre une amitié. C'est vital aussi: on peut vivre sans conjoint ou sans enfant à soi; on ne peut vivre à plein sans amiE. Et même lorsqu'on vit avec un partenaire ou avec des enfants, le plus précieux pour soi et pour l'autre, c'est que nous soyons devenus des amis. Amitié entre conjoints, entre parents et enfants. Au-delà des rôles nécessaires d'autorité, vivre un immense respect mutuel, comme des êtres issus d'un même Dieu Père-Mère. Apprenant les uns des autres. S'émerveillant ensemble et découvrant ensemble l'avenir à bâtir.

L'amitié, un cadeau rare? Surtout en nos temps qui incitent à l'individualisme, la compétition, la rentabilité, la productivité à fond de train, la haute vitesse électronique. Pour durer, les amitiés requièrent qu'on y investisse du temps, de la générosité, du pardon, le partage de ce qui vibre en notre coeur. Quelle force lorsque des personnes se reconnaissent dans les traits d'un commun ami, tel que le Christ vivant, et peuvent alors revenir sans cesse à cet Amour-source!

Mets-moi comme un sceau sur ton coeur,
comme un sceau sur ton bras.
Car fort comme la mort est l'amour.
Ses flammes sont un coup de foudre sacré. *Ct 8,6*

147

Quand l'amour fait d'un enfant un fils

Amour, amitié. Deux réalités qui en appellent une autre: la *fécondité*, qui transforme déjà la vie du couple amoureux, et se prolonge dans un nouvel être humain. Avec l'*enfant*, c'est la *famille* qui naît. Quel intérêt ont l'enfant et la famille pour l'Homme de Nazareth?

Les disciples cherchaient à savoir: "Qui est le plus important aux yeux de Dieu?" Jésus appelle un enfant, le place devant eux, et dit: "Le plus important, c'est ce petit, qui compte pourtant si peu dans le monde des grands.

Si quelqu'un reçoit, par amour pour moi, une de ces personnes qu'on tient pour rien dans la société, c'est moi-même qu'il reçoit.

Et si vous-mêmes ne changez pas pour devenir comme des enfants, vous n'entrerez pas dans la manière de vivre selon le projet de Dieu, dans son Royaume*".

Mt 18, 1-5; Mc 9, 37

Vous avez déjà vu de ces images de première Communion représentant Jésus en train de bénir de beaux petits enfants aux cheveux blonds et bouclés, en robe rose ou bleu pâle? Touchant, n'est-ce pas? Mais ça n'a pas grand-chose à voir avec la réalité de la Palestine, où le rose, le bleu et le blond ne courent pas les rues. Ce qui court, ce sont des enfants comme tous les autres: turbulents, poussiéreux, dérangeants pour les adultes. Et qui en plus, ces années-ci, lancent des pierres pour crier leur manque d'espace et de liberté.

La réaction spontanée des Apôtres* eux-mêmes est d'écarter les enfants. Jésus doit insister: **"Laissez-les venir à moi. Ne les repoussez pas".** *Lc 18, 16*). Son geste et son affirmation ont donc quelque chose d'étonnant, de radical. Il proclame trois choses:

- **le plus important, c'est celui qui ne l'est pas aux yeux de la société;**
- **quiconque accueille ce petit, c'est moi qu'il accueille;**
- **changez, et devenez vous-mêmes comme de véritables enfants.**

Une occasion se présente à Jésus, un jour, de faire saisir ce message au vif de la vie. Quelqu'un vient lui demander de guérir un enfant dangereusement malade. Regardons bien comment les choses se passent.

Un dignitaire royal entend dire que Jésus arrive à Cana, en Galilée. Il va le trouver et il lui dit: "Je t'en prie, descends chez moi, à Capharnaüm, pour guérir mon enfant qui se meurt". Jésus lui dit : "Va chez toi, ton fils vit". L'homme croit à la parole de Jésus et il se met en route. Tandis qu'il descend, ses serviteurs viennent à sa rencontre et lui annoncent : "Ton enfant est bien vivant!" Il leur demande : "A quelle heure est-ce qu'il s'est trouvé mieux?" Ils lui répondent: "Hier, à une heure de l'après-midi, la fièvre l'a quitté". Le père s'aperçoit que c'est l'heure précise où Jésus lui a dit : "Ton fils est vivant". Alors il croit en Jésus, et toute sa famille aussi. *Jn 4, 46-53*

Remarquons le *mouvement* dans cette scène. Un haut fonctionnaire drapé dans sa ***dignité royale*** se sent impuissant devant la maladie de son ***enfant*** ("enfant" veut tout aussi bien dire "serviteur, esclave", dans la langue du temps). Ce dignitaire entend parler d'un plus puissant que lui, qu'il prend pour un faiseur de prodiges, et auquel il ordonne de descendre chez lui, pour faire son tour de passe-passe. Jésus refuse d'entrer dans ce jeu: **"Si vous ne voyez des prodiges, vous ne croirez donc jamais!"** Il lui demande plutôt à lui de ***descendre*** de son piédestal, d'aller vers son *fils* — un terme qui renvoie à une relation affectueuse, d'égale dignité.

De quoi se mourait ce jeune? D'une attaque de *dignité royale*. Son *père* lui manquait totalement, tout absorbé qu'il était dans ses *hautes fonctions*. (Fils manqué, signe d'un père manquant, dirait Guy Corneau). Mais comme la conversion du coeur est toujours possible, **l'homme crut et se mit en route.** C'est au moment où il commence à descendre vers sa maison que l'évangéliste appelle le fonctionnaire un *homme*. Le *personnage* est devenu une *personne*. L'*enfant* peut alors devenir un *fils*. Il reprend vie. Et le *fils* donne à cet **homme** de redevenir *père*. Le dignitaire qui était allé vers Jésus pour lui demander de guérir son enfant a découvert que c'était lui le malade qui avait besoin de guérison. Alors *lui et toute sa famille* s'ouvrent à la Vie. (33). (➡ pp. 118, et 147)

Ça c'est le genre de *"miracle"* qui intéresse Dieu et les vrais croyants! (34) La solution à une difficulté ne vient pas par magie, de l'extérieur. Elle émerge du dedans, d'un regard profondément neuf sur soi et sur les autres. Ça ne requiert pas moins toute la force de Dieu pour se produire, mais c'est à la portée de la main, et du coeur, de chacun. Les premières communautés chrétiennes l'avaient compris: **Si quelqu'un ne s'occupe pas de sa famille, surtout de sa parenté la plus proche, il a rejeté la foi, il est plus infidèle qu'un incroyant.** *1 Tm 5, 8*

Si nos sociétés décidaient de mettre ça en pratique, plus besoin de DPJ (Protection de la Jeunesse)! La *"Convention relative aux droits de l'enfant"*, adoptée en 1989, n'a pas changé grand-chose encore à la réalité concrète de par le monde. Les guerres et les conflits ont fait, ces dix dernières années, **1 million d'orphelins - 12 millions d'enfants sans-abri - 6 millions d'enfants mutilés - 2 millions d'enfants tués.**

Dans 41 pays de la planète, près de 300,000 furent embrigadés comme enfants-soldats, âgés de 10 ans et plus. Les enfants forcés à faire du travail pénible sont aussi par centaines de milliers. Et ceux qu'on prend dans les filets de la prostitution organisée, par millions. Chaque jour, le nombre d'enfants réfugiés augmente d'environ 5,000.

A cela s'ajoutent encore les ravages que font les maladies mortelles. On prévoit qu'en 2010, le nombre d'enfants orphelins à cause du SIDA contracté par leurs parents, sera de 28 millions, en Afrique seulement. Et en plus, tous les drames secrets, au sein de familles et d'institutions: mauvais traitements, abus sexuels, cruauté mentale. C'est si facile d'abîmer un enfant, de le blesser à mort. *"Ne dites pas à vos enfants des mots qui tuent"*, criait une adolescente.

Un monde fou de ses enfants? On est encore bien loin du compte! C'est à se demander quel avenir a vraiment notre humanité, quand une forte portion de ses enfants gît constamment aux soins intensifs...

Et pourtant... Il suffit, pour reprendre espoir, de voir une Virginie Larivière partir, à 13 ans, en campagne contre la violence à la Télé, suite au viol et au meurtre de sa petite soeur Marie-Ève, et se rendre jusqu'au bureau du Premier Ministre avec une pétition signée par 1,300,000 personnes. Ou un Kraig Kielberger s'insurger, dès l'âge de 12 ans, contre le travail forcé de millions d'enfants aux Indes, et développer par la suite un réseau international pour soutenir des alternatives. Les enfants eux-mêmes portent l'espoir de l'humanité!

"Nos enfants sont le sang de notre sève. Ils sont le premier matin du monde. Jamais blasés, ils s'émerveillent de tout. La vie pour eux, c'est une création et une récréation... Ça n'existe pas vieillir, ça n'existe pas mourir, quand on laisse derrière soi la vie recommençante". Doris Lussier

Écoutez Yves Duteil chanter *Pour tous les enfants de la terre* ou *Prendre un enfant par la main* et osez rêver à l'avenir du monde!

**Yhvh, mon coeur est sans prétention.
mon regard ne tombe pas de haut.
Je reste en paix comme un enfant
Tout contre la joue de sa mère.** *Ps 131, 1-2*

151

Un coeur qui sait "pâtir avec"

Aimer à la manière de Jésus, ça n'a rien d'une amourette à l'eau de rose. Ni d'une *aventure* d'un soir. Ça vient nous chercher aux entrailles. L'amour vrai nous range du côté des malmenés de la vie, nous appelant à *compatir* — à pâtir avec. Deux scènes de la vie de Jésus en témoignent de façon dramatique. La première, une rencontre qu'on lui a imposée. La seconde, une histoire qu'il a inventée pour faire choc.

Un matin qu'il est au Temple*, Jésus est en train d'enseigner. Soudain, des cris, des tiraillements. **Une femme est traînée au milieu de la place par des Scribes* et des Pharisiens*. "On l'a surprise en train de tromper son mari"** lancent-ils d'un air hautain. **"Notre Loi* nous prescrit de tuer à coup de pierres les femmes adultères. Toi, qu'en dis-tu?"**

C'est un piège qu'ils lui tendent, pour pouvoir l'accuser. S'il refuse de la tuer, il rejette Moïse et la Loi sainte. S'il la condamne, il contredit ses belles affirmations sur le pardon.

Jésus se lève, s'approche de la femme écrasée par terre, **s'accroupit, et se met à faire des traits sur le sol avec son doigt.** Si ces hommes lancent des pierres sur la femme, il risque d'être tué en même temps.

Renvoyant les accusateurs à leur conscience et à leur coeur:**"Que celui d'entre vous qui n'a jamais péché lui lance la première pierre!"** Eux, les *purs*, desserrent les poings et laissent tomber leurs pierres. **Un à un ils quittent, en commençant par les plus vieux.** *Jn 8, 2-11*

Jésus vient de libérer la femme d'une mort injuste (pourquoi ne tue-t-on pas aussi l'homme adultère, comme le prescrit la Loi: **"Ils mourront tous les deux"** *Dt 22,22* ?). En plus, il la libère de la pauvreté de son amour: **"Va, et désormais, sois fidèle"**. Et du même coup, il libère ses accusateurs de leur étroitesse de jugement. Triple libération! Voilà ce que produit la compassion aiguë du Sauveur.

152

Ce qu'il vient d'accomplir (risquer sa vie en osant se faire proche), Jésus nous invite à le faire aussi. Où et comment ça? Ecoutons sa réponse à un expert de la Loi qui s'enquiert: **"Que dois-je faire pour me mériter la Vie éternelle? La Loi me dit d'aimer Dieu et mon prochain, mais qui est mon prochain?"**

Un homme descend de Jérusalem à Jéricho, sur une route en pente raide, dans une région déserte. **Des bandits l'attaquent, le dépouillent, le frappent, le laissent à moitié mort. Un prêtre passe par là, voit l'homme, traverse la route et s'en va. Un serviteur du Temple fait la même chose. Survient un étranger, un Samaritain*. Il voit l'homme blessé. Touché de compassion, il s'approche, prend soin de ses blessures, le fait monter sur sa bête, l'emmène à l'auberge. Toute la nuit il le veille. Le lendemain, il donne de l'argent à l'aubergiste: "Prends soin de cet homme; au retour je te paierai ce que tu auras dépensé".**

Et Jésus demande: Selon toi, lequel des trois passants s'est montré le prochain de l'homme attaqué par les bandits ? — Celui qui a été compatissant pour lui. — Va, et toi aussi, fais pareil ! Fais cela, et tu VIVRAS. *Lc 10, 25-37*

Pour Jésus, c'est en fait une question de vie ou de mort. Pas seulement pour l'homme attaqué et mourant. D'abord pour les personnes qui se font proches ou se tiennent à distance. Pour toute la collectivité. Pour la communauté. Pour l'Eglise. Sans compassion, on ne vit pas. Sans compassion, pas d'avenir.

Jésus a donc renversé la question du légiste: non plus **"QUI est mon prochain?"** mais **"DE QUI est-ce que je me suis fait proche?"** Il a certes choqué ses contemporains en décrivant l'attitude peureuse et froide des gens considérés comme saints (le clergé du temps), alors qu'il choisit comme héros de son histoire un étranger avec lequel il était interdit aux Juifs d'avoir des rapports (➡ p. 71). Invitation claire à briser les frontières, si on veut **entrer dans la Vie éternelle.** Il ne s'agit pas de choisir son prochain mais de se faire proche de toute personne en difficulté.

Cette page d'Évangile est tellement centrale au message de Jésus qu'il vaut la peine d'en faire deux autres lectures, pour être bien sûrs de ne pas rater nous aussi notre prochain, tel qu'il se présente sur les *routes de Jéricho* d'aujourd'hui.

n prêtre passe aussi par là:
Je n'suis pas responsable de ça, moi.
FLASH BACK
le châtiment de Dieu tombera sur vous!
et s'en va lui aussi.
n couple s'approche
C't à croire que ces gars-là vont m'aider?!
J'apelle une ambulance!
Eh l'ami! es-tu OK?
Est-ce qu'il va me donner le SIDA?
l'ambulance s'en vient. On reste avec toi en attendant.
Alors, c'est qui ton prochain?
FISH ON FRIDAYS

Notons tous les *préjugés* exprimés, de tous bords tous côtés, dans cette version du Bon Samaritain. Quels sont les nôtres? Ceux qui circulent dans notre entourage, sous forme de plaisanteries ou de condamnations? D'où vient qu'on réagit ainsi: la peur? l'ignorance? une expérience malheureuse? Soyons attentifs à ne pas mettre dans le même sac, d'une part, les cas d'abus sexuels, les besoins de s'exhiber en public; et, d'autre part, les relations quotidiennes comportant leur part de générosité, de souffrances, de croissance et d'amitié, comme toute vraie relation humaine.

Connaissons-nous des personnes homosexuelles (gais ou lesbiennes) qui vivent de grands dévouements? Souvent, la blessure du rejet qu'elles ont vécue se transforme en compassion pour les autres et en soif aiguë de beauté et d'infini. Ces personnes ont-elles des choses à nous apprendre sur la tendresse, sur l'exclusion, sur Dieu? Sommes-nous prêtEs à découvrir et à aimer ce *prochain*-là?

Si quelqu'un dit "J'aime Dieu" et déteste son frère différent de lui: **c'est un menteur...** *I Jn 4, 20* **N'oubliez pas de pratiquer entre vous l'hospitalité. C'est déjà arrivé qu'en la pratiquant, certains ont accueilli des messagers de Dieu, sans le savoir. Pensez aux prisonniers, comme si vous étiez en prison avec eux. Pensez à ceux qu'on torture, comme si vous ressentiez la torture dans votre propre corps.** *He 13, 3*

Voici une autre version du même récit, reporté cette fois au plan des relations entre nations.

Un expert en économie demanda à Jésus, pour l'embarrasser: "Maître, que doivent faire les pays du Tiers-Monde pour devenir prospères comme les pays riches?" Jésus garda silence un moment, puis il raconta: "Il y avait une fois un pays du Sud qui vivait avec ses joies et ses peines, semblables à celles de n'importe quel pays. Il tomba entre les mains de banquiers et de chefs d'entreprises multinationales. Ils le dépouillèrent de toutes ses ressources naturelles, l'endettèrent en le forçant à acheter leurs produits. Après l'avoir roué de coups avec les intérêts bancaires, ils l'abandonnèrent, le laissant à demi-mort.

Par hasard descendait par ce chemin une Église. Elle déplora que les habitants du pays soient nus, et se mit à prier pour eux. Par des projets d'assistance, elle distribua des ressources aux plus nécessiteux, sans parvenir à résoudre le problème de fond.

Un pays du Nord, fort instruit en matière de plans, d'études et de programmes, n'apporta pas non plus de solution durable. Il insistait: "Quand paieras-tu ta dette extérieure?" Il n'éprouva aucune compassion et finit par s'éloigner lui aussi.

Des organismes communautaires s'approchèrent du pays meurtri. Ce n'était pas des entreprises riches; on ne parlait pas beaucoup d'eux dans les médias. Ils appuyèrent les projets des communautés locales. Avec l'aide d'autres organismes solidaires, ils soignèrent les blessures du pays endetté. Les solutions au départ paraissaient de beaux rêves, mais finirent en mesures concrètes, pratiques pour tous. Ils versèrent "de l'huile et du vin" sur ses plaies: l'huile servant à échapper à l'adversaire dans un combat, et le vin des moments de fête. Surtout, ils aimèrent les gens du pays. Ils avancèrent l'argent sans toucher d'intérêts cette fois, pour que l'histoire ne recommence pas une fois de plus". Jésus demanda à l'économiste: "Selon toi, laquelle de ces institutions s'est montrée le prochain du pays criblé de dettes? — Celle qui l'a traité comme un frère. — Va, et fais de même. (35)

Laquelle de ces trois lectures me dérange davantage? Pourquoi? Est-ce que les deux dernières m'aident à saisir ce que le récit de Jésus avait de mordant pour les personnes qui l'entendaient? Les préjugés et le mépris à l'égard des Samaritains étaient aussi forts à cette époque que ceux qu'on entretenait à l'égard des Noirs il y a quelques dizaines d'années, et que ceux que beaucoup vivent aujourd'hui à l'égard des personnes d'orientation sexuelle différente, ou à l'égard des pays *"sous-développés"*.

Jésus savait qu'en proposant le bon *Samaritain* comme modèle, il fracassait les codes rigides des gens religieux de son temps et révélait l'amour inconditionnel de son Père pour toute personne. Aujourd'hui, l'Esprit de ce même Jésus continue de repousser les frontières étroites de nos jugements envers la personne humaine quelle qu'elle soit. Il nous incite aussi à rétablir des rapports justes et respectueux entre nations favorisées et nations appauvries (dépossédées, souvent, par les pays colonisateurs et par les exigences de notre standard de vie).

Favoriser un développement économique et social pour tous les peuples, comme cet écusson du Mouvement Mondial des Travailleurs Chrétiens le prône.

Vivre l'Évangile de la compassion exige qu'en plus de *soigner les victimes* des attentats de tous genres à la dignité humaine, nous luttions pour qu'il n'y ait *plus de brigands et d'exploiteurs* sur les chemins du monde.

Une femme oublie-t-elle son petit enfant ?
Est-elle sans compassion pour le fruit de son ventre?
Même s'il s'en trouvait, moi je ne t'oublierai pas.
Vois, je t'ai gravé sur les paumes de mes mains. *Is 49, 15-16* **157**

Partager jusqu'à son vital

L'amour, ça vient du coeur. Mais si ça ne passe pas par les mains, ça risque vite de ratatiner. *"Que les bottines suivent les babines!"* disait cette vieille tante. Curieusement, c'est quand on pense qu'on n'a plus rien à partager que le vrai partage commence. En voici deux exemples, l'un que Jésus a provoqué et l'autre qu'il a observé.

Après une tournée de prédication à travers plusieurs villages, les disciples reviennent fatigués. "Venez dans un endroit isolé pour vous reposer". Mais pas moyen: **ils ont beau traverser le lac, la foule les rejoint à pied. Jésus est rempli de compassion, parce que ces gens lui apparaissent comme des êtres abandonnés, sans berger.**

De la bonté de son coeur jaillit a-lors *une parole.* **Il se met à leur partager longuement son expérience.** Le soleil baisse à l'horizon. Des disciples s'approchent: **"Il se fait tard. Nous sommes loin de tout. Renvoie-les dans les fermes et villages, où ils pourront acheter de quoi manger."**

Vient alors la *transformation*: Jésus prend l'attente des gens et l'inquiétude des disciples, et il les transforme en action de grâce. **Il prend les cinq pains et les deux poissons, lève les yeux vers le ciel et remercie Dieu.**

Donner du pain...
et plus que du pain

Second jaillissement du coeur du Maître: *une invitation au partage:* **"Pas besoin de les renvoyer. Donnez-leur vous-mêmes à manger".** — **Même 200 pièces d'argent ne suffiraient pas! — Combien de pains avez-vous? Allez voir. — Un garçon a cinq pains d'orge** (le pain des pauvres) **et deux poissons grillés. — Dites à tout le monde de s'asseoir, par petits groupes, sur l'herbe. Les gens obéissent.**

Puis enfin *la communion.* **Il partage les pains et les poissons, les donne aux disciples, qui à leur tour les distribuent à la foule. Tous mangent à leur faim. Il reste même douze corbeilles en surplus! Or il y avait là 5000 hommes, plus les femmes et les enfants.** *Mc 6, 30-44*

Les premières communautés ont considéré cet événement comme un des *signes** importants que Jésus a donné de sa compassion, et de ce qui se produit quand on se met à partager avec gratitude: si chacun apporte joyeusement le peu qu'il a, il y en a assez pour tout le monde, même trop! Jean *(6,4)* fait de cette narration son récit de l'institution de l'Eucharistie.

Artisans d'un monde de **communion**

Le deuxième exemple de partage se passe cette fois dans le Temple* de Jérusalem. Gros édifice. Gros appareil de culte à gérer. Et donc en constant besoin de dons des fidèles. D'où le commerce qui s'y fait (➡ p. 99) et les troncs qu'on y trouve.

Jésus observe le comportement des gens qui viennent déposer leur contribution dans les troncs. De nombreux riches y mettent de gros billets. Survient une femme pauvre, une veuve sans personne pour la soutenir. Elle verse deux pièces de cuivre, sans beaucoup de valeur.

Comme il ne rate jamais une occasion d'enseigner à partir des gestes ordinaires de la vie, il appelle ses disciples. "Vous voyez cette veuve pauvre? Je vous le dis en toute vérité: elle a donné plus que tous les autres. Car eux ont donné de leur superflu, mais elle qui en arrache pour vivre, elle a donné de son vital" *Mc 12, 41-44*

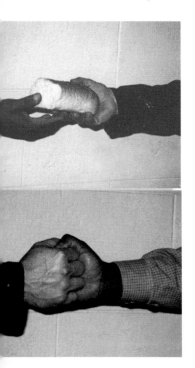

Imaginons un instant une société où tout le monde se mettrait à partager ainsi! Pas seulement en donnant ses surplus, ce dont on n'a plus besoin, mais en prenant le risque de donner *"jusqu'à ce que ça fasse mal"*. Les chansonniers (réels prophètes* d'aujourd'hui, souvent) rêvent au temps où il n'y aura plus de misère, parce que les hommes vivront d'amour...

Des milliers d'organismes communautaires vivent déjà ce monde *"autre"* dans la lutte constante pour améliorer la qualité de vie des personnes défavorisées: soupes populaires, magasins-partage, dispensaires populaires, cuisines collectives. Le plus souvent, ces groupes sont soutenus par des personnes — des femmes surtout — qui elles-mêmes triment dur pour boucler leurs fins de mois.

M'arrive-t-il, à la manière du jeune garçon ou de la veuve, de partager quelque chose sur lequel je comptais? Ou suis-je plutôt porté à dire, comme les Apôtres: "A quoi bon dépenser... c'est peine perdue... ça ne changera rien". C'est vrai que ces petits gestes, ça ne change pas le monde d'un coup sec. Mais si ça transformait notre coeur et nous donnait le goût de croire encore dans l'humanité ?

Qu'il n'y ait pas de pauvre chez toi! S'il s'en trouve un, n'endurcis pas ton coeur ni ne ferme ta main à ton frère pauvre... Donne-lui de bon coeur, et Yhvh* te bénira dans toutes tes actions. *Dt 15, 4, 7, 10*

Oser s'unir

Quand le partage et l'accueil mutuel deviennent une manière de vivre,
une *communauté* vient de naître. Les premiers chrétiens ont fait très tôt
l'expérience des forces et des défis que cela entraîne.

> **Tous les croyants sont fidèles à écouter les enseignements des Anciens*. Ils vivent unis comme des frères et des soeurs. Plusieurs vont jusqu'à mettre en commun tout ce qu'ils possèdent. Ils vendent leurs propriétés et leurs objets de valeur, et partagent l'argent entre tous. De sorte que chacun reçoit ce qui lui est nécessaire.** *Ac 2,42,44-47*

> **Chaque jour, d'un seul coeur, ils prient ensemble et chantent les louanges de Dieu. Ils partagent le pain dans leurs maisons, mangeant leur nourriture avec joie et avec un coeur simple. Tout le peuple les aime. Et chaque jour, le Seigneur ajoute à leur communauté des personnes qui y trouvent une nouvelle force de vie.** *Ac 4,32-35*

Ceci, c'est l'idéal qu'ils tendent à vivre, du moins dans la communauté de Jérusalem.
Ils avaient vu Jésus faire le choix volontaire de vivre parmi les gens du peuple, et de
se ranger du côté des marginalisés. Alors qu'il avait les talents et la puissance pour
s'arracher à ces conditions difficiles, il leur était resté solidaire jusqu'au bout. C'est
ce qui inspire maintenant le style de vie de ces communauté de disciples.

Mais les vieilles habitudes de vie ne mettent pas de temps à reprendre le dessus.
Ce qui amène Paul à rappeler les exigences de la vie en commun.

> **Nous sommes unis les uns aux autres, chacun à sa place et avec ses propres dons, comme les parties d'un même corps... Que votre amour soit vrai. Ayez de l'affection les uns pour les autres, comme de vrais frères et soeurs. Efforcez-vous de vous respecter les uns les autres. Soyez actifs et non paresseux. Servez le Seigneur avec un coeur plein d'ardeur. Venez en aide à vos frères dans le besoin, et pratiquez sans cesse l'hospitalité.** *Rm 12, 5, 9-11, 13*

> **S'il y a des dons différents, c'est pourtant le seul et même Esprit qui les donne, en vue de servir le même Dieu, pour le bien de tous.** *1 Co 12, 4-11*

Nous n'avons donc pas à envier les dons des autres. Comme dans un orchestre symphonique géant, nous sommes tous indispensables à l'harmonie de l'ensemble, en jouant des instruments différents. C'est coude à coude que nous formons le Corps du Christ.

> *Les amours, les travaux   Même le chant d'un oiseau*
> *Ton coeur, mes mots   Font tourner le monde.*

Gilles Vigneault (36)

Apprendre à vivre ensemble: défi permanent pour l'humanité. A tous les niveaux: colocs d'appartement, couple pour la vie, famille unie/éclatée/reconstituée/élargie. Communes, coopératives, communautés, villages, mégavilles...

On a parfois le sentiment que tout s'effondre actuellement. Des grands pans de murs qu'on croyait inébranlables se sont effrités. Est-ce que ça vaut encore la peine de former une cellule de vie, un groupe de militants?

La communauté civile et spirituelle est remise constamment en chantier. Avec la fragilité et le dynamisme des personnes qui s'y engagent. Quand on prend le temps de regarder toutes les manifestations de solidarité — davantage dans la rue que derrière les murs de gros édifices, il est vrai — on voit surgir des pousses de printemps. Face à la globalisation du capital, à l'exploitation des richesses naturelles et de la main-d'oeuvre à bon marché, s'organise une autre mondialisation: celle de la solidarité, de la mondialisation citoyenne, pour une réelle démocratie.

Mettez vos énergies à cultiver l'unité spirituelle par ce lien que crée entre vous la volonté de paix *Ep 4, 3-4* **161**

Un seul peuple dans le vaste univers

Des massacres sans fin déchirent, de nos jours, les habitants du pays où vécut l'Homme de Nazareth. Un désir lancinant habitait pourtant Jésus. Sa prière se faisait pressante:

Père, que tous soient un en nous, comme nous, avec nous. Le monde pourra alors reconnaître que tu m'as envoyé et que tu l'aimes. *Jn 17, 21-24*
C'est là l'appel que nous avons reçu: cherchez à maintenir l'unité dans le Souffle de paix qui nous lie les uns aux autres. *Ep 4, 1, 3*

Comme dans notre époque, l'unité souhaitée semblait absolument impensable au temps de Jésus. Imaginez: des Juifs, *peuple séparé, mis à part par Dieu* depuis des siècles, appelés à ne faire qu'un avec tous ces *païens**, adorateurs d'autres dieux! Des grands patrons et propriétaires, des *citoyens romains*, dans la même communauté que des travailleurs, des *esclaves*, des tout-nus-dans-la-rue! Pour qu'un tel revirement se produise, il fallait qu'arrive un événement exceptionnel:

Le Christ a détruit le mur de haine qui séparait Juifs et non-Juifs. En donnant sa vie pour tous sur la croix, il les a réunis en un peuple nouveau, réconcilié avec Dieu... C'est pourquoi vous qui ne faisiez pas partie du *peuple de l'Alliance**, vous n'êtes plus des étrangers ni simplement des gens de passage dans la communauté. Vous faites maintenant partie du peuple de Dieu, de sa famille.

Vous en avez tous les droits. Vous êtes devenus la nouvelle maison de Dieu, qui a pour fondation les Prophètes* et les Apôtres*. Et la pierre principale sur laquelle s'appuie tout l'édifice, c'est le Christ Jésus lui-même. En lui toutes les pierres tiennent ensemble solidement. Vous formez, avec tous les autres, un lieu où habite Dieu, par son Esprit qui construit l'unité. *Ep 2, 14, 16, 19-22*

L'unité entre chrétiens de différentes traditions devrait être plus facile à réaliser, maintenant que Jésus nous a donné sa Vie et son Esprit de paix. Et pourtant, les Églises s'opposent encore sur des éléments parfois bien secondaires en comparaison des enjeux de fond. L'Église du Christ peut-elle être crédible aux yeux du monde tant qu'elle ne sera pas vraiment une, dans le respect des différences comme des convergences?

Que de profit aussi à rencontrer les autres traditions religieuses de l'humanité! (➡ p.130) Souvent, celles-ci mettent davantage en relief le visage d'un Dieu Harmonie, Plénitude, dont chaque être vivant est le reflet. En cet Être divin, nous sommes tous uns, les humains, les animaux, les oiseaux, les habitants des mers, les plantes. Les spiritualités amérindiennes ou orientales ont beaucoup à nous rappeler en ce sens, comme nous pouvons aussi les enrichir de notre insistance sur le Dieu Tout-Autre qui nous invite à le rencontrer face à face.

L'unité entre croyants et entre peuples serait-elle le défi principal du 3e millénaire? Devant les graves menaces à la santé des humains et à l'avenir de la planète, nous serons sauvéEs ENSEMBLE, ou pas du tout. Dans un dialogue véritable, dépouillé de toute prétention à être supérieur aux autres. Comme toujours, les "crises" actuelles sont à la fois un *danger* et une *chance* pour l'humanité.

Père, unis-nous tous.
Que le monde croie
en ton amour !

Au milieu d'un monde
blessé nous espérons
l'unité.

Chants de la
communauté de
l'Arche

163

Des pieds et du pain

Les événements se corsent autour de Jésus. Il sent venir l'heure où les Autorités chercheront à l'éliminer. Le moment crucial arrive donc pour lui.

Lui qui est venu de Dieu, il sait qu'il va retourner auprès de Dieu. Et comme il a toujours aimé fidèlement ses amis, il les aime jusqu'au bout, jusqu'à l'extrême limite. *Jn 13, 1*

On est au jeudi, **début de la grande fête de la Pâque*** où les Juifs célèbrent l'événement unique de leur arrachement à l'esclavage au pays d'Egypte. Pour marquer la nouveauté de ce qu'il veut vivre, Jésus ne célèbre pas le repas traditionnel dans une maison familiale, entouré de sa mère et de sa parenté, selon la coutume. *Ex 12, 3-4* Ni dans la maison de ses amis à Béthanie. Ni dans celle de Pierre. Mais dans une **grande salle**, anonyme, que ses disciples découvrent en suivant **un homme qui porte une cruche d'eau**. Or porter l'eau, c'était le rôle des femmes dans cette société. Jésus ne suit pas les conventions; il va au-delà des rôles stéréotypés. Ses choix annoncent que quelque chose d'absolument neuf va se produire...

Pendant ce repas rituel, Jésus pose deux gestes inattendus. Deux gestes qui en disent long sur lui et sur son Dieu. Deux gestes *prophétiques**. Regardons-le faire.

Au début du repas, il se lève. Il enlève son vêtement de dessus. Il prend un tablier et le noue autour de sa taille. Ensuite, il verse de l'eau dans une cuvette. Et, comme **un esclave dont c'était la tâche, il se met à laver les pieds de ses disciples et à les essuyer avec un linge. Puis il remet son vêtement et s'asseoit.** *Jn 13, 4-5, 12*

Au cours du repas, il prend du pain, remercie Dieu, partage le pain et le donne aux disciples en disant: "Ceci est mon corps donné pour vous." Puis à la fin du repas, il prend la coupe de vin, rend grâce de nouveau et dit: "Cette coupe est celle de mon sang, que je verse pour vous tous. Le sang qui scelle la nouvelle alliance de Dieu avec son Peuple nouveau." *Lc 22, 19-20*

164

Après chacun de ces deux gestes, Jésus ajoute un commandement:

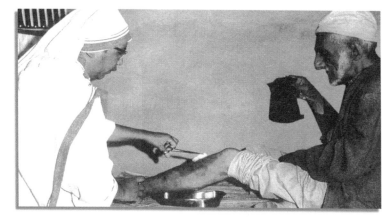

Comprenez-vous ce que je viens de faire? Vous m'appelez Maître et Seigneur, et vous avez raison. Alors si moi, le Seigneur et le Maître, je vous ai lavé les pieds, vous aussi, vous devez le faire les uns aux autres. Je vous ai donné un exemple: ce que je vous ai fait, faites-le vous aussi. Et vous serez heureux. Bienheureux! Jn 13, 12-17

Je vous donne en partage mon corps et mon sang. Faites cela en mémoire de moi. Lc 22, 19

Geste tellement parlant que **c'est au partage du pain que deux disciples le reconnaîtront, le soir de Pâques,** autour de leur table de cuisine, **à Emmaüs.** *Lc, 24, 30-31, 35* (➡ pp. 8-9)
Geste que les premières communautés continueront de faire, pour se souvenir de leur Maître et Ami, et pour célébrer sa présence toujours actuelle parmi eux.

Nous avons été fidèles au partage du pain, tout au long des siècles. Bien endimanchés dans nos plus beaux habits et dans des lieux bien décorés. Sentons-nous l'invitation tout aussi pressante au lavement mutuel des pieds? En tenue de service, cette fois. Dans des lieux obscurs et puants (au-delà du rituel des pieds propres propres, lavés dans les cathédrales le Jeudi Saint).

Les deux gestes avaient pourtant, pour Jésus, la même puissance de manifestation de *son amour jusqu'à l'extrême.* Pas de communion valable à Jésus dans l'Eucharistie, sans communion-service à Jésus qui vit dans tout être souffrant.

Tu veux honorer le Corps du Christ? Ne le méprise pas lorsqu'il est nu. Ne l'honore pas ici par des tissus de soie, tandis que tu le laisses souffrir du froid et de manque de vêtements. Quel avantage y a-t-il à ce que la table du Christ soit chargée de vases d'or, tandis que Lui-même meurt de faim? Commence par rassasier l'affamé, et avec ce qui restera, tu orneras son autel... Lorsque tu décores l'église, n'oublie pas ton frère en détresse, car ce temple-ci a plus de valeur que l'autre.

Saint Jean Chrysostome, 4ᵉ siècle

Rempli d'une immense amitié, je te manifeste ma tendresse. *Is 54, 8*

165

Ne me demandez pas d'aller jusque là...

"Donner sa vie pour ceux qu'on aime, c'est la plus grande preuve d'amour" *Jn 15, 13*. C'est vrai, et ce n'est pas vrai. Jésus est allé plus loin que ça encore. **Alors même que nous étions ses ennemis, par notre péché, il nous a aimés assez pour donner sa vie pour nous.** *Rm 5, 8* Il était bien placé pour nous demander de faire de même.

Vous avez appris déjà: "Tu dois aimer les personnes qui t'aiment et qui sont proches de toi." Moi je vous dis d'aller plus loin que ça: Aimez même celles qui vous font du mal ! *Mt 5, 43-44* Souhaitez du bien à celles qui vous souhaitent malheur et vous font souffrir. Priez pour celles qui vous maltraitent. *Lc 6, 27-28*

Car si vous aimez seulement celles qui vous aiment, que faites-vous de spécial? Même les fraudeurs font cela. Si vous faites du bien uniquement à celles qui vous en font, il n'y a pas de quoi vous péter les bretelles... Même les égoïstes font ça. Et si vous ne prêtez de l'argent qu'aux gens qui peuvent vous le rendre, y a-t-il de quoi vous en féliciter? *Lc 6, 32-34* Même les banques prêtent ainsi, pour qu'on leur remette leur dû, plus les intérêts, sans prendre de risque avec les gens à faible revenu.

Donne à manger et à boire à ton ennemi qui a faim et soif. Ne te laisse pas contaminer par le mal, mais sois vainqueur du mal en gardant ton coeur libre. *Rm 12, 20-21* Car celui qui déteste son frère ou sa soeur est envahi par les ténèbres. Il marche dans la nuit. Il ne sait plus où il va, il perd le nord. La nuit l'a rendu aveugle. *1 Jn 2, 11*

Vous donc, soyez pleins de bonté, débordants de miséricorde, comme votre Père l'est à la perfection. *Lc 6, 35-36* En vivant ainsi, vous serez vraiment à l'image de votre Père des cieux. Lui, il fait lever son soleil et tomber la pluie sur les méchants comme sur les bons. *Mt 5, 45*

166

Etienne, un diacre du début de l'Église, paraît devant le Sanhédrin*, le même tribunal qui avait condamné Jésus. Il parle de son service des pauvres et de la vision qu'il a de Jésus auprès du Père.

Entendant cela, les gens en autorité deviennent furieux... Ils se précipitent sur Etienne, le traînent hors de la ville et l'assomment avec des pierres. Etienne prie: "Seigneur Jésus, reçois ma vie". Tombant à genoux, il crie de toutes ses forces: "Seigneur, pardonne-leur ce meurtre". Puis il rend l'esprit. *Ac 7, 54-60*

Aimer des proches et des amis, c'est souvent difficile. Aimer quelqu'un qui m'écrase ou qui m'a blessé profondément, c'est fou et impossible. À moins que....

Martin Luther King fut un témoin vibrant de la résistance pacifique à l'écrasement dont les Noirs étaient victimes. *"J'ai fait le rêve qu'un jour les fils des anciens esclaves se joindront aux fils de leurs anciens maîtres et prendront place ensemble à la table de la fraternité..." (37)* Par centaines de milliers, les Noirs et les Blancs marchèrent avec lui, pour tuer la haine et la ségrégation.

Déjà les commentaires anciens sur le livre de la Loi* juive (la Torah) enseignaient: *"Un monde où seule la justice régnerait serait invivable. Mais dans un monde où le pardon régnerait sans la justice, les malhonnêtes domineraient. Alors Dieu créa un monde de justice et de pardon. Entre les deux, Dieu préfère le pardon".* La fête du Yom Kippour (du pardon) le rappelle solennellement chaque année.

C'est d'abord pour libérer mon coeur à moi que je choisirai de pardonner; pour ne pas rester pris dans la haine et la vengeance. Pardonner pour *vivre*, dans la liberté, dans la dignité. Un grand cadeau à demander, longuement, patiemment. M'aider des pages 36, 152, 168-169.

Ce que vous voulez que les autres fassent pour vous, faites-le de même pour eux. *Lc 6, 31*

Un monde remis dans la vérité et l'amitié

Pardonner, ce n'est pas une mince affaire. Du vrai pardon, s'entend. Pas seulement passer par-dessus, éponger, faire comme si elle n'avait pas eu lieu cette gaffe qu'on a ressentie comme *un coup de couteau dans le dos...* Regardons-y de plus près.

◆ D'abord la *source* d'où jaillit le pardon:

Comme Dieu vous a pardonné dans le Christ, pardonnez-vous les uns les autres. *Ep 4,32*

Nous sommes créés à nouveau. Ça, ça vient de Dieu, qui nous a remis en amitié (réconciliés) avec lui dans le Christ Jésus. *2 Co 5, 17-18*

Les personnes ayant fait une véritable expérience de pardon, après une offense qui avait dévasté leur vie, le savent: pardonner, c'est au-delà de nos forces psychologiques. Ça vient chercher tout ce qu'on a de forces proprement spirituelles. Ça doit jaillir de source, du fond de notre être. Et cette source, c'est ce que plusieurs d'entre nous nommons Dieu.

◆ Puis *l'invitation* à entrer dans ce projet de Dieu:

Par nous, Dieu lui-même vous lance un appel pressant: au nom du Christ, acceptez d'être remis en amitié avec Dieu. *2 Co 5, 20*

Une parole étonnante, qu'on pourrait prendre pour une menace ou pour du chantage, nous dit l'impuissance de Dieu lui-même devant un coeur qui refuse de s'ouvrir au pardon:

Si vous pardonnez leurs fautes aux autres, votre Père du ciel vous pardonnera aussi. Mais si vous ne pardonnez pas aux autres, votre Père *ne pourra pas* vous pardonner lui non plus. *Mt 6, 14-15* Lire aussi l'histoire du serviteur sans pitié: Mt 18, 23-35

◆ Et *que ça rayonne!*

Dieu nous a chargés d'annoncer cette bonne nouvelle de réconciliation. *2 Co 5, 19*

Comment se surprendre alors que la seule "condition" que Jésus aie inscrite dans la prière qu'il nous a enseignée — le Notre Père — soit: **Pardonne-nous, comme nous pardonnons.** *Mt 6, 12*

Comme c'est beau quand on ouvre le journal le matin et qu'on peut lire, avec la nouvelle horrible du meurtre d'une femme dans la trentaine par un jeune homme hébergé dans sa maison, ce mot écrit, le soir même, par son mari:
Face à ce qui m'arrive, je prends la liberté de vous écrire pour vous dire ce à quoi je pense aujourd'hui: je pense de toutes mes forces qu'il faut s'aimer à tort et à travers. Car il n'est de vrai que l'amitié et l'amour.

le chanteur belge Julos Beaucarne (38)

De tels gestes ne s'improvisent pas.(voir aussi les pardons mentionnés pp.38-39) Ils tombent comme des fruits mûrs, après mille pardons donnés au fil des jours, lorsqu'on a été déçu dans ses attentes. Ou que quelqu'un a entaché notre réputation, trahi un secret, joué du coude pour passer avant nous en vue d'une promotion...

S'engager sur les chemins ouverts par l'Evangile, c'est souvent ramer *à contre-courant* des moeurs de la société environnante. Une civilisation du maquillage et du "top secret". Les gens aux cheveux grisonnants cachent leur âge avec un arc-en-ciel de teintures (*"seul votre coiffeur le sait"*). Les États cachent leurs crimes sous le sceau de la *"Sécurité nationale"*. Transparence et vérité sont des denrées rares par les temps qui courent. C'est ce qui rend la réconciliation et le pardon difficiles. Pour établir une base solide à une nouvelle alliance entre des personnes, entre des nations ou entre des groupes rivaux, il faut d'abord rétablir la vérité. Reconnaître les torts et les responsabilités, comme aussi les éléments positifs vécus. Il ne s'agit pas d'oublier le passé, encore moins de le nier. Mais de se laisser **créer à nouveau** *2 Co 5, 17*, dans la justice et le respect de la dignité.

Le monde entier vient d'assister, comme impuissant, à des tueries épouvantables entre nations. Les personnes qui se disent croyantes en un Dieu d'amour, de quelque tradition qu'elles soient, ont une mission urgente: calfeutrer les brèches, jeter des ponts entre les rives, réparer le tissu social déchiré, extirper le venin de méfiance et de mépris qui empoisonne les rapports entre les humains. Ce siècle-ci en sera un de guérison profonde, ou de destruction totale des cellules d'humanité. Pardonner, réconcilier, c'est respirer, comme en plein vol, un air de liberté.

**Ne rendez à personne le mal pour le mal.
Cherchez à faire du bien
à toute personne que vous touchez.** *Rm 12, 17*

Qu'est-ce que ça me donne de vivre?

"Pourquoi ne suis-je pas mort dès le sein de ma mère? Pourquoi donner la vie au malheureux qui a de l'amertume plein le coeur?"

Ce cri que lança Job *3, 11, 20* quand il fut dépouillé de ses biens, de ses enfants, de sa santé, qui ne l'a pas entendu un jour? De la part d'une adolescente dont l'apparence physique lui fait perdre tous ses *chums*. Ou d'une autre qu'on vient de violer. Ou chez une personne âgée qui n'en finit plus de mourir. Ou encore chez cet homme qui a perdu sa femme et ses deux enfants dans un accident de la route, ou par un divorce mal réglé. Tant de rêves brisés, d'illusions perdues, de naïvetés abusées, de générosités trahies.

ersonne n'est à l'abri d'une dépression, qui crée un vide-à-l'âme affreux et entraîne vers ? gouffre du suicide. Personne. La Bible nous raconte plusieurs histoires en ce sens.

Lorsque le prophète* Jérémie est ridiculisé et méprisé par les gens puissants à cause des reproches qu'il leur fait de la part de Yhvh*, il dit:

> "Maudit soit le jour où je suis né! Pourquoi suis-je sorti du ventre de ma mère? Pour vivre triste et tourmenté, et finir mes jours dans la honte?
>
> *Jr 20, 14-18*

Le prophète Elie venait de remporter une victoire éclatante contre 450 prophètes du dieu Baal. Ce qui avait mis en furie la reine Jézabel. Elle résolut de l'assassiner, comme elle avait massacré déjà d'autres prophètes de Yhvh. Elie eut peur et partit vers la montagne, pour sauver sa vie. Après une journée de route au désert, il se coucha près d'un arbuste et souhaita mourir. "Seigneur, prends ma vie, car je ne suis pas meilleur que les autres". Un ange* le sortit de son sommeil: "Lève-toi et mange". Il trouva à ses côtés une galette et une gourde d'eau. Après avoir mangé et bu, il se rendormit, toujours abattu. De nouveau la voix le secoue: "Prends et mange, autrement le chemin sera trop long pour toi." Soutenu par cette nourriture, il eut la force de marcher quarante jours et quarante nuits, jusqu'à la montagne où il rencontra Dieu. *1 Ro 19, 1-8 (et tout le ch. 18)*

> Le *Livre de Tobie* rapporte des faits du genre. Un livre court et pétillant de vie. Il raconte comment Dieu vint au secours d'un homme au grand coeur, devenu aveugle, et d'une femme découragée par la mort successive de ses maris. Comment ces deux personnes ont surmonté leur goût de mourir.

Quelle sera notre *nourriture* à nous pour la longue route? Qui nous accompagnera aux moments incertains où le vertige nous prendra?

Si une personne gagne toutes les richesses du monde, mais vient à perdre le sens de sa vie, à quoi cela lui sert-elle? Qu'est-ce qu'on peut payer en échange de sa vie? *Mc 8, 36-37*

> *On a beau tout avoir*
> *L'argent, l'amour, la gloire*
> *Il y a toujours un soir*
> *Où l'on se retrouve seul*
> *Seul au point de départ*
>
> Plamondon / Musumarra (39)

Un de ceux qui a le mieux exprimé le cauchemar de cette descente aux enfers et la bataille livrée courageusement pour s'en sortir, est le chansonnier acadien Kevin Parent. Avec ses tripes, avec ses mots écorchés, avec son authenticité d'anti-star, il nous crie la souffrance et l'espoir au coeur de tant de jeunes d'aujourd'hui. Entre autres dans *"Seigneur"* et dans *"Fréquenter l'oubli"*.

171

"DITES NON AUX DROGUES DITES OUI À LA VIE

J'FAIS JUSTE TE DIRE QUE LA VIE C'EST UN COMBAT.
MAIS ÇA TU LE SAIS PARFOIS BIEN PLUS QUE MOI.
DES "MAINS" SE TENDENT SOUVENT, NE DOUTE PAS
DE ÇA. OUVRE TON COEUR, TES YEUX, ET TU VERRAS.
LA SEULE VÉRITÉ QUE JE CONNAISSE
C'EST QUE LES CLEFS SONT EN TOI...
NME 2000

**Nous avons une espérance qui fait vivre.
Dieu nous a mis en réserve un trésor spirituel
qui ne peut s'abîmer, ni se salir, ni disparaître.
En faisant passer Jésus Christ à travers la mort,
Dieu, dans son immense amour, nous a fait naî-
tre à une vie nouvelle.** *1 Pi 1, 3-4*

Des biens *qui ne s'abîment pas*: une automobile
de luxe, un manteau de cuir, une chirurgie esthéti-
que? La seule chose qui durera jusque dans l'éternité et nous arrache au vide intérieur: l'amour, le
vrai. (➡ p.142) La certitude qu'on est voulu et
que Quelqu'un nous attend, quoiqu'il advienne.
(➡ p. 187) De là surgit une puissante envie de
VIVRE, de faire *bouger* le monde.

**Nous savons que nous sommes passés de la
mort à la vie parce que nous aimons nos frères. Quiconque n'aime pas est encore dans
un régime de mort.** *1 Jn 3, 14*

Pourquoi vivre? *Pour quoi, pour qui* continuer à vivre, demande Bécaud *("Et maintenant")*, quand il semble qu'il n'y a plus rien à espérer de la vie? La réponse ne se force pas. Elle ne s'emprunte pas aux autres, non plus. Elle doit jaillir du dedans. Souvent après un dur combat, une longue recherche de son identité. *Est-ce que je suis encore quelqu'un*, moi qui viens de perdre ma santé, mon emploi, des personnes que j'aimais, mon honneur? *Est-ce que je vaux encore la peine?*

Et pour refouler ce cri qui fait mal en-dedans, très mal, on s'agrippe à des bouées de sauvetage. On s'enfonce dans tout ce qui peut étourdir et faire oublier les cauchemars qui hantent les nuits. Enlisement dans les drogues douces, puis dans l'enfer de la dépendance au *crack*, à la *coke*, à l'héroïne. De plus en plus d'isolement et d'auto-destruction.

Ces choses-là n'arrivent pas qu'aux *gars durs* et aux *filles pognées*. D'ailleurs, ces personnes ne sont pas nées ainsi: quand on prend le temps de découvrir ce par quoi elles sont passées, on en comprend des choses! On n'a plus le goût de juger. On découvre même que ces gens éprouvés deviennent capables de soutenir le courage et un nouvel élan de vie chez d'autres personnes blessées. C'est ainsi chez les gens de la rue qui savent souvent s'entraider merveilleusement. On assiste alors à de réels *retours à la vie!*

Tu nous as fait pour toi,
et notre coeur demeure inquiet
tant qu'il ne repose en toi.   saint Augustin, 4e siècle   **173**

Engagés dans un combat gigantesque

La lutte pour la survie et le sens à sa vie ne se joue pas seulement par chaque individu. Nous sommes engagés dans un combat beaucoup plus large que nos luttes personnelles, familiales, locales. Une lutte avec des forces obscures qui cherchent à étouffer la vie à grandeur de la planète. (➡ p.93)

Ce ne sont pas contre des personnes individuelles que nous avons à lutter, mais contre des systèmes de valeurs et des puissances écrasantes qui dominent le monde en le maintenant dans la noirceur de l'ignorance et de l'oppression. *Ep 6, 12*

Ce monde est tombé sous le pouvoir de forces qui n'ont aucune pitié ni aucun respect. Toute la création souffre et gémit, comme une femme qui accouche. *Rm 8, 20, 22*

"Comme une femme qui accouche". Le dernier livre de la Bible présente sous formes de vision d'avenir la Victoire du bien sur le mal. Il peint un tableau saisissant pour nous dévoiler cette lutte à finir.

Un grand signe apparaît dans le ciel: c'est une femme. Le soleil l'enveloppe comme un manteau, la lune est sous ses pieds. Sur sa tête, une couronne de douze étoiles. Elle va bientôt mettre au monde un enfant et les douleurs de l'accouchement la font crier. Un autre signe apparaît dans le ciel: c'est un énorme dragon rouge comme le feu. Il a sept têtes, dix cornes, et sur chaque tête, une couronne. Le dragon se place devant la femme qui va accoucher, pour dévorer l'enfant dès qu'il sera né. La femme met au monde un fils, qui est emporté aussitôt auprès du trône de Dieu. La femme s'enfuit dans le désert, où Dieu lui a préparé une place. C'est alors que s'engage un combat dans le ciel. D'un côté, l'archange Michel et ses anges; de l'autre, le dragon avec ses anges lui aussi. Le dragon est vaincu. Lui et ses anges sont jetés dehors. Ce dragon, c'est le serpent des premiers jours de la création. On l'appelle *l'Esprit du mal* ou *Satan*. Il trompe le monde entier. Jeté avec ses anges sur la terre, il se met à poursuivre la femme, qui s'envole au désert sur les ailes d'un grand aigle. Le dragon-serpent crache de l'eau comme un fleuve derrière la femme, pour qu'elle soit noyée dans les flots. Mais la terre s'ouvre et avale le fleuve que le dragon a craché. Plein de fureur contre la femme, le dragon part en guerre contre le reste de ses descendants, ceux-là qui obéissent aux commandements de Dieu et sont les fidèles témoins de Jésus. *Ap 12 1-9, 13-17*

"Ce dragon, c'est le serpent des premiers jours". La vision de Jean rejoint le récit des commencements du monde, au jardin d'Eden. Genèse ch. 3 On y reconnaît aussi les événements qui ont entouré la naissance de Jésus à Bethléem: le roi Hérode (représentant le dragon de l'Empire Romain) guette l'enfant nouveau-né pour le faire mourir, et finit par massacrer des enfants innocents. (➡ p.17) Le dragon, c'est tout ce qui, dans le monde, cherche à détruire, diviser, manipuler, confondre, répandre la mort.

Soyez bien éveillés, voyez clair: votre adversaire, le Satan, rôde comme un lion qui rugit, cherchant quelqu'un à dévorer. Résistez-lui, fermes dans votre foi. *1 Pi 5, 8-9*

Les dictateurs d'aujourd'hui frappent le corps du Christ en frappant à grands coups sur le corps des humains. Et sur la création, corps visible du Créateur.

L'arme de Dieu pour terrasser ce dragon apparemment invincible: une femme, un enfant — ce que la société technique considère le plus faible. Dieu prend le risque de miser sur la puissance extraordinaire des *non-puissants*. (➡ p.134)

Il est important de situer nos luttes personnelles quotidiennes dans la perspective de ce combat à grandeur d'univers. Cela permet de relativiser nos échecs et nos succès. Encore plus, de nous sentir solidaires des personnes qui résistent à l'Envahisseur et cherchent à rompre avec les systèmes d'exploitation. Notre appui aux travailleurs agricoles mexicains-américains (César Chavez en tête) a forcé les grands propriétaires à améliorer les conditions de travail et de vie de ces *"sans-papier"*. Nos victoires, toujours fragiles, font partie de l'éclatante victoire remportée par Jésus sur la mort et sur l'orgueil des soi-disant *puissants*. C'est dans cette victoire (mort-résurrection) que sont *plongés* ceux qui sont *"Baptisés dans le Christ"*.

Est-ce que je sais reconnaître les visages concrets du Dragon dans le monde actuel? (➡ p.129) Où Dieu est-il à l'oeuvre aujourd'hui pour le combattre? Quelle sont mes solidarités concrètes avec l'*enfant* fragile et menacé qui cherche à naître?

Ils sont d'abord venus arrêter les Communistes, et comme je n'étais pas communiste, je n'ai pas parlé. Ils sont venus pour les Juifs, et comme je n'étais pas Juif, je n'ai rien dit. Ils sont venus encore arrêter les syndicalistes, et comme je n'étais pas syndicaliste, je n'ai pas parlé. Ils sont venus pour les catholiques, et comme j'étais protestant, je me suis tu. Ils sont venus pour moi, et par ce temps-là, il n'y avait plus personne qui pouvait parler.

Pasteur Martin Niemoller (40)

Vous aurez à souffrir dans le monde.
Mais courage! j'ai vaincu les puissances du monde. *Jn 16, 33*

Tout est remis à neuf

Voici que je vais faire du neuf. C'est déjà commencé. Ne le voyez-vous pas ? *Is 43, 19*
L'espérance, c'est une certaine manière de voir, d'attendre. De s'attendre à ce qu'il se passe du neuf.

Pour ne pas rester pris dans la peur et l'angoisse, il faut savoir reconnaître les signes de cette espérance, là où d'autres ne voient que confusion et désespoir. Voir l'eau jaillir dans les endroits déserts. Voir l'inattendu apparaître, dans les périodes de temps où il semble qu'il ne se passe plus rien. *"Porter notre attention sur les pouponnières, plutôt que sur les cimetières"*, dirait Benoît Fortin. Savoir discerner les *signes des temps**, les appels nouveaux pour des temps nouveaux.

C'est ainsi qu'un jour, **Jean le Baptiseur** est passé par un tournant déchirant. Il avait mené une vie de grands renoncements et livré une prédication sévère, pour ouvrir à Jésus le chemin. Voici maintenant qu'il **est tenu prisonnier au fond d'un cachot.** Ça dure depuis quelque temps. Jésus pourtant ne fait rien pour le sortir du trou. Jean se met à douter: *Me suis-je lamentablement trompé sur Lui?*

Alors il envoie deux de ses disciples demander à Jésus: "Es-tu bien le Messie, ou devons-nous en attendre un autre?" — Allez raconter à Jean ce que vous entendez et voyez: des aveugles voient; des boiteux et des paralysés marchent; des lépreux sont guéris; des sourds entendent; des morts reviennent à la vie; même les pauvres reçoivent une Bonne Nouvelle. Heureux celui qui saura me faire confiance jusqu'au bout!" *Mt 11, 2-6*

En Jésus, Dieu est à l'oeuvre. Il est en train de faire du neuf: les personnes les plus défaites sont transformées et reprennent courage. Trente ans après le départ de Jésus, les disciples continueront à voir ces *signes* arriver:

Si quelqu'un est uni au Christ, il est *créé* à nouveau. Ce qui est vieilli dans sa personne est évacué pour faire place à une force nouvelle. *2 Co 5, 17*

Ce que vous étiez auparavant, avec vos mauvaises habitudes de vie, vous vous en êtes débarrassés comme d'un vieux vêtement. Revêtus d'un vêtement neuf, vous êtes devenus des êtres nouveaux, que notre Créateur renouvelle constamment pour que vous lui ressembliez et que vous le connaissiez pleinement. *Col 3, 9-10*

176

N'est-ce pas là l'expérience que vivent les personnes qui reprennent vie et espoir après une grave maladie? Ou au sortir d'un emprisonnement injuste? Ou lors d'une conversion* vécue comme une nouvelle naissance?

L'être humain n'est pas le seul parmi les êtres créés qui soit refait à neuf:

La création elle-même sera libérée des forces qui la détruisent et la tiennent en esclavage. Elle participera alors à la liberté et à la vie radieuse des enfants de Dieu. *Rm 8, 21*

Ensuite, je vis un ciel nouveau et une terre nouvelle. Dieu a fait sa maison au milieu des êtres humains... Plus de deuil, ni de cri, ni de souffrance. Visiblement, le monde ancien a disparu. *Ap 21, 1,3-4*

Les humains sont loin d'être toujours *une bonne nouvelle* pour le reste de la création... Quand nous arrivons avec notre arsenal de destruction de la nature et notre exploitation des richesses naturelles de toutes sortes, nous sommes loin de vivre l'appel que nous fait le Créateur à co-créer avec lui un monde de beauté dont les générations à venir pourront jouir. Les grands Jubilés* célébrés tous les 50 ans chez le peuple de l'Alliance* avaient pour but de restaurer aux esclaves leur liberté et à la terre sa fécondité. En l'an 2000, 17,050,000 personnes ont demandé aux pays riches de remettre leur dette internationale aux nations écrasées par un fardeau injuste et désespérant. Oser faire du neuf, comme le Créateur !

L'apôtre Pierre écrivait aux premiers chrétiens et chrétiennes menacés de mort: **soyez toujours prêts à rendre compte de l'espérance qui vous habite.** *1 P 3, 15* En d'autres mots: prêts à montrer vos couleurs, à dire ce qui fait votre force, sur qui vous comptez pour avancer dans la vie et pour créer l'avenir avec d'autres.

Quel est mon point d'appui à moi? Qu'est-ce que je peux *"raconter de ce que j'ai vu et entendu"* qui est bonne nouvelle pour moi et pour les autres? Quelles transformations ai-je vécues ou ai-je vu vivre, qui montrent que la Vie est capable de l'emporter sur ce qui veut l'étouffer? Avec qui est-ce que je prends le temps de partager et de célébrer ces poussées de vie et ces victoires sur le défaitisme? Quel soin est-ce que je prends de mon environnement, *"parce que notre planète me tient à coeur"*?

Évangéliser, c'est transformer du dedans, rendre neuve l'humanité elle même. Paul VI (41)

Le monde à l'envers

Dès le début de sa vie d'homme public, Jésus propose un renversement total des valeurs vécues en société. La première fois qu'il s'adresse à une grande foule, il énonce à la fois des *promesses de bonheur* et un *programme de vie* pour quiconque veut marcher à sa suite hors des sentiers battus. Luc et Matthieu nous rapportent tous deux ce discours.

Luc insiste sur les *promesses*: comment Dieu agit à l'égard des malmenés de la vie:

- **Heureux vous les pauvres, car le Royaume* de Dieu est à vous.**
- **Heureux vous qui avez faim maintenant, car vous serez rassasiés.**
- **Heureux vous qui pleurez maintenant, car vous rirez.**

Ceux qui, dans la société, sont exclus du bonheur, Dieu leur donne une place de choix dans son projet d'un monde neuf. Sans même leur demander d'être des *"bons"* pauvres. Luc prévient cependant les personnes qui agiront comme Dieu à l'égard de ces gens, qu'elles auront des emmerdements:

- **Heureux êtes-vous quand on vous haït et vous rejette à cause de moi: bondissez de joie, car votre récompense est grande dans le ciel*.** *Lc 6, 20-23*

Matthieu met en relief le *programme de vie* proposé à ceux qui veulent entrer dans ce Royaume.

- **Heureux ceux qui, dans leur coeur et leur esprit, reconnaissent leur pauvreté; le Royaume est à eux.**
- **Heureux ceux qui ont faim et soif de justice, d'ajustement à la volonté de Dieu; ils seront rassasiés.**
- **Heureux ceux dont le regard est limpide et le coeur pur, car ils verront Dieu.**
- **Heureux ceux qui refusent la violence et s'entourent de douceur; ils posséderont la terre.**
- **Heureux ceux qui se montrent miséricordieux pour les autres; il leur sera fait miséricorde.**
- **Heureux les artisans de paix; ils sont les vrais enfants de Dieu.**

Même dans les situations de détresse, l'horizon d'espérance n'est pas bloqué:

- **Heureux les affligés, car ils seront consolés.**
- **Heureux les persécutés injustement, car ils toucheront une récompense éternelle.** *Mt 5, 3-12*

Voilà la charte du bonheur que Jésus établit. Son manifeste. Le fil conducteur de sa vie et de la nôtre. Gandhi a dit un jour: *À mesure qu'augmentait mon contact avec les vrais chrétiens, je vis que le "Sermon sur la montagne" était tout le christianisme, pour qui veut vivre vraiment une vie chrétienne. C'est ce sermon qui m'a fait aimer Jésus.*

Les gens disent: **Qui nous fera voir le bonheur?** *Ps 4, 7*. Des marchands de bonheur et de rêve, il en surgit par milliers à notre époque. Impossible d'ouvrir un journal, la télé, un site internet, sans être envahi par des annonces qui tentent de nous faire sentir malheureux si nous n'avons pas acheté tel produit, visité tel lieu ou fait telle expérience "absolument indispensable". *Malheur à vous qui n'AVEZ pas...!*

L'Évangile, lui, annonce: *Bonheur à vous qui ÊTES...!* Un bonheur vécu dans le profond du coeur, dans l'espace des grands désirs. C'est pour ça que, loin d'être aliénantes (un *opium*, une drogue pour faire oublier aux opprimés leur misère, craignait Karl Marx), les Béatitudes éveillent le courage et comblent les aspirations qui durent.

En fait, les Béatitudes sont proprement *révolutionnaires*: elles commandent un retournement personnel et collectif profond. Elles annoncent un *monde à l'envers*.

D'un côté, une société qui récite les litanies du pouvoir, du profit, du racisme, du mépris des non-productifs, du déficit zéro à tout prix, de la violence, de l'évasion face aux responsabilités sociales.

De l'autre, les Béatitudes qui proclament: "les vrais inventeurs de vie et de changement durable, ce sont les appauvris, les non-violents, les pardonnants." Un véritable renversement de la pyramide sociale, quoi!

Notre société centre souvent l'attention sur les aises des individus, au détriment du bien des autres et de l'environnement. Jésus, lui, situe la réussite d'une vie dans la qualité de la relation aux autres et au Créateur, gage du véritable amour pour soi-même comme sait le chanter la chorale de l'*Accueil Bonneau*. Le contraire des Béatitudes, c'est la suffisance, le repli sur son nombril.

Les évangélistes ont retenu huit béatitudes. La Bible en contient des dizaines d'autres.

- ◆ **Heureux l'homme qui marche dans les voies de Dieu**   *Ps 1,1* (le 1er mot du 1er psaume!)
- ◆ **Heureux tous ceux qui mettent leur confiance dans Yhvh***   *Ps 2, 12*
- ◆ **Heureux celui qui prend soin des pauvres, Yhvh le délivre et le garde**   *Ps 41, 2*
- ◆ **Heureuse la femme stérile demeurée fidèle; sa fécondité sera reconnue**   *Sg 3, 13*
- ◆ **Heureux qui trouve sa joie dans ses enfants**   *Sir 25, 7*
- ◆ **Heureux ceux qui trouveront leur joie dans ta paix**   *Tob 13, 14*
- ◆ **Heureux les yeux qui savent voir ce que vous voyez**   *Mt 13, 16*
- ◆ **Heureuse celle qui a cru ce que Dieu avait annoncé**   *Lc 1, 45*
- ◆ **Heureux ceux qui croient sans avoir vu**   *Jn 20, 29*
- ◆ **Heureux ceux qui écoutent la Parole et la mettent en pratique**   *Lc 11, 28; Jc 1, 22-25*
- ◆ **Heureux seras-tu si le pauvre que tu as invité ne peut te le rendre**   *Lc 14, 14*
- ◆ **Heureux le serviteur que son maître trouvera éveillé et fidèle**   *Mt 24, 46; Lc 12, 37*
- ◆ **Heureux serez-vous si vous vous lavez les pieds, comme des serviteurs**   *Jn 13, 17*
- ◆ **Heureux ceux qui meurent dans le Seigneur, car leurs oeuvres les suivent**   *Ap 14,13*
- ◆ **Heureux les invités au festin de noces de l'Agneau***   *Ap 19, 9; Lc 14, 15*
  et bien d'autres encore.

Plusieurs récits et paraboles, dans l'Evangile, nous montrent les béatitudes à l'oeuvre:

- ◆ **le retour du fils prodigue et l'éclatement de miséricorde chez son père** (➡ p.38)
- ◆ **la compassion du Samaritain pour un blessé de la route** (➡ p.153)
- ◆ **l'adultère libérée et la pécheresse reconnue dans sa quête d'amour** (➡ pp.152, 36)
- ◆ **la veuve pauvre qui donne plus que les riches, dans le tronc du Temple** (➡ p.159)

Les Béatitudes ne sont pas une promesse pour après la mort seulement. Nous n'avons de chance d'être heureux éternellement que si nous avons laissé se creuser en nous un espace de bonheur durable. On ne *gagne* pas son ciel, on *devient* ciel, peu à peu. Car le bonheur, ce n'est pas seulement la fin du voyage; c'est un choix, aujourd'hui, quant à notre façon de voyager. Tant de gens ordinaires ont vécu ces moeurs de Dieu, souvent sans le savoir.

> *Ils sont nombreux les bienheureux*   *Ceux qui n'ont jamais eu d'extase*
> *Qui n'ont jamais fait parler d'eux...*   *Et qui n'ont laissé d'autre trace*
> *Tous ceux qui ont, depuis des âges,*   *Qu'un coin de terre ou un berceau...*
> *Aimé sans cesse et de leur mieux*   *Et quand l'un d'eux quitte la terre*
> *Autant leurs frères que leur Dieu...*   *Pour gagner la maison du Père*
>   *Une étoile naît dans les cieux!*   Robert Lebel (42)

Jésus lui-même a vécu à plein les béatitudes. Tellement qu'il *est* béatitude.Le bonheur n'est pas seulement son message. C'est sa vie. C'est lui, tout craché. Pauvre, doux et humble de coeur. Compatissant, patient dans la persécution. Au pardon généreux. Émerveillé. Joyeux !

Et ça prend maintenant tous les visages du monde pour rendre compte de sa joie...

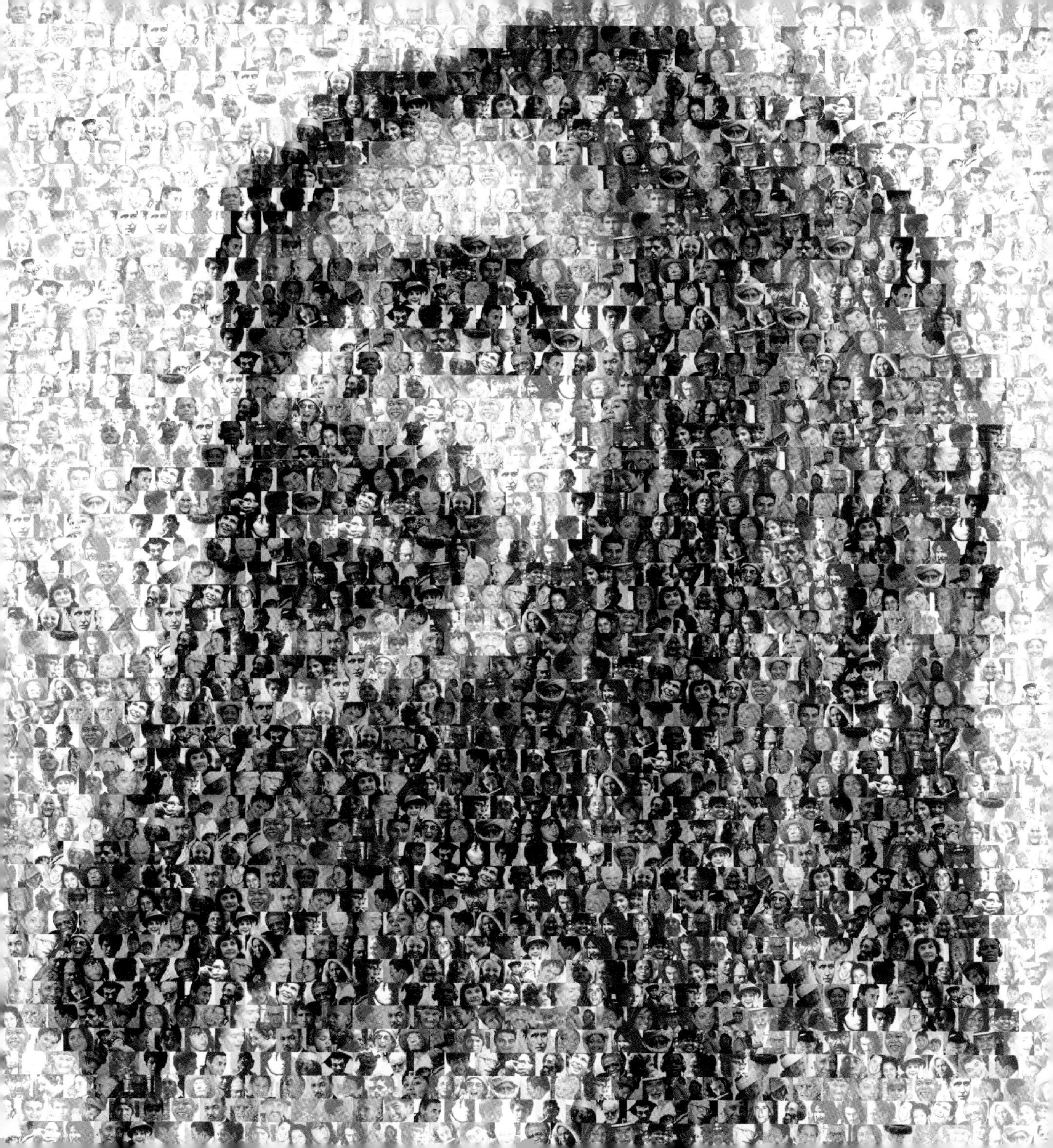

Traduites dans les réalités et les sensibilités d'aujourd'hui, les Béatitudes pourraient revêtir la couleur suivante:

Heureux vous les petits, qui comptez bien peu aux yeux des puissants de ce monde, vous qu'on a dépouillés de votre dignité. **Oui, heureux vous les appauvris. C'est à vous**, *et à ceux qui sont solidaires de vous,* **qu'appartient le Royaume de Dieu**

Heureux vous qui ployez sous le fardeau, vous les familiers de la souffrance, vous qui en portez lourd dans la vie. Oui, **heureux vous les affligés, car vous serez consolés**, *et la souffrance, en dilatant votre coeur, fera place à la joie.*

Heureuses vous qui êtes exclues de la table des riches, vous qui manquez parfois du nécessaire, vous dont le réfrigérateur est vide avant la paye. **Oui, heureuses vous qui avez faim maintenant, car vous aurez de la nourriture en abondance** *et vous connaissez déjà la joie du partage.*

Heureux vous qui croyez que la vie est plus forte que la mort, que le pardon vaut mieux que la rancune et la haine. Vous qui retroussez vos manches pour faire un monde nouveau, et qui n'abdiquez pas devant ceux qui tuent la vie. Oui, **heureux vous les faiseurs de paix,** *car en vous Dieu se reconnaît:* **vous êtes filles et fils du Vivant.**

Heureuses vous qui restez sereines dans l'épreuve et la contradiction, vous qui opposez à la violence des engins de guerre la résistance acharnée de vos marches et de vos travaux, vous qui croyez à la puissance des moyens faibles. **Oui, heureuses vous les douces, car vous rendez notre terre habitable et vous aurez en partage l'univers entier.**

Heureux vous qui avez le coeur droit et le regard clair, vous qui êtes sans arrière-pensée et qui allez à l'essentiel. Oui, **heureux vous les coeurs purs, car vous saurez voir Dieu lui-même au creux de toute vie.**

Heureuses vous qui savez écouter, compatir et réconforter, vous qui ne restez pas insensibles à l'écrasement des autres, vous qui avez de la bonté plein le coeur. Oui, **heureuses vous les pleines de compassion, car à vous aussi on montrera de la compassion.**

Heureuses vous qui bâtissez un monde plus juste et fraternel, vous qui fournissez un gîte à l'étranger et du travail au chômeur, vous qui ne pouvez supporter qu'on abîme un être sans défense. Oui, **heureuses vous toutes qui avez faim et soif de justice** *et non de prestige, de domination,* **car vos aspirations seront comblées.**

Heureux (là je vais dire une folie!), heureux vous qu'on déteste, vous qu'on torture, qu'on réduit au silence parce que vous vivez selon l'Evangile. Oui, **heureux vous les persécutés pour la justice, car c'est de femmes et d'hommes comme vous qu'est fait le Royaume.**

182

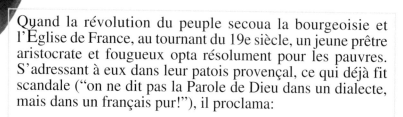

Quand la révolution du peuple secoua la bourgeoisie et
l'Église de France, au tournant du 19e siècle, un jeune prêtre
aristocrate et fougueux opta résolument pour les pauvres.
S'adressant à eux dans leur patois provençal, ce qui déjà fit
scandale ("on ne dit pas la Parole de Dieu dans un dialecte,
mais dans un français pur!"), il proclama:

*"Domestiques, qu'êtes-vous selon le monde? Une classe de
gens esclaves, exposés au mépris, à l'injustice, aux mauvais
traitements. Venez apprendre ce que vous êtes aux yeux de la
foi. Pauvres de Jésus Christ, affligés, malheureux, souffrants,
infirmes, vous tous que la misère accable, mes frères, mes
chers frères, mes respectables frères, écoutez-moi! Vous êtes
les enfants de Dieu, les frères de Jésus Christ, les héritiers
de son Royaume éternel".*

saint Eugène de Mazenod (43)

Lorsqu'on veut pénétrer dans un château, il suffit d'entrer par l'une des
portes, celle qui nous est le plus accessible. Ainsi suffit-il de vivre à fond
une des béatitudes pour entrer dans la nouvelle société inaugurée par Jésus.
Peu à peu, les autres chemins de bonheur s'offrent à notre libre choix, et
nous les empruntons jusqu'à ce que notre coeur soit rempli de paix.

Quelle est la béatitude que j'incarne particulièrement dans ma vie? Celle
qui est en moi inspiration, passion, manière de dire l'Évangile par ma vie?

Une suggestion: pourquoi ne pas écrire notre propre version des Béatitudes,
surgie de ce que nous avons vécu ou vu vivre autour de nous?

Qui donc est Dieu s'il faut, pour le trouver, un coeur de pauvre?
Qui donc est Dieu qu'on peut si fort blesser en blessant l'homme?
Qui donc est Dieu pour nous ouvrir sa joie et son royaume?
Qui donc est Dieu pour nous aimer ainsi?

Hymne liturgique (44) **183**

Comme lueurs en pleine nuit

Au 14ᵉ siècle, en des temps de profonde noirceur pour l'Église, une femme laïque dont l'influence sur les prêtres, les évêques, le pape et sur le laïcat de cette époque fut énorme, les a souvent interpellés: "Ne dormons plus, mais secouons le sommeil, car il est temps de se lever". Catherine de Sienne (45)

Faisant écho à cet appel, un éminent théologie protestant dénonçait, il y a cinquante ans, le régime Nazi et soulignait l'importance de mettre à jour la présentation des Évangiles:

> *Il faut qu'il y ait, dans le monde, des humains qui, en pleine nuit, attendent le matin, qu'il soit proche ou lointain. Qui soupirent après le 'Soleil de justice'... Faibles et vulnérables, ces chrétiens sont **comme des sentinelles** qui montent la garde, dans l'espérance en vue de laquelle ils ont été rendus libres.* Karl Barth (46)

Jésus nous a laissé tout un secret: comment être heureux, même au creux de l'échec et du rejet! Si nous détenons ce secret, ce n'est pas pour l'enfermer dans une tour d'ivoire. *Les Béatitudes sont pour le monde*. Pour *tout* le monde! Quiconque suit le chemin de son coeur et l'appel de sa conscience, est déjà sur cette voie de bonheur. Le Royaume* déborde lar-gement les frontières de l'adhésion explicite à Jésus Christ et de l'appartenance à une Église*. La tâche des disciples, alors, c'est d'être signes de ce monde nouveau. Comme les premières lueurs de l'aube dans l'obscurité du monde. Comme un signal entendu au loin dans l'épais brouillard sur la mer.

Le même Jésus qui a proclamé: **Je suis la lumière du monde. Qui me suit ne marche pas dans la noirceur, mais il aura la lumière qui donne la vie** *Jn 8, 12* a aussi interpellé ses disciples: **C'est vous qui êtes la lumière du monde. Que cette lumière brille, afin que les gens, en vous voyant vivre, aient envie de rendre gloire à Dieu. Car on n'allume pas une lampe pour la mettre sous la table; on la place plutôt à un endroit où elle peut éclairer tous ceux qui sont dans la maison.** *Mt 5, 14-16*

L'invitation à être lumière vient tout de suite après les Béatitudes, dans Matthieu. Lorsque nous vivons à fond ces attitudes évangéliques, nous portons en nos vies un feu et nous faci-litons chez les autres l'éveil du goût de Dieu.

Saint Paul a fait une expérience dramatique d'aveuglement et de lumière, qui a bouleversé le cours de sa vie. Voici comment il raconte ce tournant:

Tous les Juifs connaissent ma vie de jeune adulte. Ils savent que j'ai vécu comme membre zélé du parti le plus strict de notre religion: les Pharisiens*. Je pensais alors devoir combattre le nom de Jésus de Nazareth par tous les moyens possibles. Avec le pouvoir que m'ont donné les Chefs des Prêtres, j'ai jeté en prison bien des croyants au Christ; et j'étais pleinement d'accord quand on les condamnait à mort. Je les faisais souffrir en pleine Synagogue*, pour les amener à renier leur foi. J'étais tellement enragé que je les poursuivais jusque dans les villes étrangères.

C'est ainsi que je me rendais un jour à Damas. En route, une lumière plus éclatante que le soleil nous a soudainement enveloppés, mes compagnons et moi. Nous sommes tombés par terre, et j'ai entendu une voix me dire: "Saul, Saul, pourquoi me persécutes-tu?" — Qui es-tu, Seigneur? — Je suis Jésus, c'est moi que tu fais souffrir. Maintenant, debout, relève-toi! Je t'ai choisi pour être mon serviteur et mon témoin... Je t'envoie vers les peuples pour leur ouvrir les yeux. Tu les feras sortir de l'obscurité pour qu'ils viennent à la lumière et qu'ils passent du pouvoir de Satan* au pardon de Dieu. *Ac 26, 4-18*

Les trois jours suivant cette rencontre, Paul s'est retrouvé aveugle, privé de ses propres lumires. Il a recouvré la vue par l'intervention d'Ananie, un membre ordinaire de la communauté chrétienne *Ac 9, 8-19*. C'est en renonçant à ses certitudes rigides qu'il est devenu un instrument souple entre les mains de Dieu. De persécuteur converti et disciple à l'écoute, Saul est devenu Paul, le témoin passionné de la victoire de la Lumière sur les Ténèbres.

"Savez-vous quand la nuit est finie et le jour vraiment levé?" demande un rabbin. "C'est quand vous pouvez regarder le visage de n'importe quel être humain, et reconnaître que c'est là votre soeur, votre frère. Tant que vous ne pouvez pas voir cela, c'est encore la nuit pour vous!" (47)

En repassant les événements de ma vie, de quoi puis-je *témoigner* vraiment? Quels ont été les moments où j'ai senti que Dieu venait au-devant de moi, pour me protéger, me consoler, me secouer, me soutenir, me lancer en avant? Qui a été un Ananie à ce moment-là pour moi, un frère, une soeur, une communauté qui m'a accuoeilliE et m'a ouvert les yeux? À qui Dieu m'envoie-t-il maintenant? Avec quelle lumière en mon esprit, quelle force en mon coeur? Peut-être ai-je reçu pour cela le signe de la *confirmation* du don de l'Esprit* Saint en moi, par l'onction* avec l'huile consacrée? Y a-t-il des situations obscures que je suis appeléE à dénoncer (abus de pouvoir de toutes sortes, silence imposé, mauvais traitements) pour aider à faire la lumière et à arracher des personnes aux ténèbres dans lesquelles elles sont enfermées? La chandelle entourée de barbelés, d'Amnistie Internationale, en est un rappel constant.

Dans mes noirceurs je crie vers toi, Seigneur.
Porte une oreille attentive à ma prière.
Plus qu'un veilleur ne guette le retour de l'aurore,
mon âme compte sur ta parole, ô mon Dieu. *Ps 130, 2, 6*

Quelle vie après la vie?

Si nous avons mis notre espérance dans le Christ pour cette vie seulement, nous sommes les plus malheureux de tous les humains! *1 Co 15,19*

A quoi bon avoir combattu, nous être morfondus à annoncer la Vie en abondance pour tous, si tout cela finit avec la mort? On rencontre, en notre vie, tellement de déceptions, de frustrations, d'injustices, et si peu de résultat!

Par contre, tout ce qu'on a vécu de nourrissant dans nos affections, toutes ces solidarités construites dans l'amitié ou dans la lutte ensemble, tout ça finit avec le dernier souffle? Ça tombe dans le vide? Fini n-i ni!

"Personne n'est jamais revenu nous dire ce qu'il y a de l'autre côté, s'il y a un autre côté". Faux. Quelqu'un a traversé le mur de la mort et est revenu nous manifester sa vie nouvelle. Ce que Jésus a vécu ce Vendredi-Dimanche-là a marqué l'histoire de l'humanité. Désormais, nous savons que la mort n'a plus le dernier mot, et que nos espoirs et nos combats ont de l'avenir. L'expérience du Ressuscité nous arrache à la nécessité de recommencer sans cesse et d'expier dans des vies successives. Créée unique, chaque personne est accueillie gratuitement avec une immense compassion, et appelée à être transformée en être de lumière.

Déjà, Jésus donne, à quiconque lui fait confiance, d'entrer dans une vie nouvelle, qui éclatera pleinement au moment du *passage* dans la grande lumière.

Avec le Christ, vous êtes morts (à vos tendances mauvaises) et vous avez été délivrés des forces spirituelles maléfiques de ce monde et des règles purement humaines. Vous avez été ramenés de la mort à la vie avec lui. Votre véritable vie, elle a sa source en lui maintenant. Et quand il se manifestera dans toute sa gloire, vous apparaîtrez vous aussi en pleine lumière. *Col 2, 20-22; 3, 1-4*

Voici la vérité au sujet des morts. Je vous le dis pour que vous ne soyez pas tristes comme les autres qui n'ont pas d'espérance. Nous croyons que Jésus est mort, et que Dieu l'a arraché à la mort. De la même façon, ceux qui meurent greffés au Christ par leur confiance en lui, Dieu les réunira à lui pour l'éternité. *1 Th 4, 13-14*

Jésus lui-même en a donné l'assurance au moment le plus dramatique de sa vie. Alors qu'il pendait en croix, un des deux condamnés à mort à ses côtés s'est retourné vers lui et lui a dit:

"Jésus, souviens-toi de moi quand tu entreras dans ton Royaume". Et Jésus de répondre: "Je t'en donne l'assurance: aujourd'hui même, tu seras avec moi dans le paradis". *Lc 23, 42-43*

Quand on est tout près de mourir, on ne dit pas des paroles en l'air. Surtout pas à un autre mourant!

Tout au long des âges, des croyants et des sages ont ainsi affirmé leur certitude profonde d'une vie au-delà de la présente vie. L'auteur de l'épître aux Hébreux en parle bellement. En relatant la grande aventure de foi de l'humanité, depuis Abel jusqu'à David, il commente:

Tous ces gens sont morts en croyant en Dieu. Ils n'ont pas touché les biens que Dieu avait promis, mais ils les ont perçus de loin. C'est ce qui leur faisait dire qu'ils n'étaient que des voyageurs de passage sur la terre. Ils cherchaient leur vraie patrie, une patrie meilleure, celle du ciel. Et Dieu, qui ne déçoit pas, leur a préparé une cité. *He 11, 13-16*

Une religieuse carmélite a exprimé, avant de mourir, sa soif de la grande rencontre avec son Dieu:

Ce qui se passera de l'autre côté,
quand tout pour moi aura basculé
dans l'éternité, je ne le sais pas.
Je crois, je crois seulement
qu'un grand amour m'attend.

Je sais pourtant qu'alors, pauvre et dépouillée,
je laisserai Dieu peser le poids de ma vie.
Ne pensez pas que je désespère...
Non, je crois, je crois tellement
qu'un grand amour m'attend.

Maintenant que mon heure est proche,
que la voix de l'éternité m'invite à franchir le mur,
ce que j'ai cru, je le croirai plus fort
au pas de la mort.

C'est vers un amour que je marche.
C'est dans son amour que je tends les bras.
C'est dans la vie que je descends doucement.

Si je meurs, ne demeurez pas tristes:
c'est un amour qui me prend paisiblement.
Si j'ai peur... et pourquoi pas?
rappelez-moi souvent, simplement,
qu'un grand amour m'attend.

Mon Rédempteur va m'ouvrir la porte
de la joie, de sa lumière.
Oui, Père, voici que je viens vers Toi.
Comme un enfant,
je viens me jeter dans ton amour,
ton amour qui m'attend. (48)

187

Vous avez déjà vu des saumons sauter les chutes? Vers le haut de la chute, pas vers le bas. Arrivant d'une longue excursion dans la mer, ces gros saumons viennent frayer une dernière fois, dans la rivière qui les a vus naître, avant de mourir. Retour à la source où ils ont reçu la vie. Nous avons en nous le même instinct. Au moment de rendre le dernier soupir, nous sentons une attirance vers la lumière. Un appel à *rentrer chez-nous*. Notre chez-nous permanent et, pour certains, leur premier vrai lieu de repos, après de longues années à se débattre contre les courants sous-marins.

Si nous croyons plutôt en la *réincarnation* de nos personnes dans une autre vie, est-ce que cela nous aide à nous épanouir, ou nous porte à nous dé-responsabiliser par rapport à notre vie présente? *"C'est à cause de ma vie antérieure que je suis punie maintenant et que je subis ce malheur"* (fatalisme), ou *"Je n'ai pas à m'améliorer; je le ferai lors de mon prochain tour de piste."*

La foi judéo-chrétienne propose une autre vision: chaque vie est cadeau unique du Dieu vivant, et retourne à cette source de grâce, de pardon et d'immortalité. D'où l'invitation à chaque personne à se laisser aimer de plus en plus par ce Dieu Créateur et Sauveur, pour qu'au-delà de la mort, elle vive à plein la joie d'un amour sans limite.

Comment sera-ce dans ce *"Royaume* éternel"*? On n'en sait pas grand chose. Sauf l'essentiel: qu'on y trouvera plein d'amiEs, pour un grand festin, dans un monde transformé où se réalisera enfin le Règne de justice, d'amour et de paix.

Qu'est-ce qui nourrit présentement mon désir de vivre éternellement? Comment vais-je vivre mes années de vieillesse ou d'activités réduites (car j'aurai mon tour, moi aussi...)? Quelle *qualité de vie* aurai-je, avant ma mort? Avec qui vais-je parler, quand il n'y aura plus personne autour de moi à qui parler? Qui va m'attendre, quand tout le monde sera parti ou trop occupé? Qui?

> *Une personne qui meurt, ce n'est pas un mortel qui s'éteint:*
> *c'est un immortel qui commence.*
> Doris Lussier

Je sais que mon libérateur est vivant.
De mes yeux de chair je verrai Dieu.
Quand je le regarderai,
il ne détournera pas son visage. *Jb 19, 25-27*

Et qu'éclate la fête!

Un jour, Jésus est invité à une grande fête familiale. Une noce. À Cana en Galilée. Quelque chose s'y passe qui enclenche un tournant dans sa vie et dans celle de ses disciples.

> **Quand sa mère, Marie, s'aperçoit que les nouveaux mariés éprouvent de la gêne, elle dit à Jésus: "Regarde, ils n'ont plus de vin". Après un moment d'hésitation, Jésus commande aux serviteurs: "Remplissez d'eau les cuves qui ont servi à la purification* (des jarres de 100 litres chacune!). Puisez maintenant, et portez-en au Maître d'hôtel". Celui-ci goûte, et n'en revient pas de la qualité de ce vin. C'est le premier *signe** que fait Jésus. Ses disciples croient en lui.** *Jn 2, 1-11*

Beaucoup plus tard, Jésus se retrouve de nouveau à table, cette fois chez des Pharisiens* importants. Ceux-ci guettent du coin de l'oeil ses moindres gestes. L'un des convives lui dit:

> **Heureux celui qui mangera avec toi lorsque le Royaume* de Dieu sera instauré! Jésus lui répond par une histoire: Un homme prépare un grand festin auquel il invite beaucoup de monde. Puis il envoie ses serviteurs annoncer: "Venez, tout est prêt". Mais les invités trouvent toutes sortes d'excuses pour se défiler. "Je vais voir le champ que je viens d'acheter". "Je m'en vais essayer les cinq paires de boeufs que je me suis procurées". "Moi, je ne peux pas venir, je viens de me marier. Tu comprends..." Le maître de maison se met en colère: "Allez sur les places publiques et dans les rues de la ville. Amenez ici les pauvres, les aveugles, les boiteux"** — tous ceux qu'on n'invite jamais. **Quand les serviteurs reviennent et annoncent qu'il y a encore de la place: "Allez encore plus loin, sur les chemins de terre et le long des champs. Tous ceux que vous rencontrerez, pressez-les d'entrer chez moi. Je veux que nous ayons salle comble! Quant aux personnes qui avaient été invitées en premier, je vous assure qu'aucune d'elles ne goûtera à mon repas de fête!"** *Lc 14, 15-24*

Jésus a vraiment de la suite dans les idées et dans les gestes: son engagement public commence autour d'une table dressée pour la fête; il s'achèvera dans un banquet où les laissés-pour-compte sauront apprécier la gratuité de l'invitation.

> **Celui qui a soif, qu'il vienne! Celui qui le désire recevra gratuitement l'eau qui donne la vie.** *Ap 22, 17*

189

Quelle fête nous attend! Une fête où tous nos dons d'intelligence et de coeur seront comblés. Où notre sensibilité à la beauté, au rythme comme au silence plongera dans l'harmonie de Dieu. Comme un ruisseau va se perdre dans l'immensité de la mer. Notre *coeur d'enfant* nous guidera tout droit dans le coeur de Dieu.

Quand viendra ce moment de libération et d'éclatement dans la fête, pour chacun de nous et pour l'ensemble de l'humanité? Comme nous, les Apôtres auraient bien voulu le savoir. C'est précisément de cela qu'ils discutaient le jour même où Jésus leur est apparu pour la dernière fois. **"Seigneur, est-ce maintenant que tu rétabliras le royaume d'Israël?"** *Ac 1,6*

Ils n'avaient encore rien compris! Ils espéraient encore un retour au passé, alors que Jésus avait clairement parlé d'un *monde nouveau*, d'une *Alliance nouvelle*. Il va falloir le coup de *vent violent* de l'Esprit, au jour de la Pentecôte, pour balayer leur nostalgie et les envoyer faire du neuf. Comme ces bons fidèles qui demandent à leur curé: *"Quand est-ce que la religion va r'venir comme avant...?"* Ils n'ont pas encore réalisé la puissance de création de la *nouvelle Pentecôte* annoncée par le pape Jean XXIII:

"Nous voulons inviter toutes les personnes de bonne volonté à venir chez nous. Mais auparavant, l'Église a besoin de refaire son visage, et de se mettre à l'écoute de la vie du monde."

**Quand Dieu parle d'une alliance* nouvelle,
il rend dépassée la première alliance.
Ce qui est dépassé va bientôt disparaître.** *He 8, 13*

**On ne met pas du vin nouveau dans des outres
vieillies. Autrement les outres éclatent, le vin
se répand et même les outres sont perdues.
Mais on verse le vin nouveau dans des outres
neuves, pour qu'il se conserve bien.** *Mt 9, 17*

Avec les tout derniers mots du grand Livre
de la Parole, nous pouvons alors nous écrier:

Maranatha! oui, viens, Seigneur Jésus! *Ap 22, 20*

Si on veut que la *nouvelle Pentecôte* du pape Jean serve à autre chose qu'à de petits remaniements cosmétiques du visage de l'Église, il faut retrouver le même dynamisme créateur qui a fait surgir, depuis 2000 ans, des réponses nouvelles aux besoins nouveaux de chaque époque.

S'engager à fond dans ce travail colossal de création avec, à la fois,

◆ *le sentiment d'urgence du semeur*, qui ne veut pas manquer
le moment propice pour retourner le sol et l'ensemencer;

◆ *la patience du moissonneur*, qui sait attendre le temps des récoltes
pour séparer les produits de l'ivraie de ceux du bon grain.

Combien tenace est mon désir d'une véritable création nouvelle,
autant pour notre société que pour la communauté des croyants?

Quels gens autour de moi me donnent un témoignage de courage, d'audace, de patiente fidélité, pour faire advenir un monde neuf? Est-ce que je sais entrer avec ces gens dans la lutte et dans la fête?

Nos fêtes de famille, nos célébrations de quartier, nos rassemblements de Mouvements et de Peuples sont une *pratique* excellente pour la grande fête qui nous attend.

Maranatha! oui, viens, Seigneur Jésus! *Ap 22, 20*

MOT DE LA FIN QUI NE FINIT PAS

"J'ai encore beaucoup de choses à vous dire, mais vous n'avez pas la force de les porter maintenant. Quand vous aurez reçu en vous l'Esprit* de vérité que je vais vous envoyer, il vous conduira vers la vérité complète. Il vous aidera à comprendre ce qui se passe et ce qui va venir." *Jn 16, 12-13*

Jésus a dit ces paroles la veille de sa mort. À Pierre qui refusait de se laisser laver les pieds: **"Tu ne comprends pas maintenant, tu comprendras plus tard".** *Jn 13, 7* En maître avisé, il savait compter avec le temps et l'expérience. Compter surtout avec le secours puissant de son Souffle* de Vie, **"qui vous enseignera, vous rappellera, vous accompagnera."** *Jn 14, 26* (➡ pp. 76-79)

La venue de Jésus marque, pour nous chrétiens, le sommet dans cette révélation de Dieu à l'humanité. Mais tout n'a pas été exprimé, exploré, encore moins compris avant la mort des derniers Apôtres*. Au long des âges, Dieu continue de déployer son projet. Beaucoup de vérités que les siècles antérieurs *n'avaient pas la force de porter encore* sont devenues peu à peu des certitudes de vie pour la majorité des croyants et des peuples:

- que l'esclavage n'est jamais tolérable et justifiable;
- que la couleur de la peau et l'origine raciale ne rendent pas supérieur ou inférieur;
- que les hommes et les femmes forment ensemble l'image de Dieu et ont la même dignité.

Ces principes ne sont pas acquis solidement partout, loin de là, mais c'est en progrès. D'autres certitudes montent lentement dans la conscience collective:

- chaque fois que l'homme tue, c'est toujours un frère qu'il tue, comme Caïn tua Abel;
- il ne peut y avoir de guerre juste, avec la puissance de destruction massive utilisée aujourd'hui;
- et toutes ces déclarations universelles des droits de la personne, des enfants, des réfugiés...

Chaque génération découvre une parcelle de vérité, qu'elle doit passer à la génération montante pour que celle-ci la porte un peu plus loin - comme on se passe un *témoin* dans une course de relais.

Si c'est vrai ... que la Parole est entrée dans l'histoire humaine et a pris corps, il faut nous attendre à ce que notre Dieu soit un Dieu de surprise. Qui ne peut pas toujours être figé dans des formules "définitives et immuables".

SI *LA PAROLE* N'EST PAS VIVANTE ET EN DIALOGUE AVEC NOS PAROLES HUMAINES, CE N'EST PLUS LA PAROLE DE DIEU!

Quand vous avez reçu de nous la parole de Dieu, vous ne l'avez pas reçue comme une parole simplement humaine. Vous l'avez prise pour ce qu'elle est vraiment: Dieu qui vous parle et qui agit en vous maintenant, vous qui lui faites confiance.

I Th 2, 13

Oui, je vous l'assure: celui qui me fait confiance fera les oeuvres que je fais. IL EN FERA MÊME DE PLUS GRANDES, parce que ce sera ma fierté d'intercéder pour vous auprès du Père.

Jn 14, 12-13

193

Jésus n'avait pas les pieds pris dans le béton quand il allait à la rencontre des gens marginalisés. Pour nous dire Dieu, il a foncé dans l'inconnu et défoncé des tabous. Ainsi des disciples de Jésus aujourd'hui. Pour comprendre le visage et le projet du Dieu de Jésus Christ, nous avons à *écouter sérieusement l'expérience de vie et de foi de nos contemporains:*

- des jeunes, des femmes, des autochtones, des ouvriers, des *branchés*
- des gens différents par leur culture, leur orientation sexuelle
- des réfugiés politiques, des exploités, des communautés nouvelles
- des personnes en quête de sens et de sacré ailleurs que chez nous.

Quels traits de Dieu ces personnes révèlent-elles?
Quels questionnements et contestations apportent-elles?
Quelle créativité et solidarité manifestent-elles?

La tentation de se replier dans un ghetto culturel ou religieux demeure grande, chez les simples membres aussi bien que chez les détenteurs de pouvoirs civils et religieux. Combien plus rafraîchissante l'attitude ouverte du Pape Jean XXIII, déclaré bienheureux en septembre 2000:

"Si vous saviez comme je souffre de ce que tant d'humains croient que l'Eglise les condamne. Moi, je fais comme le Christ: j'ouvre les bras et je les aime."

La tâche d'annoncer à toutes les cultures et sous-cultures de notre temps la Bonne Nouvelle d'un Dieu à bras ouverts, c'est aux jeunes de tous les pays qu'elle appartient. *"À l'aube du troisième millénaire, je vois en vous les 'sentinelles du matin'* Is 21, 12, confiait Jean-Paul II aux centaines de milliers de jeunes de la Journée Mondiale 2000.

C'est ainsi que l'histoire d'amour étonnante vécue il y a 2000 ans continue de s'écrire dans des vies humbles et fécondes de notre temps.

Parce que l'Amour est le plus fort !

*"Je désire faire un urgent appel à tous,
chrétiens et fidèles d'autres religions,
à travailler ensemble à bâtir
un monde sans violence,
un monde qui aime la vie,
et qui grandit en justice et solidarité"*

Jean-Paul II - Kazakhstan - Septembre 2001

Ce dessin fait au crayon de couleur par Daniel Lalonde est disponible sous forme de grand tableau 50cm x 38 cm pour quiconque fait parvenir un don de 25.00 $ CDN (20.00 $ US) au groupe de jeunes *Witnesses for Christ.* Tous les dons serviront à l'envoi de jeunes à la prochaine Journée Mondiale de la Jeunesse en Allemagne, en 2005. Contacter *Witnesses for Christ,* a/s Diana Fisk, 636 rue Malborough, Cornwall ON (Canada) K6H 4B1. Courriel: diana.fisk@sympatico.ca

NOTES ET RÉFÉRENCES

1. Jacques Brel, © Éditions Pouchenel, 1958.

2. Fernand Dumont, *Une foi partagée,* Bellarmin, Montréal, 1996, 302 pp.

3. Gaudium et Spes, no 22, Concile Vatican II: *L'Église dans le monde de ce temps.*

4. Conférence sur l'*Éducation de la foi dans un monde en conflits,* 1983.

5. Homélie de sa dernière messe dans la cathédrale d'Évreux, 22 janvier 1995.

6. Conférence aux Évêques canadiens, août 1999; référant à Mt 22, 1-10.

7. Mesters, Carlos, *Suivre Jésus à contre-courant,* Paulines, Montréal,1997, pp.37-38

8. Myre, André, *Voir Dieu de dos,* Paulines/CPMO, Montréal, 2000, 88 pp.

9. Monbourquette, Jean, *À chacun sa mission,* Novalis, Ottawa, 1999, 201 pp.

10. Extraits de *Ma vie comme rivière,* et témoignages lors de son décès.

11. Jérémias, Joachim, *Théologie du Nouveau Testament,* I. *La prédication de Jésus,* Cerf, Paris, p.258.

12. Gerry Boulet, *Les yeux du coeur,* © IGWT.

13. Thérèse de Lisieux, *Manuscrit B,* 1 v.

14. Ce récit s'inspire de *Récits et Paraboles de vie,* de Pierre Mourlon Beernaert, s.j., illustrations Béatrice de Meester, Lumen Vitae, Bruxelles, 1999, 151 pp.

15. *L'Église de la rue,* Blaise Caumartin-Gagnon.

16. Beauchamp, André, *Du dieu de ma rue au dieu de Jésus,* Paulines, Montréal 1988, p.49

17. *Gaudium et Spes,* no.16: "La conscience est le centre le plus secret de l'homme, le sanctuaire où il est seul avec Dieu et où Sa voix se fait entendre".

18. Jacques Grandmaison, revue *Relations,* janv. 2000, p.18

19. Elisabeth J. Lacelle, Homélie pour la Semaine de prière pour l'Unité chrétienne, église S.Jean-Baptiste, Ottawa, 1993

20. *Lumen Gentium,* no. 8, parle de "l'Église qui est sainte et, en même temps, doit toujours être purifiée".

21. *Contre les hérésies,* IV, 20, 7

22. Bavarrel, Michel, Frédy Kunz, *Alfredinho et le peuple des souffrants,* Ed.Ouvrières, Paris, 1991.

23. Voir note 14 ci-dessus

24. Denis Gratton, LeDroit, 10 février 2001, p.8.

25. Jean-Paul II, à la Journée mondiale de la Jeunesse, Rome, 2000.

26. Delbrel, Madeleine, *Nous autres, gens des rues,* Seuil, Paris, 1966.

27. Cette prière adoptée par tous les groupes *Anonymes* a été composée en anglais par le théologien des États-Unis Reinold Niebuhr.

28. Duval, Yolande, in *La vie dans nos mots,* Vie Ouvrière, Montréal, 1983, 152 pp.

29. Voir note 14 ci-dessus

30. On consultera avec profit: Mongeau, Serge, *La simplicité volontaire,* Ecosociété, Montréal, 1998, 264 pp.

31. Pour une compréhension approfondie du sens sacré du Septième Jour, voir Abraham Joshua Heschel, The Sabbath, Harper Collins, 1979,118 pp.

32. Ce fait vécu fut d'abord rapporté dans le Worcester Telegram & Gazette. Voir crédit photographique, en page ii.

33. L'interprétation de ce récit s'inspire de l'excellent ouvrage d'Alberto Maggi: *Comment lire l'Evangile sans perdre la foi,* Fides, Montréal, 1999, 188 pp.

34. Pierre Babin signale l'impact des gestes de guérison effectués par Jésus et par les personnes qui veulent

proposer l'Évangile en notre temps. Babin, Pierre et Angela Ann Zukowski, *Médias, chance pour l'évangile*, Lethielleux, Paris, 2000, pp. 48-54.

35. Récit inspiré de Fernando Soriano Arias, dans la revue *Univers,* sept-oct 1999, p.15.

36. Vigneault, Gilles, Editions du Vent qui Vire, Repentigny, QC. Droits réservés.

37. Extrait de son discours lors de la marche des Noirs et des Blancs à Washington, le 28 août 1963.

38. Julos a fait paraître ce texte dans le journal La Cité, Bruxelles, le 4 février 1976.

39. Luc Plamondon et Romano Musumarra, Éd. Georges Mary Canada, Droits réservés

40. Écrit dans le contexte du régime Nazi qui a persécuté des millions de personnes, alors que plusieurs gardaient le silence sur ces horreurs.

41. Paul VI, *Evangelii Nuntiandi,* no.18

42. Robert Lebel, avec l'autorisation des Éditions Pontbriand.

43. Prédication du jeune Abbé de Mazenod, en langue proven-çale, au grand scandale de la bourgeoisie et du clergé d'Aix-en-Provence en 1813.

44. Jean Servel, o.m.i., Chalet.

45. Lettre à Orietta Scotta, in *Catherine de Sienne, Lettres,* Téqui, Paris, 1976, T.2, p.1594.

46. *Dogmatique,* IV/3, 3, Labor et Fides, Genève, 1971 p 285

47. Voir note no.14.

48. Soeur Alice Aimée, carmélite, in Paul Guérin, *Célébrations des funérailles,*Centurion, Paris, 1988, p.19. Autorisa-tion Bayard-Presse.

LECTURES COMPLÉMENTAIRES

- Assemblée des Évêques du Québec, *Proposer aujourd'hui la foi aux jeunes. Une force pour vivre,* Fides, Montréal, 2000, 80 pp.

- Beauchamp, André, *La foi à l'heure d'Internet,* Fides, Montréal, 2001, 61 pp.

- Desroches, Léonard, *Laisser jaillir,* Fides, Montréal, 2003. (nonviolence)

- Dumais, Marcel (et Guylain Prince), *À la rencontre du Dieu-Amour.* Dieu le Père dans la Bible, Médiaspaul, Montréal, 1999, 128 pp.

- Marguerat, Daniel et Yvan Bourquin, *Pour lire les récits bibliques,* Cerf / Labor et Fides / Novalis, Paris / Genève / Montréal, 1998, 242 pp.

- Petitclerc, Jean-Marie, *Dire Dieu aux jeunes,* Salvador, Mulhouse, 1996, 173 p.

- Provencher, Normand, *Dieu le Vivant,* Novalis, Ottawa, 1999, 219 pp.

- Tremblay, Jacques, et alii, *La force symbolique des histoires. Pour une croissance humaine et spirituelle des jeunes.* Média-spaul, Montréal, 1998,165 pp.

- *Parabole,* Société catholique de la Bible (SOCABI), Montréal. Réflexions, analyses, actualisa-tions pour mieux comprendre la Parole et la mettre en oeuvre.

- *RND,* Missionnaires du Sacré-Coeur, Québec. Chaque numéro comporte une réflexion et un interview sur un enjeu actuel.

- *Croire aujourd'hui,* Bayard-Presse, Paris. Accès par internet: *Revue Croire aujourd'hui.*

- www.interbible.org Site bibli-que d'une grande richesse, ali-menté par divers organismes bi-bliques francophones canadiens.

- www.jeunessedumonde.qc.ca Pour aider à découvrir de nou-veaux horizons, ce mouvement de jeunes organise des échanges, des voyages à travers le monde et présente les grands débats.

- www.Dieu.net: dessins de Seán O'Brien et de Brunor. Commen-taires bibliques, dialogues, ...

- www.oblats.qc.ca/recits: présente des extraits du livre que vous tenez actuellement en main.

PISTES POUR L'UTILISATION EN GROUPE

Un outil à dépasser:

Ce livre demeure un **imprimé**. Il ne peut tout faire.

Les **illustrations** sont un premier effort pour dépasser les limites d'un texte écrit. Elles évoquent, font vibrer, déclenchent l'imagination. Elles éduquent le regard à reconnaître, dans des situations semblables, la présence des mêmes enjeux.

Le **partage en groupe** (à deux ou à plusieurs) fait faire un pas de plus:

- il *donne la parole* à tous, à partir de la Parole* et du vécu de chaque personne;
- il *suscite des interactions*, un échange d'expériences, une écoute mutuelle;
- il *favorise une appartenance*, réintroduit dans une communauté de disciples des gens ayant perdu tout sentiment de faire corps avec d'autres personnes en recherche de sens à leur vie.

Des groupes de partage biblique, partage de foi, groupes de soutien de toutes sortes existent de plus en plus en divers milieux. Informons-nous. S'il n'y en a pas, créons-en un, tout bonnement. Entre jeunes, entre jeunes et adultes, parmi nos réseaux, en résidence ou institution. Sans prétention ni fausse humilité. Le présent livre peut nous servir d'amorce et de ressource.

Et moi je suis avec vous jusqu'à la fin des temps (dernière parole de Jésus ressuscité *Mt 28, 20*). Si on ne risque rien, on ne fera jamais l'expérience de cette promesse, et la foi va se dessécher entre nos mains.

AVANT LA RENCONTRE (préparation de la personne animatrice, surtout)

- choisir un thème qui correspond à la démarche que le groupe s'est donnée

- lire et prier les paroles bibliques de ce thème

- aller voir le contexte de chacune de ces paroles dans la Bible
  et, selon le cas, les renvois à d'autres pages ➡ dans ce livre-ci

- examiner en détail le visuel proposé; prévoir des questions sur ces illustrations: (voir "manières concrètes", ci-dessous)

- renouveler sa foi en la présence active de l'Esprit* du Ressuscité*, à travers et au-delà des interventions du groupe; certitude qu'il va se passer quelque chose à l'intime de chaque personne et entre les personnes

198 • puiser, au besoin, dans les quelques publications données comme référence en pp. 196 à 197, ou dans d'autres ressources semblables

PENDANT LA RENCONTRE:

◉ **atmosphère**

- *rester branchés* sur les cris du monde; ne pas craindre de laisser paraître ce qui nous "prend aux entrailles" dans les situations rencontrées et les appels entendus

- entrer en *dialogue*, dans une écoute et un accueil de l'expérience de chaque personne

- favoriser *l'expression des incertitudes*, des doutes, *autant que des convictions* solides

- donner place à la *libre adhésion* des personnes, selon les lumières de chacune, sans chercher à convertir ni à contrôler les consciences

- ne *jamais mépriser* ou ridiculiser des personnes ou des groupes

- faire ressortir *l'espérance* qu'apporte la victoire du Ressuscité* sur la mort

◉ **approches andragogiques** (apprendre comme des adultes)

- **partir de la vie** (dans la ligne du thème exploré), de l'expérience vécue par les participantEs, d'événements récents au niveau local ou à un niveau plus large ; faire raconter les faits et les réactions intérieures: émerveillement, indignation...; référer aux illustrations contenues dans le livre pour déclencher la prise de parole et pour éveiller à des situations vécues ici ou ailleurs

- **faire appel à des témoins** d'aujourd'hui, des gens crédibles par la vérité de leur vie et par l'impact de leur action; des personnes qui *sont* Parole agissante de Dieu en notre temps; on est plus sensible aux témoignages qu'aux grands énoncés de principes

- **entrer en contact avec la Parole**
  prendre le temps de savourer les récits, les histoires, les enseignements, en les situant le mieux possible dans le contexte social et religieux du temps; observer les personnages, les questions, les interactions entre les personnes; remarquer comment Jésus fait reculer les puissances du mal et crée du neuf; scruter les convictions de foi exprimées, les liens avec la force du Ressuscité, avec la vie des communautés, avec la première Alliance*; oser traduire la Parole en divers langages, symboles, mimes (ex.: pp.72, 158, 182); quand les gens redisent en leur mots l'évangile, des énergies neuves émergent

- aider les personnes à **reconnaître l'Évangile** déjà présent dans leur vie; à identifier les *"passages"* effectués dans leur quotidien: du désespoir à un début de changement; de la peur à l'engagement dans une relation; du sentiment d'impuissance à une action risquée avec d'autres; de l'injustice subie et refoulée à la prise de parole

- reconnaître les **limites de la Parole écrite**: ne pas chercher à répondre à toutes les interrogations par un texte d'Écriture, comme si la Bible avait réponse à tout

199

- **signaler les défis** que pose une vie de disciple en regard des enjeux d'aujourd'hui; on ne suit souvent Jésus Christ qu'"à contre-courant" de la société (42)

- explorer ensemble l'une ou l'autre **piste de mise en acte** de la Parole étudiée; comment la vivre dans nos attitudes et nos gestes, en privé ou en lien avec d'autres; ce qui réunit et lance une communauté, ce n'est pas surtout de brasser des idées, mais d'entreprendre un projet ensemble

- vivre un **moment d'intériorité** en ré-écoutant une Parole, dans un rituel simple òu les sens et l'esprit sont nourris

- prolonger dans un **repas ou goûter** cette expérience brève mais réelle de communauté

◈ **quelques manières concrètes de procéder:**

- il peut être bon de faire **lire le même texte** 2 ou 3 fois, par des personnes différentes, avec des moments de silence, après en avoir approfondi ensemble le sens et cherché l'impact dans nos vies

- examiner ensemble quelle **situation concrète** est évoquée?
  quelles interactions entre les personnes en cause?
  quelles convictions religieuses ou options sociales sont exprimées?
  quel souffle fait vivre les personnages?
  quel promesse de vie, quel salut* est annoncé et effectué?

- puiser dans la **mémoire du groupe** pour évoquer d'autres situations de vie et illustrations; référer à des reportages, à des mini-séries à la télé, à des films récents

- attirer l'attention sur les contrastes ou similitudes de situations illustrées:
  Roméro assassiné (p.49) et toujours vivant (53)
  la croix portée par la femme (p.46), le paysan (47), le peuple (94),
    une victime du racisme (131), par une grande soeur (144)
  des prophètes d'hier et d'aujourd'hui: pp. 30, 29, 34, 140, 151, 167, 175, 183, 191
  bonheur simple ou éblouissement extérieur sans joie de vivre, chez les
    deux couples de jeunes mariés: p. 179
  rapprochement entre la femme courbée et l'analphabète écrasé: p. 128
  exemples de "sport extrême" exercés par des athlètes et par une famille: p.108-109
  le partage de foi entre jeunes: pp. 76, 86, 146
  la passion pour la dignité: pp. 35, 83, 84-85, 91, 100, 138
  les lieux quotidiens où passe la Vie: pp. 104, 106
  plusieurs manières d'exclure et de tuer: pp. 130-131, 135
  choisir de vivre ou de se laisser mourir: pp. 170-173

- visionner un **court vidéo** ou faire entendre une chanson portant sur le thème

- faire appel à l'imagination, aux **désirs profonds**, aux rêves de changement concret
- **éviter les discussions interminables** concernant des interprétations ou des situations sur lesquelles le groupe n'a pas de prise réelle; ramener l'attention sur l'essentiel du message et sur les transformations à vivre

APRÈS LA RENCONTRE: inviter les membres du groupe:

- à **laisser mijoter** ce qu'ils ont entendu et ce qu'ils ont touché en eux

- à lire les **textes apparentés** dans d'autres parties du livre ou dans la Bible

- à **prier** à l'aide du texte (*mantra, oraison jaculatoire*) inscrit à la fin de chaque thème

- à être attentif aux **paroles intérieures** qui montent en eux, de même qu'aux situations qui se présentent autour d'eux, aux nouvelles dans les medias

- à **partager** ce que chacunE a compris et vécu durant cette rencontre **avec une autre personne** dans son entourage

- à participer éventuellement à une petite **communauté de partage** évangélique, à une équipe d'évangélisation, partageant avec d'autres la Bonne Nouvelle.

Rappelons-nous: la Parole de Dieu n'est pas d'abord une suite de mots dans un livre, mais un souffle dans une histoire vivante.

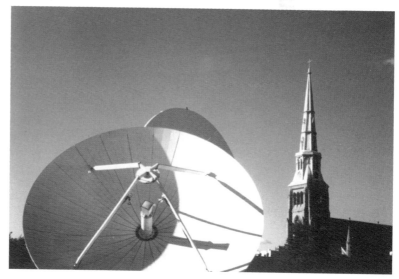

Pour capter les appels du monde de ce temps, et transmettre les messages d'espérance, les grandes antennes paraboliques côtoient les flèches de nos clochers.

GLOSSAIRE

pour se démêler dans le langage particulier à la Bible et à la Tradition chrétienne.
Chacune des expressions inscrites ici se retrouve dans le texte, marquée d'une * .

Agneau: Jésus est identifié à l'agneau immolé, rappel du sacrifice d'Abraham *Gn 22, 13* et du repas en mémoire de la libération de l'esclavage en Égypte. *Ex 12, 5*

Alliance: pacte de fidélité établi par Dieu avec le peuple d'Israël depuis Abraham, Moïse..., et renouvelé par la mort de Jésus et sa résurrection par le Père.

Anciens: chefs religieux Juifs, membres du Grand Conseil*; puis les responsables des premières communautés chrétiennes ou des communautés autochtones.

Anges: êtres spirituels envoyés par Dieu pour porter ses messages, interpréter les événements, accompagner les personnes sur leur route.

Apôtres: les Douze choisis par Jésus comme compagnons et envoyés en son nom. Par extension, les missionnaires de l'Evangile, comme Paul.

Brebis: disciple dont Jésus est le *pasteur*.

Chapelet: objet de piété aidant à égrener des Avés, en méditant les événements de la vie de Jésus et de Marie; les Musulmans ont aussi un petit collier semblable pour invoquer Allah.

Circoncision: coupe du prépuce, comme signe d'appartenance au peuple de l'Alliance*.

Concile: réunion des Évêques catholiques romains de tous les coins du monde, pour mettre à jour la doctrine et la pratique de l'Eglise, en co-responsabilité avec le Pape, premier Pasteur (ex.: Concile Vatican II).

Conseil (Grand) ou **Sanhédrin:** haut tribunal composé des Anciens*, des Chefs des prêtres, des grands propriétaires terriens; il est présidé par le Grand-Prêtre*.

Conversion: changer de direction. Se tourner vers la vie, vers Dieu. S'ouvrir à la gratuité, au pardon donné ou reçu, à la foi.

Discernement: appréciation d'une situation, dans la réflexion, le dialogue et la prière.

Disciple: personne à l'écoute de Jésus, Maître de vie, et choisissant de le suivre, de participer à sa mission.

Écriture Sainte: les 72 livres qui forment l'Ancien et le Nouveau Testament*. Livres saints des autres voies spirituelles.

Église: avec un É, désigne la communauté des baptiséEs, uniEs au Christ et à leurs pasteurs, en service dans le monde.

Esprit/Souffle saint: Amour qui lie le Père et le Fils. Force de vie, inspiration, énergie spirituelle dans le coeur des croyantEs, et animant l'humanité tout entière.

Eucharistie: célébration d'Action de grâces vécue lors du dernier repas de Jésus, et perpétuée dans les communautés chrétiennes en *mémoire* de Lui.

Experts ou **Docteurs de la Loi / Scribes:** spécialistes des Écritures judaïques qui faisaient autorité auprès du peuple dans les questions légales et morales.

Gloire: rayonnement de la beauté, de la

bonté, de la fierté de Dieu, visible dans sa création, dans la *nuée**, et dans la venue du Fils de Dieu dans la chair. Rien à voir avec la *gloriole*, le prestige qui veut l'emporter sur un plus faible.

Jubilé: année de célébration, tous les 50 ans, durant laquelle les dettes sont remises, les esclaves libérés, la terre laissée au repos.

Loi/Torah: selon la tradition juive, il s'agit des commandements et des directives reçus de Dieu par Moïse, traduisant dans le quotidien les conséquences de l'Alliance*. Au fil des temps, des prescriptions minutieuses s'y sont greffées. Jésus restitue cette Loi dans sa pureté première en la recentrant sur l'Amour et le respect, surtout des plus fragiles.

Mages: savants astrologues, considérés aussi comme magiciens, devins. En racontant qu'ils se prosternent devant l'Enfant, Mathieu insinue que la foi ouvre des horizons plus profonds que les sciences occultes.

Mal/Malin: voir Satan.

Martyr/Témoin: personne acceptant la torture et la mort pour ses convictions religieuses. Témoignage à la Vérité, la Justice, l'Amour par le libre don de sa vie.

Messie: celui que les prophètes* ont annoncé comme le roi qui apportera enfin la justice et la paix. Lors de son baptême, Jésus reçoit l'*onction** de l'Esprit Saint* (Oint = *Christos* en grec, d'où *Christ* et *chrétien*). *Mc 1, 10*

Miracle: gestes qui libèrent la vie enchaînée de quelque façon. Ils deviennent des *signes** que Dieu est à l'œuvre dans la vie du peuple.

Nonviolence: force intérieure et discipline de vie permettant de canaliser la colère et la peur dans la direction de l'amour et de l'éveil des consciences. (Mot écrit ici sans trait d'union, pour enlever toute perception qu'il s'agit de quelque chose de négatif, d'une simple abstention de violence, d'un pacifisme amorphe).

Nuée: expression de la présence mystérieuse de Dieu accompagnant son peuple, soit dans sa marche au désert *Ex 13, 21* soit lors de rencontres spéciales: Moïse au mont Sinaï *Ex 19, 16* Jésus au mont Thabor *Mc 9, 7* Marie à l'annonce de l'Ange *Lc 1, 35*.

Oint, Onction: versement d'huile sur le front d'un roi ou d'un prophète* pour marquer sa consécration au service du peuple de Dieu. Voir Messie. Les baptiséEs reçoivent une onction lors de leur Baptême, de leur Confirmation, d'une maladie grave (Onction des malades), d'une Ordination comme prêtre, pour inscrire jusque dans leur chair la bénédiction de Dieu et leur envoi en mission.

Païens: dans le langage biblique, toute personne n'appartenant pas au peuple Juif, qu'elle professe ou non une religion. En Galilée, la province où a vécu Jésus, les contacts avec les *paiens* étaient plus fréquents et sympathiques qu'en Judée, où était le Temple*.

Pâque: le mot veut dire *passage* d'un état à un autre. Au temps des premiers patriarches, il désignait le départ des nomades vers d'autres pâturages. Puis il fut lié à la sortie d'Égypte et de l'esclavage (voir **agneau**) et devint la grande fête du peuple libéré. Dans le Christ ("notre Pâque" *1 Co 5,7*), les chrétiens voient le *passage* de Dieu dans la chair humaine et sa victoire définitive sur la mort. Nous sommes appeléEs à vivre, dans notre quotidien, beaucoup de ces *passages* vers la Vie.

Paraboles: façon d'enseigner par image ou en racontant des histoires, pour faire saisir un message ou pour le garder secret.

Péché: dans le contexte d'un Dieu qui offre une Alliance d'amour à son peuple, pécher c'est refuser ses avances et son pardon. C'est faire de notre vie autre chose que ce que nous sommes profondément: des êtres libres, responsables, capables d'amour et de dépassement, interdépendants. C'est nous enfermer sur nous-mêmes, vouloir nous suffire, chercher notre profit sans respect pour la liberté et l'épanouissement des autres. Le péché s'apprécie à la direction que prend notre vie plutôt qu'à des actes isolés commis par faiblesse.

Pèlerin: personne en marche vers un lieu (intérieur ou extérieur) où elle cherche à rencontrer Dieu. Une Église *pèlerine* sort de ses châteaux-forts pour prendre la route avec les femmes et les hommes de ce temps, *épousant leurs joies et leurs espoirs, leurs chagrins, leurs anxiétés* (Gaudium et Spes no 1).

Pharisiens: groupe de laïcs, soucieux d'être en règle avec Dieu et de préserver la pureté de la religion contre les influences des peuples avoisinants; portés à interpréter les 613 prescriptions de la Loi de façon rigoriste, surtout celles concernant les *impuretés* rituelles qui empêchent d'entrer en contact avec Dieu. Les évangélistes mettent dans la bouche de Jésus beaucoup de reproches aux pharisiens et aux docteurs de la Loi*, pour marquer la liberté que la foi au Ressuscité apporte aux personnes qui croient en lui.

Prêtre/Grand Prêtre: présidant les cérémonies du culte au Temple*, ces hommes mariés forment une sorte de caste, loin de la vie du peuple. Depuis qu'il n'y a plus de roi en Israël, le Grand-Prêtre est en fait le chef civil de la communauté Juive. Durant l'occupation romaine, c'est l'autorité civile qui le nomme...! Collusion parfaite des pouvoirs civils et religieux, comme on le voit durant le procès bâclé de Jésus.

Prophète/prophétesse: personne qui *parle au nom de* Dieu, et donne la version de Dieu sur ce qui se passe. Plutôt que de prédire l'avenir, elle montre le sens des événements actuels, avec un regard d'espérance en des jours meilleurs. Elle appelle à la conversion*, dénonce les injustices, réveille la piété. Souvent en opposition aux pouvoirs civils, militaires et religieux, pour défendre le faible et l'exploité (➡ p.6).

Pur/Impur: puisque Yhvh* est le Dieu "trois fois saint", on ne peut l'approcher dans son Temple* qu'après s'être purifié par divers gestes rituels. De nombreuses situations (rattachées à la maladie ou à la sexualité) rendent une personne impure: lèpre, menstruations, *possession par des esprits* (états névrotiques), nourritures défendues, etc. Jésus ne se gène pas pour sabrer dans ces tabous devenus source d'exclusion de la communauté, et source abusive de financement pour les gardiens du Temple.

Rabbin: guide spirituel et rassembleur d'une petite communauté.

Résurrection/Ressuscité: il ne s'agit pas simplement d'une *réanimation* temporaire (comme pour Lazare ➡ p.41). Ressusciter, c'est passer de la mort à une vie neuve, radicalement différente de l'existence humaine que nous connaissons, et cela pour toujours. Ce n'est pas non plus une *réincarnation* dans une autre créature, mais un état nouveau dans lequel entre la même personne. La résurrection du Christ et la nôtre sont au centre de la foi chrétienne (➡ p.51).

Royaume: déçu par les rois qu'il a demandé à Dieu contre son gré 1 Sm ch. 8, le peuple espère qu'un jour viendra un roi juste et bon qui instaurera un royaume de paix, selon le coeur de Dieu: le *"Royaume des cieux"*. De là l'attente d'un Messie*. Jésus annonce que ce royaume est déjà commencé, chaque fois que l'amour triomphe de l'égoïsme et de la haine.

Sabbat: jour de repos où toute forme d'activité physique est prohibée, pour marquer l'importance de vivre des temps gratuits. Le judaïsme est une religion du temps, de l'histoire: il fête le 7e jour de chaque semaine, les nouvelles lunes, les saisons, les jubilés*. Jour de repos non pas pour pouvoir travailler plus fort les jours suivants, mais pour jouir du don de la vie. Malheureusement, les légistes avaient réussi à encombrer le sabbat de tellement de défenses qu'il était devenu un fardeau et un obstacle à la vie (➡ p.128). Jésus rétablit l'ordre du Créateur: le sabbat est fait pour l'être humain et non vice versa. Le bien de la personne passe avant tout!

Sacrement: gestes et paroles dans lesquels l'Église reconnaît un *signe sensible* de l'action de Dieu et du Christ dans nos vies: baptême, confirmation, pardon, eucharistie, mariage, ordination, onction des malades. Le premier *sacrement* de la présence du Ressuscité* parmi nous, c'est une assemblée de disciples réunis en son nom pour agir comme lui, dans la force de son Esprit*.

Saintes/Saints: il y a ceux que l'Église a "canonisés" (reconnus officiellement), mais aussi la multitude des gens ordinaires qui ont vécu dans l'amitié de Dieu et l'harmonie avec la création, dans toutes les voies spirituelles de l'humanité.

Salut: ce mot se dit *salud* en espagnol et signifie *santé*. *Sauvé* veut alors dire être rendu en pleine santé. Le projet de salut de Dieu est la victoire sur toutes formes de souffrance, de regret et de mort. En tuant la haine et la vengeance, Jésus nous a ouvert un chemin de salut, de pardon, d'accueil universel. Et c'est gratuit, pour quiconque accepte de se laisser guérir le coeur. Voir Sauver *.

Samaritains: population du centre de la Palestine, mi-Juifs, mi-Mésopotamiens, dont les coutumes religieuses différaient de celle des autres Juifs. Souvent méprisés par les *purs* de Jérusalem. Plusieurs rencontres et récits importants de Jésus impliquent de ces *étrangers*, comme pour forcer les Juifs à dépasser leurs préjugés.

Sanctuaire: au temps des Patriarches, cela désignait la Tente de la rencontre avec Yhvh*. Après la construction du Temple*, le Sanctuaire était le lieu le plus sacré, réservé aux prêtres en service. Voir *Lc 1, 8*: Zacharie.

Satan/Tentateur/Malin: la tradition judéo-chrétienne n'a pas de "Dieu du Mal", comme certaines religions. Le désordre existe cependant dans le monde (➡ pp.174-175), venant de la blessure au coeur de l'être humain et de sa difficulté à faire les bons choix. La Bible personnifie ces pulsions au mal sous la forme d'un Tentateur, d'un Adversaire, père du Mensonge, ce que signifie le mot *diable* ou *diabolos* en grec: celui qui sème la *division*. Quand on parle de Satan dans la Bible, c'est dans une mise en scène: au paradis *Gn ch.3*; dans l'histoire de Job *Jb ch.1-2*; au désert, pour Jésus *Mt 4, 1-11*.

Sauver, sauveur: voir *salut**. On fait l'expérience d'être *sauvé* quand on est reconnu, accueilli, voulu ou rescapé par quelqu'un. Jésus Sauveur s'est avancé loin sur les chemins de notre condition fragile pour nous offrir la miséricorde et le salut gratuits de Dieu. Les chefs religieux, eux, réservaient le salut comme récompense pour personnes *justes*, *bien ajustées* aux prescriptions de la Loi.

Scribe: voir Expert* de la loi.

Secte: groupe de personnes au sentiment religieux fort, suivant les doctrines prônées par un maître à penser, en opposition aux pratiques religieuses et culturelles dominantes. La secte prétend être la seule voie de salut, rendant difficiles l'exercice de la liberté et l'ouverture aux autres.

Seigneur: titre donné à Dieu lui-même, pour désigner sa suprématie sur toute la création. En **205**

ressuscitant Jésus, *Dieu le fait Seigneur* Ac 2,36 reconnaissant qu'il a accompli parfaitement la mission qu'il lui avait confiée de *rassembler tous les enfants de Dieu dispersés.* Jn 11, 52

Signes: c'est le mot que l'évangéliste Jean emploie toujours pour désigner les gestes que Jésus pose en pointant vers d'autres réalités spirituelles. Plutôt que d'attirer l'attention sur le merveilleux, les *"miracles"*, Jean préfère montrer comment Jésus donne des *signes* de la puissance de l'Esprit* qui l'habite et qui habite aussi la personne qui croit. La célébration des sacrements* par une communauté de foi, quand elle est vécue de façon *signifiante*, est une façon de *faire signe* au monde que Dieu est à l'oeuvre en nos temps.

Signes des temps: cette expression est utilisée par Jésus lui-même Mt 16:3 invitant les gens à interpréter les événements actuels, eux qui savent si bien déceler les signes dans la nature (comme la venue des saisons). Le pape Jean XXIII l'a utilisée en 1963 dans sa lettre *Pacem in Terris,* lors d'un moment crucial de la *guerre froide* entre USA et URSS, pour appeler les nations à rechercher la paix véritable. Le concile Vatican II en a fait un large usage, appelant l'Église à scruter les signes des temps et à les interpréter à la lumière de l'Évangile. (*Gaudium et Spes* nos 4.1, 11.1, 44.2).

Souffle: voir Esprit*.

Synagogue: grandes maisons de rassemblement et de prière, construites dans les villages au temps où le Temple* de Jérusalem a été détruit (en 597 av. J.C, puis en 70 ap. J.C.), et qui ont perduré même durant l'existence du Temple* et jusqu'à nos jours. Jésus a fréquenté les synagogues, y a prêché (➡ p.24), et fait des guérisons (➡ p.128). La maison de chaque famille demeurait cependant le lieu où on priait ensemble à l'ouverture du Sabbat, le vendredi soir, et où on célébrait le repas pascal, en rappel de la libération d'Égypte et en attente de la libération finale.

Temple: construction gigantesque dont rêvait le roi David et qu'a réalisée son fils Salomon. 1 Ro 5, 1. Agrandi plusieurs fois, et deux fois détruit. Lieu des grands rassemblements annuels, mais aussi lieu de commerce international (la Palestine étant sur le chemin de trafiquants de plusieurs pays avoisinants). Jésus s'y rend pour prier et pour enseigner au peuple. En chassant les commerçants (de moutons et de monnaies), il veut ramener le Temple à sa vocation de *maison de prière*. Il indique en même temps que *la demeure de Dieu parmi les hommes*, c'est maintenant son propre corps Jn 2, 19-21 et le corps des disciples 1Co 3, 16. À la Samaritaine qui s'interroge sur le *bon* temple, il répond que les vrais adorateurs de Dieu le rencontrent d'abord *en esprit et en vérité.* Jn 4, 33 (➡p.71).

Tentateur: voir Satan*.

Testament (Ancien et Nouveau, Premier et Second): les 44 premiers livres de la Bible racontent la première alliance* établie par Dieu avec son peuple; les 28 autres contiennent les écrits des disciples de Jésus rapportant les gestes et les enseignements de celui-ci, de même que ceux des premières communautés chrétiennes.

Yhvh: les Juifs évitaient de prononcer le nom de Dieu, et donc l'écrivaient sans voyelles. Lorsque Moïse demande au personnage divin qu'il rencontre au buisson ardent: *"quel est ton nom, pour que je puisse te présenter au peuple?"*, Dieu lui dit: *"Je suis celui qui suis".* Ex 3, 13-14 Dieu n'est pas définissable par un attribut particulier. Il est, simplement. Jésus nous révèle que Dieu est Amour, Abba (père à qui on peut parler intimement). La nouvelle formulation du *Gloire au Père, au Fils et au Saint Esprit* nous fait dire: *Au Dieu qui est, qui était et qui vient, pour les siècles des siècles. Amen.*

RÉCITS - PARABOLES - TÉMOIGNAGES

Pour faciliter l'utilisation de cet outil selon les besoins personnels ou ceux d'un groupe de partage, voici une répartition des principaux textes narratifs qu'on y trouve. Certains récits et témoignages sont rapportés sous une forme très abrégée, en raison de l'espace restreint. Invitation à aller les repêcher dans la Bible, ou à les compléter de nos autres lectures et expériences. Les ressources indiquées dans les Notes et dans la Bibliographie peuvent y aider.

E- Épisodes de la vie des disciples

F- Quelques paraboles d'aujourd'hui

G- Témoignages d'aujourd'hui et des siècles passés

Puisque la Parole continue de se dire en chaque génération, la vie des disciples de Jésus et des adeptes d'autres voies religieuses nous dit Dieu.

Parmi tant d'autres:

INDEX DES MOTS-CLÉS

Nous donnons ici les principales références des pages où se retrouvent les thèmes (et pas seulement le mot) indiqués ci-après, pour faciliter les recherches, la préparation de rencontres, d'homélies, de prières, etc. On se servira également de la liste des *Récits-Paraboles-Témoignages* (208-209) et du *Glossaire* (202-206).